古代歷史文化研究輯刊

九　編

王明蓀　主編

第2冊

燕國史稿（修訂版）（上）

彭華　著

國家圖書館出版品預行編目資料

燕國史稿（修訂版）（上）／彭華 著 — 初版 — 新北市：花木
蘭文化出版社，2013〔民102〕

序 4+ 目 4+172 面；19×26 公分

（古代歷史文化研究輯刊 九編：第2冊）

ISBN：978-986-322-184-5（精裝）

1. 先秦史

618　　　　　　　　　　　　　　　　102002665

ISBN-978-986-322-184-5

9 789863 221845

古代歷史文化研究輯刊

九 編 第 二 冊　　　　　　ISBN：978-986-322-184-5

燕國史稿（修訂版）（上）

作　　　者　彭　華
主　　　編　王明蓀
總 編 輯　杜潔祥
出　　　版　花木蘭文化出版社
發 行 所　花木蘭文化出版社
發 行 人　高小娟
聯 絡 地 址　235 新北市中和區中安街七二號十三樓
　　　　　　　電話：02-2923-1455／傳真：02-2923-1452
網　　　址　http://www.huamulan.tw 信箱 sut81518@gmail.com
印　　　刷　普羅文化出版廣告事業
初　　　版　2013 年 3 月
定　　　價　九編 27 冊（精裝）新台幣 45,000 元

燕國史稿（修訂版）（上）

彭 華 著

作者簡介

彭華，字印川，四川丹棱人。1969 年 12 月生。1988 ～ 1992 年、1996 ～ 1999 年、2001 ～ 2004 年求學于華東師範大學，分別獲歷史學學士、碩士、博士學位。師從謝維揚先生。現任四川大學歷史文化學院、四川大學古籍整理研究所教授。中國先秦史學會會員，中國蘇軾研究學會理事。

主要從事先秦兩漢史、近現代學術史以及中國儒學、巴蜀文化研究。發表論文近百篇；出版著作九部；參編著作四部。著有《燕國史稿》（2005 年）、《陰陽五行研究（先秦篇）》（2011 年）、《忠恕與禮讓——儒家的和諧世界》（2008 年，合著）、《中國文化探秘‧先秦篇》（2010 年）等，編有《王國維儒學論集》（2010 年），參編《中國古代文明起源》（2007 年）、《國史綱要》（2004 年）、《儒學文獻通論》（2012 年）等。

提　要

《燕國史稿》初版於 2005 年 8 月，本次面世的是其修訂本。與初版本相較，修訂本在以下幾方面有所改進、有所增補：一是體系的完善與自足，二是文字的校對和訂正，三是內容的擴充和拓展。

《燕國史稿》規模宏大，體系嚴整，資料詳實，內容豐富。它全面、深入、詳細地論述了燕國八百餘年（西元前十一世紀中期至西元前三世紀末期）的歷史文化，全方位地揭示了「燕國歷史文化」的種種內涵。縱向而言，舉凡燕地的「考古學文化」（西周封燕之前）以及燕國本身的歷史（開國、發展、強盛、衰落及滅亡），都巨細無遺地囊括書中；橫向而言，舉凡燕國的政治、經濟、軍事、外交、思想文化、社會生活、民族、人物，都有詳明而深入的討論和敘述。全書正文十四章，「附錄」五項（燕國世系表、燕國大事年表、燕文化研究參考論文、主要參考書目、甲骨文金文著錄書目及其簡稱）。可以說，《燕國史稿》是迄今爲止關於燕國歷史文化的規模最宏大、體系最完整、資料最詳實、內容最豐富的一部區域史專著，是一項重要的學術成果。

中國先秦史學會副會長謝維揚教授說，《燕國史稿》是「一部內容豐富、資料翔實、在敘述與評論上均有新意的燕國史新作」，是「比較有份量的、深入的先秦時期區域史研究的新成果」，是「一項既吸收前人成就、又反映了十年來燕國史研究的新進展和大量新資料、並具有自身特點的新成果」，是「先秦時期區域史研究的一項新的成果」。

序

謝維揚

　　彭華博士的《燕國史稿》一書即將付梓，殊覺欣喜。這部書最初的基礎，還是多年前作者隨我讀碩士研究生時的學位論文，唯當時論文的規模和深度都不能與現在完成的稿本相比。嗣後作者始終未放棄對這一課題的關注，經多年不懈的繼續研究和修補、加工，終於做成一部內容豐富、資料翔實、在敘述與評論上均有新意的燕國史新作。這是很值得祝賀的，並且可以相信，作爲先秦時期區域史研究的一項新的成果，本書將會受到學術界同行們的關注和歡迎，並對中國古史研究有其貢獻。

　　在近代學術史上，對於燕國歷史文化的研究，若以成果之數量論，或遜於對中原其他一些地區的研究，但在整個中國古史研究中仍然有重要地位，受學者們高度重視。如本書《緒論》已指出的，王國維先生 1921 年發表《北伯鼎跋》一文，提出「邶即燕」的著名論點，便可看作是近代燕國史研究之濫觴。而在王國維之後，一代又一代古史學者，在對整個古代文獻研究和對地下資料發掘與整理不斷取得新成就的基礎上，對於燕國史研究也有全面和重要的推進。現在應該說燕國史研究已開始進入比較成熟的階段，其標誌便是已有一些具有較高水準的燕國史著作問世。其中較有代表性的如 1995 年出版的陳平先生所著《燕史紀事編年會按》一書。是書採擷先秦至明清典籍一百四十餘部，幾乎將關涉燕國歷史的文獻資料收羅殆盡，而其按語亦多「富於啓發性的新觀點」（李學勤先生爲該書所作「序」語），是燕國史研究中值得重視的一項成果。書既出，陳平先生以大作見贈，我向視爲珍寶；後爲彭華借去參考，應對本書的做成有助益，使得在陳先生《會按》問世十年之後，又由更年輕學者提出了一項既吸收前人成就、又反映了十年來燕國史研

究的新進展和大量新資料、并具有自身特點的新成果。這正好表現出燕國史研究不斷向前發展的喜人勢頭。

作爲先秦時期區域史研究的一個分支，如同對其他地區的類似研究一樣，燕國史研究對於整個中國古史研究的意義並不僅僅在於對古代燕地歷史的探索，它對於說明古代中國整個歷史進程都非常重要。這是因爲，要眞正準確和全面地認識古代中國歷史的整個進程，就必須深入地瞭解古代中國各個地區發展上的關係，而尤其在認識中國早期歷史的進程時是這樣。

近數十年來人們對於古代中國的眞實情況有許多非常重要的新的認識。其中包括對於中國歷史開端期各地在物質和精神文化發展上的狀況，有賴於中國新石器考古所取得的巨大成就，人們瞭解到，當時在分佈於幅員極其遼闊的地域上的不同區域內實際上存在著遠不止一支、而是眾多支都有著較高甚至很高發展程度的文化與社會單位。眾所周知的南方的良渚文化和北方的紅山文化所代表的人群就都屬於這樣一些例子。這似乎表明，在中國歷史的最早期，至少在理論上，應該不止一個地區具有向較高文明程度發展的潛勢和基礎。這恐怕也就是學術界很長時期以來許多人主張關於中國文明起源的「多元論」的原因。當然，事實上，古代中國之最終進入以形成國家制度爲標誌的文明發展階段，還是同中原地區的某些文化與社會單位的歷史有關，也就是同所謂「三代」的歷史有關，這也是不容否認的。所以應該說，以中國文明起源的「多元論」有其眞理性，還不等於能夠將所有不同地區在古代發展上的內容、作用和意義都同等看待。如果把這些情況都同等看待，所描繪出來的古代歷史的進程很可能反而會失眞。但反過來，也必須看到各個不同地區早期的發展及其相互關係和影響對於所謂「三代」歷史的最終形成所起的作用。換言之，在古代中國，中原同其他地區在發展上的關係及其演變對於當時整個歷史進程的影響是不容忽視的，要合理地說明和解釋古代中國早期歷史進程的眞實內容及其原因，就必須認眞考察與分析這些關係和變化。只有這樣，才能在這種解釋和說明中最終回答爲什麼在眾多早期文化與社會單位中，中原的某些文化與社會單位的發展成爲了中國古代歷史的主線，而這是理解這一進程的內在動力與邏輯的一個相當關鍵的要點。當然，要做好這種考察和分析，研究者的視野不僅涉及歷史開端期的遠古時期，整個「三代」歷史都是有關的。像彭華所做出的《燕國史稿》這樣的研究，儘管只選取了古代一個有關的地區爲論述對象，但其研究和論述的整個框架都

使它可恰好能成為進一步討論和研究上述問題的有用的基礎。從這個意義上說，在現階段對於古代中國歷史進程復原與解釋的工作越來越為學者們所關注時，確實應該有越來越多如《燕國史稿》這樣比較有份量的、深入的先秦時期區域史研究的新成果湧現，從而使學術界在這個重大課題上的思考具有更廣闊和深厚的基礎。

說到對古代中國歷史進程的認識，當然還會想到古代中國政治制度發展的過程的問題，其中包括國家化進程的問題。這也涉及到對區域史研究的需要。我過去在有關研究中，在討論古代中國各不同地區進入國家化進程的不同方式問題時，就對包括燕地在內的許多古代區域的政治進程情況作過討論。當時我提出過古代中國國家化進程的三種主要模式，而燕地國家化我認為是屬於所謂「殖民模式」的一種進程。當然這些問題還都是需要進一步深入研究的。包括本書在內的古代區域史研究的新成果，由於它們對各有關區域情況的討論更詳細和完整，應該對推進這方面的研究會有重要作用。比如本書有很大篇幅涉及對燕地「古族」情況的介紹和討論。這實際上對更恰當地分辨當地政治進程中所謂「殖民」或「土著自動」等不同因素的表現是非常必需的。所以這些新的研究能幫助我們在古代中國國家化進程這樣的問題上檢驗已經提出的假說，尋找最終能成立的結論。

由此，我可以特別提及本書在內容上的又一個特點，就是它用了很大的篇幅分別對燕地的經濟、政治、民族、思想文化和社會生活等各個方面的特徵與表現以及變化過程等作了非常詳盡的描述和討論。對於研究早期中國的發展而言，這部分工作也具有很深的意義。因為毫無疑問，古代中國各種制度和文化的傳統的形成，最初的一些環節以及步驟是至關重要的，而這也就是在先秦區域史研究所涉及的時期內在各地、各人群之間所發生的文化的、經濟的、政治的、精神的，乃至族群的（ethnic）事件或「事件組」的最終結果。古代中國的文化和制度傳統，雖然可以認為與「三代」歷史有最重要的關係，但其據以形成的材料和形成的過程，同眾多區域與人群的文化表現和歷史活動也有著十分密切的關聯。因此對古代各地區制度和文化特徵及其與中原交流情況的深入與全面研究，將為我們真正理解古代中國文化與制度傳統的內容和它所以形成的原因提供依據。當然，要做好這方面的研究，對於資料的廣泛搜集和分辨是非常重要的，而在涉及制度問題時，對於資料意義的確定也會要求非常專業的處理。這些在本書中都有表現，相信讀者會有其

評價，同時對於本書非常用心和詳盡地討論了這些問題會很歡迎。

　　彭華博士是一位對於中國古史研究極爲執著的青年學者，在隨我攻讀古代史碩士研究生後，經過幾年實際工作鍛煉，又隨我繼續攻讀了古代史博士研究生。多年來，勤奮讀書，不停思考，已有不少研究成果發表。有人曾擔憂歷史學、尤其是古史研究發展的前景。我想，古史固然永遠不會成爲熱門，也不應想它成爲熱門，但對於它發展的前景似不必擔憂。永遠會有熱愛古史的人。這就是每每當我看到年輕學者的古史研究新作時所想到的一句話。

二〇〇五年七月十九日
於上海康華苑

目次

第一章　緒　論

一、研究的範圍與時限

本處所用的「範圍」與「時限」，即「空間範圍」與「歷史時限」，它們在時空座標上共同限定了本書的研究範圍。

（一）空間範圍

在本書前後十四章中，先後出現過「燕」、「燕國」與「燕地」三個術語，它們在絕大多數時候是有所區別的，但有時也會出現混合使用的情況。大致而言，「燕」是（姬姓）「燕國」的簡稱，「燕國」特指周朝時期的姬姓燕國（北燕），「燕地」多數時候指代的是「燕國的統治疆域」（周朝）或「燕國曾經統治過的疆域」（秦漢）。總之，它們都是時空術語，即地理空間上的同時又是歷史時期的（姬姓）燕國。在空間上，本書的研究範圍基本上以周代燕國的最大疆域（「燕地」）爲界。

古人曾經使用過「燕地」一詞來指代歷史時期的燕國疆域，並有過較爲嚴格的限定。如《漢書・地理志下》說：「燕地，尾、箕分野也。武王定殷，封召公於燕，其後三十六世與六國俱稱王。東有漁陽、右北平、遼西、遼東，西有上谷、代郡、雁門，南得涿郡之易、容城、范陽、北新城、故安、涿縣、良鄉、新昌，及渤海之安次，皆燕分也。樂浪、玄菟，亦宜屬焉。」《漢書・地理志》是按照漢代的行政區劃來界說「燕地」的，並且所依據的是文獻典籍的記載，但也大體可信。那麼，燕國的最大疆域（「燕地」）究竟如何呢？

燕國疆域的東部，肯定已經抵達遼西地區。《史記・匈奴列傳》說：「燕

亦築長城，自造陽（今河北宣化東北）至襄平（今遼寧遼陽北），置上谷、漁陽、右北平、遼西、遼東郡以拒胡。」《史記》所載，業已為建國後的考古發現所證實。地處大凌河畔的遼寧喀左縣，曾經發現過西周初年燕國祭祀山川時埋藏的青銅禮器（窖藏），所出銅器與北京琉璃河燕國墓地的關係十分密切，不僅兩地銅器銘文中的「匽侯」字體完全一致，而且「𠅏侯亞吳」也見於傳出北京蘆溝橋的亞盉，伯矩所作之器也曾在琉璃河發現。更為難得的是，琉璃河253號墓發現的方鼎、甗、卣等器，銘文內容與小波汰溝所出圉簋相同，它們是燕國曾經經略東北大凌河流域的證據。研究者認為，「這些情況說明，周初燕國的勢力範圍，確已到達遼西地區」〔註1〕，「綜觀這些發現，很可能周，更準確一點說是燕，曾對遼寧省西南角大凌河沿岸地區進行過拓殖」〔註2〕。

根據《三國志‧魏書‧東夷傳》裴松之（372～451）注引《魏略》記載，燕將秦開擊退東胡以後，又進攻箕氏朝鮮，將燕國的勢力推進到滿番汗（今鴨綠江下游一帶）。所以，燕國疆域東部的南端可以界定在今鴨綠江流域。

至於燕國疆域東部的北端，則包括長城以北的內蒙古自治區以及吉林的西部地區。在內蒙古自治區奈曼旗南灣子公社三一大隊善寶營子屯東半里，發現了戰國時燕國建立的沙巴營子古城〔註3〕。在敖漢旗西北約30公里老哈河南岸的四道灣子發現了燕國的「狗澤都」遺址〔註4〕，「狗澤都」三字是用典型的燕國長條形璽印成的。而在吉林四平北部的梨樹縣，也發現了二龍湖燕國古城址〔註5〕。考古專家認定，二龍湖古城遺址是戰國時期燕國最北部的邊城〔註6〕。20世紀70年代末期，考古工作者對吉林省集安縣高句麗國內城

〔註1〕 王世民：《喀左銅器窖藏》，《中國大百科全書‧考古學》，北京：中國大百科全書出版社，1986年，第248頁；佟柱臣：《中國邊疆民族物質文化史》，成都：巴蜀書社，1991年，第2頁；中國社會科學院考古研究所編：《新中國的考古發現與研究》，北京：文物出版社，1984年，第344頁。

〔註2〕 〔美〕李峰著，徐峰譯，湯惠生校：《西周的滅亡──中國早期國家的地理和政治危機》，上海：上海古籍出版社，2007年，第382～383頁。

〔註3〕 李殿福：《吉林省西南部的燕秦漢文化》，《社會科學戰線》，1978年第3期。

〔註4〕 邵國田：《內蒙古敖漢旗四道灣子燕國「狗澤都」遺址調查》，《考古》，1989年第4期。

〔註5〕 四平地區博物館、吉林大學歷史系考古專業：《吉林省梨樹縣二龍湖古城址調查簡報》，《考古》，1988年第6期。

〔註6〕 《吉林發現燕國最北邊城》，《人民日報》，2003年7月30日。

進行了勘測和發掘〔註7〕；除出土燕國「明刀」外，還曾出土過「安陽布」、「平陰布」等趙國貨幣〔註8〕。研究者認爲，戰國末期燕國勢力已經達到集安縣國內城一帶，這是戰國晚期遼東郡塞外的一個據點〔註9〕。

燕國的西部疆域，就在今山西省東北部的渾源縣一帶。此地原屬代國，代爲趙襄子滅亡後，復屬趙國（《史記・趙世家》），但趙國只控制了夏屋山（在今山西東北）以南的地區，而夏屋山以北地區後卻落入燕國〔註10〕。

燕國的南部疆域，在今河北唐縣、完縣一帶。此地原屬中山，燕國南下進攻中山時，將之納入自己的版圖。即《戰國縱橫家書》所說的「過燕陽、曲逆」，注釋說：「陽、曲逆，並燕國地名。陽在今河北省唐縣東北，曲逆在今河北省完縣東南。」〔註11〕2006年在河北省唐縣發掘的南放水遺址，計有夏、西周和東周三個時期的遺存〔註12〕；西周時期的遺存，或可代表西周燕文化位於大清河及其支流唐河、漕河流域的一個地方類型〔註13〕。

加上地處燕國核心地區的北京市、天津市，燕國的最大疆域（「燕地」）如下：即相當於今天的北京市、天津市、河北省中北部、遼寧、吉林西部、山西東北角、內蒙古南部的部分地區以及朝鮮半島的北部。

當然，本書所涉及的部分內容（如某些「古族」與「古國」），它們所在的地域實際上已經部分溢出了「燕地」這一範圍，與燕國只是毗鄰關係，但我也把它們列入了本課題的研究範圍。這主要是基於以下兩點考慮：在先秦時期，各國沒有明確而嚴格的「國界」（boundaries）概念；加之它們與燕國又有著密不可分的重大關係，其重要性不容忽視。

〔註7〕 集安縣文物管理所：《集安高句麗國內城的調查與試掘》，《文物》，1984年第1期；吉林省考古研究所、集安博物館：《集安高句麗考古的新收穫》，《文物》，1984年第1期。說明：吉林南部是高句麗崛起之地，鴨綠江中游和渾江流域是古代高句麗的發祥地。西元前37年，高句麗建都卒本川（今遼寧桓仁）。西元3年，高句麗遷都國內（今吉林集安），並構築尉那岩城。

〔註8〕 古兵：《吉林集安歷年出土的古代錢幣》，《考古》，1964年第2期。

〔註9〕 李殿福：《國內城始建於戰國晚期燕國遼東郡塞外的一個據點之上》，《東北史地》，2006年第3期。

〔註10〕 詳見本書第十一章《燕地的古族與古國（下）》第五節《代》。

〔註11〕 馬王堆漢墓帛書整理小組編：《戰國縱橫家書》，北京：文物出版社，1976年，第92頁（正文）、第94頁注釋20。

〔註12〕 朱永剛、段天璟：《河北唐縣南放水遺址 2006年發掘簡報》，《考古》，2011年第4期。

〔註13〕 段天璟、朱永剛：《南放水遺址夏和西周時期遺存的初步認識》，《考古》，2011年第4期。

（二）歷史時限

「燕地」向來就是人文薈萃之地，具有悠久的歷史和燦爛的文化。舊石器時代的金牛山人、北京人、新洞人、山頂洞人等，就活動在「燕地」；新石器時代的紅山文化、雪山文化、磁山文化、夏家店下層文化以及東胡林人等，也出現在「燕地」；而歷史時期的文化遺址，更是層出不窮，蔚爲一時大觀〔註14〕。無可否認的是，上述種種「考古學文化」的先民，他們不但「生息」在此，而且「繁衍」在此，部分居民後來即融入「燕民」的範疇（尤其是以北京人、山頂洞人、東胡林人爲代表的燕地先民最具有說服力）。

在時限上，本書所涵蓋的主體內容堪稱「上窮碧落下黃泉」，即往上溯源於商末周初，往下跟蹤至戰國末季；但主體部分（第四章至第十三章）的時限仍然落腳在周朝（西周和東周）。有時爲了論述的方便和研究的深入，則又往上追溯到夏朝和商朝早中期（如第十、十一章），往下追蹤至秦末漢初（如第十二、十四章）。

二、研究的意義與價值

研究燕國的歷史文化，我個人以爲其意義和價值至少有以下三點：

（一）有助於推進先秦古史的研究

（1）燕國乃有周一代的大國，自西周初年受封至西元前 222 年滅亡，前後存在了八百餘年，在姬姓封國中存續最久，業已成爲「周朝史」的有機組成部分。因此，對燕國的歷史文化展開研究，實際上就是在「解讀」（decipher）作爲先秦古史的周朝，這不失爲研究先秦古史的一把有用的「鑰匙」。

（2）作爲西周三大制度之一的「分封制」，歷來討論者甚多，但仍有值得深究的地方；而燕國無疑是一個典型的個案（case），對燕國歷史做一番全面的研究，再據以反觀周初的分封制，其意義與價值自然不可低估。

（3）對於考察「燕國」以及燕地的「古族」與「古國」如何進入「早期國家」（early state）〔註15〕，也不失其探究意義。

〔註14〕詳見本書第三章《燕地的考古學文化》。

〔註15〕關於「中國早期國家」的研究，以謝維揚先生的大著《中國早期國家》最具代表性和開拓性（杭州：浙江人民出版社，1995 年；臺北：惠明文化事業有限公司，2001 年）。相關書評，可參看：(1)王和：《走出部落聯盟——評謝維揚著〈中國早期國家〉》，《歷史研究》，1999 年第 1 期；(2)莊輝明：《早期文明研究的新成果——讀〈中國早期國家〉》，《學術月刊》，1997 年第 7 期。

　　(4)當年蘇秉琦（1909～1997）提出「考古學文化的區系類型」的理論
〔註 16〕，倡導對中國文化的六大區系進行深入的細緻的研究，從而揭示中國
文化的區域性與統一性，此舉的價值與意義，實無須具言；而燕地是北方考
古學文化區系類型的一個重鎮，也頗爲值得研究。

（二）可以豐富中華民族史的研究

　　燕地歷來就是多民族聚居之地〔註 17〕，燕易王自云「寡人蠻夷辟處」
（《戰國策・燕策一》）；「民族與文化」在此地表現得色彩斑斕，且其在「中
華民族」這個大家園裏佔有不可低估的一席之地，而其中頗有值得探究和發
明的地方，實可豐富費孝通（1910～2005）的「中華民族多元一體格局」理
論〔註 18〕。

（三）有助於深入區域文化的研究

　　區域文化是中華文化的有機組成部分，區域文化的研究意義和價值，實
無須多言。當前，區域文化的研究正如火如荼，而隨著燕地近年來考古發掘
的不斷擴大和逐漸深入，實際上也有助於推進區域文化的研究。

　　蘇秉琦曾經將中國的考古學文化劃分爲六大區系：(1)以長城地帶爲中心
的北方地區；(2)以晉、陝、豫三省接鄰地區爲中心的中原地區；(3)以洞庭
湖及其鄰境地區爲中心的長江中游地區，以及面向太平洋的三大區；(4)以山
東及其鄰境爲中心的黃河下游地區；(5)以江、浙（太湖流域）及其鄰境地區
爲中心的長江下游地區；(6)以鄱陽湖－珠江三角洲一線爲主軸的南方地區
〔註 19〕。蘇秉琦據以劃分的標準，是考古學的標準；而他所說的這六大區
系，實際上就是六大「區域文化」。本書所考察的燕文化，即屬於第一個區系
──以長城地帶爲中心的北方地區。李學勤根據歷史文獻和考古成果，將東

〔註 16〕蘇秉琦：《華人・龍的傳人・中國人──考古尋根記》第一部分《區系考古的
　　　　理論與實踐》，瀋陽：遼寧大學出版社，1994 年，第 1～72 頁；蘇秉琦、殷瑋
　　　　璋：《關於考古學文化的區系類型問題》，《文物》，1981 年第 5 期。
〔註 17〕蘇秉琦說，「燕山南北地區是中華民族的一個大熔爐」。（華泉：《張家口地區
　　　　新石器時代和青銅時代考古研究學術討論會側記》，《史學集刊》，1982 年第 4
　　　　期。）
〔註 18〕費孝通：《中華民族的多元一體格局》，《北京大學學報》，1989 年第 4 期；後
　　　　收入《中華民族多元一體格局》，北京：中央民族學院出版社，1989 年，第 1
　　　　～36 頁。
〔註 19〕蘇秉琦：《華人・龍的傳人・中國人──考古尋根記》，瀋陽：遼寧大學出版
　　　　社，1994 年，第 239 頁。

周時代列國的文化劃分爲七個文化區：(1)以周爲中心，北到晉國南部，南到鄭國、衛國等地處黃河中游的地區，爲中原文化區；(2)中原以北的趙、中山、燕國以及更北的北方文化區；(3)今山東境內的齊魯文化區；(4)長江中游的楚文化區；(5)吳越文化區；(6)巴蜀文化區；(7)秦文化區〔註20〕。本書所考察的燕文化，即屬於第二個文化區——北方文化區。

三、研究的材料與方法

（一）材料

燕國在歷史上是一個比較弱小的諸侯國，「〔外〕迫蠻貊，內措齊、晉，崎嶇強國之間，最爲弱小，幾滅者數矣」，但因文獻材料的缺乏（至於其早期歷史，記載更是闕如），致使司馬遷在撰寫《史記‧燕召公世家》時是空餘慨歎。研究燕國歷史在材料上（傳世文獻）的獨有困難〔註21〕，尤以其早期歷史（西周至春秋）爲甚。主要記載燕國史事的「燕之《春秋》」（《墨子‧明鬼下》），可惜早已亡佚；《竹書紀年》原書已於宋代散失；《國語》沒有專門的《燕語》，而其他諸「國語」中附帶提及燕國者，又少得可憐；《左傳》記載燕國的材料，也不過屈指可數的幾條。（西周、春秋典籍關於燕國史事的記載如此之少，當與對外交通要道被切斷、信息傳遞渠道不暢通有關〔註22〕。）而《史記‧燕召公世家》則以「自召公已下九世至惠侯」一語帶過燕國的原初歷史，接下來羅列的數條，也不過是「某某卒」、「某某立」一類「斷爛朝報」式的「流水帳」，並且還有把姞姓南燕誤作姬姓北燕的地方。

進入戰國以後，記載燕國歷史的材料逐漸增多，但隨即又出現了另外一個情況——材料眞僞難辨。《戰國策》記載的本是策士們的縱橫捭闔之語，所序歷史編年本就雜亂無章；而司馬遷假以入《燕召公世家》，愈發滋生舛誤，而其舛誤之最大者，恐莫過於蘇秦之事。研究者多利用《竹書紀年》來校正《史記》的六國紀年，可惜的是，《竹書紀年》後來雖多有輯佚，但難以復其

〔註20〕 李學勤：《東周與秦代文明》（增訂本），北京：文物出版社，1991年第二版，第11～12頁。

〔註21〕 陳平在《燕史紀事編年會按》下冊的「後記」中說，「燕史資料的匱乏散缺、淆亂訛誤爲先秦史列國之最」（北京：北京大學出版社，1995年，第363頁），於此深有感觸。

〔註22〕 《穀梁傳》莊公三十年：「燕，周之分子也。貢職不至，山戎爲之伐也。」晉范甯注：「言由山戎爲害，伐擊燕，使之隔絕於周室。」

原貌。幸運的是，後來在長沙馬王堆漢墓出土了《戰國縱橫家書》以及《春秋事語》，學者們借助於《戰國縱橫家書》這一「司馬遷所沒有見過的珍貴史料」〔註 23〕研究燕國歷史，使得燕國的戰國史明晰了許多〔註 24〕。後世所傳《燕丹子》三卷，雖然作者不明、年代尚難考定，但記事多與《史記・燕召公世家》所載相合〔註 25〕；就文體而論，可將其歸入「歷史故事」一類〔註 26〕。惜乎《燕丹子》僅載戰國末期太子丹、荊軻一段史事，信息量實在有限。先秦諸子之作，關涉燕國者甚寡，有則多爲片言隻語。1995 年，北京大學出版社出版了陳平的《燕史紀事編年會按》（上下冊），該書幾乎將關涉燕國歷史的材料（主要是文字材料）網羅殆盡，給研究者在材料上提供了極大的便利，堪稱一次材料的大總結。

　　至於關於燕國的實物材料，則在二十世紀發生了令人欣慰的變化。早在解放前的 1929 年，北平研究院史學研究會、北京大學考古學會、古物保管委員會就對燕下都進行了實地考察；隨後，於 1930 年 3 月組建「燕下都考古團」（以馬衡爲團長），於 4 月 27 日開始進行發掘；直至解放以後，對燕下都的發掘工作仍在緊鑼密鼓地進行著〔註 27〕；1996 年，文物出版社推出了堪稱集燕下都考古資料之大成的報告——《燕下都》，算是一次大總結。石永士和石磊合作撰寫的《燕下都東周貨幣聚珍》一書（北京：文物出版社，1996 年），專攻燕下都出土的東周貨幣資料，其第一章專門論述「燕國貨幣」，第八章綜合論述「燕下都考古發掘中出土的東周貨幣和鑄幣範」，既是對出土資料的搜集和整理，也有對相關問題的研究和探討。

　　與燕下都相對應的（也許是更爲核心的）考古發掘工作，則在北京市西

〔註 23〕唐蘭有同名論文《司馬遷所沒有見過的珍貴史料》，載於《戰國縱橫家書》的附錄（第 123～153 頁）。

〔註 24〕唐蘭、楊寬、徐中舒、馬雍等學者均認爲，《戰國縱橫家書》是可信的。但也有少數學者持否定看法，如趙生群即認爲，《戰國縱橫家書》所載「蘇秦事迹」「爲後人假託，並不可信」（《〈戰國縱橫家書〉所載「蘇秦事迹」不可信》，《浙江師範大學學報》，2007 年第 1 期）。

〔註 25〕《文獻通考》卷二一五《經籍考》四二引《周氏涉筆》云：「燕丹荊軻，事既卓詭，傳記所載亦甚崛奇。今觀《燕丹子》三篇，與《史記》所載皆相合，似是《史記》事本也。」

〔註 26〕孫晶：《〈燕丹子〉成書時代及其文體考》，《古籍整理研究學刊》，2001 年第 2 期。

〔註 27〕其大體情況，可參看傅振倫（1906～1999）的《燕下都考古繫年要錄（1921～1987）》（《文物春秋》，1990 年第 3 期）。

南琉璃河一帶進行著，其最終成果彙集爲《琉璃河西周燕國墓地》（1973～1977）（北京：文物出版社，1995 年）；尤其是琉璃河有銘銅器的出土，更是大大改觀了關於燕國早期歷史一直闕如的狀況。琉璃河、燕下都考古發掘資料的匯總，是燕國出土材料的兩個大宗。除此以外，諸如遼寧喀左、北京昌平、河北承德等地考古發掘簡報的問世，也在一定程度上豐富了「燕國材料」的內涵。

　　筆者在撰寫本書時，立意於（同時又是立足於）王國維當年倡導而又向爲學術界所稱道的「二重證據法」〔註 28〕——既充分採用傳世文獻，也合理運用考古資料和出土文獻。另外，還適當援引了一些民族學、人類學的相關材料；同時，合理參照國外的相關理論和方法。

（二）方法

　　就方法而言，筆者恪守的主要有以下幾端：

　　(1)歷史學與考古學、古文字學相結合，以資「互相釋證」，此即王國維（1877～1927）所倡導和踐履的「二重證據法」〔註 29〕。

　　(2)適當援引民族學和人類學的理論方法與相關材料，以資「互相參證」。以上兩點，約略近於陳寅恪（1890～1969）在《王靜安先生遺書序》中所說的「一日取地下之實物與紙上之遺文互相釋證。……三日取外來之觀念與固有之材料互相參證」〔註 30〕。

　　(3)遵守「多聞闕疑」的精神主旨，力避穿鑿附會。孔子（前 551～前 479）云：「多聞闕疑，愼言其餘，則寡尤；多見闕殆，愼行其餘，則寡悔。」（《論語・爲政》）《論語注疏》卷二引包（包咸）曰：「疑則闕之，其餘不疑，猶愼言之，則少過。」在王國維看來，這是治學的不二法門、不易法寶，「余案闕疑之說出於孔子，蓋爲一切學問言，……至於他學，無在而不用此法」〔註 31〕。以古文字之考釋而言，王國維即明言，「自來釋古器者，欲求無一字之不識，

〔註 28〕 王國維：《古史新證——王國維最後的講義》，北京：清華大學出版社，1994年，第 2～3 頁。

〔註 29〕 關於王國維「二重證據法」之要義與精義，尤其是「闕疑」之旨的精神與實質，讀者不妨參閱筆者所撰《王國維之生平、學行與文化精神》一文（《儒藏論壇》第四輯，成都：巴蜀書社，2009 年，第 44～70 頁）。該文後略經修訂，作爲「代前言」收入《王國維儒學論集》（彭華選編），成都：四川大學出版社，2010 年。

〔註 30〕 陳寅恪：《金明館叢稿二編》，上海：上海古籍出版社，1980 年，第 219 頁。

〔註 31〕 王國維：《金文編序》，《觀堂別集》卷四，北京：中華書局，1959 年。

無一義之不通，而穿鑿附會之說以生。穿鑿附會者，非也；謂其字之不可識、義之不可通而遂置之者，亦非也。……由此而之彼，即甲以推乙，則於字之不釋、義之不可通者，必間有獲焉。然後闕其不可知者，以俟後之君子，則庶乎其近之矣」〔註32〕。總之，信以傳信、疑以存疑〔註33〕，不詳之處留待日後增補與充實。

（4）歷史考證與理論闡發相結合。即借歷史考證以正本清源，借理論闡發以發明推進，並反觀周初的重要制度與文化，亦即王國維、陳寅恪所倡導的「小處著手，大處著眼」〔註34〕，做到既有微觀的研究，也有宏觀的研究〔註35〕。

（5）在具體學科上（一級學科或二級學科），還涉及歷史地理學、人文地理學、政治地理學、語言學、民俗學等。

四、研究的歷史與現狀

對燕國歷史文化的研究，可以上溯至二十世紀二十年代。1890 年，直隸淶水縣（今屬河北）張家窪出土了「北伯」鼎和卣〔註36〕，國學大師王國維隨即於 1919 年秋作《北伯鼎跋》〔註37〕，認爲北即邶而「邶即燕」〔註38〕。

〔註32〕 王國維：《毛公鼎考釋序》，《觀堂集林》卷六，北京：中華書局，1959 年。

〔註33〕 《穀梁傳》桓公五年曰：「信以傳信，疑以傳疑。」本處易「傳疑」爲「存疑」，於理爲勝。

〔註34〕 梁啓超（1873～1929）在談到王國維治學成功的原因時說，「先生之學，從弘大處立腳，而從精微處著力」。（梁啓超：《王靜安先生紀念號序》，《國學論叢》第一卷第三號，1928 年 4 月。）周傳儒（1900～1988）在概述王國維在學術上之貢獻時說，「大處著眼，小處著手，……示治學方法之典範」。（周傳儒：《史學大師梁啓超與王國維》，《社會科學戰線》，1981 年第 1 期。）

〔註35〕 關於此旨，可參看拙作《陳寅恪的文化史觀》，《史學理論研究》，1999 年第 4 期。

〔註36〕 北伯銅器出土後，除北伯簋現藏故宮博物院外，餘皆流失，銘文拓片散見以下諸書：《三代》2.41.8、5.14.8，《美錄》A617、R341，《三代》11.26.2。

〔註37〕 說明：本書初版本將《北伯鼎跋》的寫作年代誤作 1921 年，今予以更正。

〔註38〕 王國維：《北伯鼎跋》，《觀堂集林》卷十八，北京：中華書局，1959 年。說明：王國維的這一論斷在當時不失爲卓見，但未必可靠。如陳恩林即認爲，金文中的邶國與《詩經》中的邶國是兩個國家。金文之邶，在河北淶水流域，是自商以來就存在的古國；河內之邶，係武王分割商王畿而封武庚者。後來，淶水之邶併入了燕、韓，河內之邶併入了衛國。蔡新斌認爲，河北淶水所出土的邶伯銅器，很可能是周初原封於豫北河內的邶國在被周公除滅後北竄作燕附庸的族人所遺。陳致認爲，王國維「邶即是燕」、陳夢家「邶入於燕」的

該文可以作爲燕國史研究的濫觴，至今已有九十餘年的歷史了。根據筆者的不完全統計，在這九十餘年中，見諸報刊雜誌之端的、關涉燕國歷史文化的考古報告、研究論文、綜合評述等，其總數已約計 900 篇許〔註39〕，數字是相當可觀的。但眞正把周朝「燕國史」單列出來、使之成爲獨立的「國別史」，並且加以專門的研究而又撰成專著的，在二十世紀八十年代以前一直是一片空白〔註40〕。關於燕國的歷史文化，除專史的撰作外（關於專史的評述詳見下文），前人和今人均在其各自的研究工作中有所涉及。總括而言，這一類研究主要是在以下幾個方面展開的：先秦史和地方史、民族史和社會史、考古學和古文字學以及歷史地理學。後一類研究我稱之爲「附帶研究」，前一類研究我稱之爲「專門研究」。

（一）附帶研究

1. 先秦史和地方史

先秦史

燕國史及燕地史是先秦史的有機組成部分，而燕國在歷史上雖然說是一個比較弱小的諸侯國，但卻是一個很重要的諸侯國。所以，前人和今人在做先秦史及地方史研究時，都曾經或多或少地旁及過「燕國史」。

二十世紀初（甚至包括二十世紀的下半葉），由於受「疑古」思潮的影響以及燕國本身早期材料的欠缺，致使懷疑之風甚熾。因爲「北燕來歷迄今難

說法，似乎應當修正爲「邶遁於燕」；但換個角度看，邶與匽都是殷遺之國，最後又同在一處淪於敗亡，故王國維「邶即是燕」的說法，又可以說是精確不刊。八十餘年來關於邶國問題和燕國始封問題的研究，依然循著王國維所指示的方法路向繼續深入，學者們所依據的也仍是王國維所提出的基本方法。而憑藉新材料新認識，這一方法本身又在不斷地精確化和否定王國維最初的論斷，否定的同時，我們又不得不讚歎王國維的預見性和洞察力。（陳恩林：《魯、齊、燕的始封及燕與邶的關係》，《歷史研究》，1996 年第 4 期。蔡新斌：《周初「三監」與邶、鄘、衛地望研究》，《中原文物》，1998 年第 2 期。陳致：《從王國維〈北伯鼎跋〉來看商周之際的一些史事》，《臺大歷史學報》第 31 期，2003 年 6 月。）

〔註39〕具體參看本書的附錄三《燕文化研究參考論文》。

〔註40〕明朝萬曆年間，郭造卿（1532～1593）撰成《燕史》一百二十卷（現殘存三十四卷），全書約十六萬多字，堪稱煌煌大觀之作；所述「燕史」（燕地地方史）上起西周、下訖元末，但關乎周朝「燕史」（姬姓燕國史）的部分恰好全部亡佚。（邱居里：《〈燕史〉的卷數、傳本與輯佚》，《中國典籍與文化》，2006年第 1 期。）

考」，童書業（1908～1968）便進而懷疑北燕姬姓的可信度，「召公是否姬姓，亦甚可疑」〔註41〕，「北燕是否姬姓，今尚難懸斷」〔註42〕。而齊思和（1907～1980）則徑直認定燕「原本夷狄」，「若夫召公之封，尤有可疑。……竊蓄此疑久矣。後讀《漢書·地理志》，燕、吳故國皆在中原，始知其後來之燕、吳皆原本夷狄而冒爲姬姓者也」〔註43〕。關於周初燕都的所在，也是疑雲密佈、疑竇叢生，「徙封說」一度佔據上風。或以爲燕最初被封在山西境內，以後才到今河北北部〔註44〕；或以爲召公初封在河南郾城，薊丘則是遷封以後的燕都〔註45〕；或以爲召公初封河南郾城，再遷山西汾水流域，之後才東遷至薊〔註46〕。時至今日，仍堅守此說者已爲數不多。

建國以後推出的幾部以「中國通史」字樣命名的著作，其「先秦史」部分無可置疑地要以相當分量的章節來論述燕國史及燕地史。它們有的因爲出版年代太早，相關出土材料尚未發現，致使主觀猜測多於客觀考證。如郭沫若（1892～1978）主編的《中國史稿》，吸收的仍然是他在《中國古代社會研究》中所表達的觀點，認爲燕國是一個自然生長的國家，與周只是或通婚或通盟而已〔註47〕（侯仁之也持相同看法〔註48〕）。再如由白壽彝（1909～2000）任總主編的《中國通史》，仍然認爲燕「可能在殷商時期就是一個諸侯國」，「燕民或爲殷民的一分支」，「周封召公於此，可能就是征服了殷商時代的燕國而後建立了周的燕國的」〔註49〕。它們有的是因爲來不及一睹「新材料」（新材

〔註41〕童書業：《古燕國辨》，《中國古代地理考證論文集》，北京：中華書局，1962年。

〔註42〕童書業：《春秋左傳研究》，上海：上海人民出版社，1980年，第243～245、365～366頁。

〔註43〕齊思和：《燕、吳非周封國說》，《燕京學報》第二十八期，1940年12月。

〔註44〕童書業：《古燕國辨》，《中國古代地理考證論文集》，北京：中華書局，1962年。

〔註45〕斯傅年：《大東小東說——兼論魯燕齊初封在成周東南後乃東遷》，《中央研究院歷史語言研究所集刊》第2本第1分冊，1930年；陳槃：《春秋大事表列國爵姓及存滅表譔異》（三訂本），上海：上海古籍出版社，2009年，第120頁。

〔註46〕顧頡剛：《燕國曾遷汾水流域考》，《責善半月刊》第1卷第5期，1940年。

〔註47〕郭沫若：《中國古代社會研究》，北京：人民出版社，1964年第二版，第293～294頁。

〔註48〕侯仁之：《關於古代北京的幾個問題》，《歷史地理學的理論與實踐》，上海：上海人民出版社，1984年第二版，第142～143頁。

〔註49〕白壽彝總主編，徐喜辰、斯維至、楊釗主編：《中國通史》第三卷《上古時代》，

料尚未出土）；有的是爲了行文方便而援引舊說、堅持舊說，沒有充分吸收考古材料和考古學研究成果。

令人欣喜的是，隨著考古發掘的進行和研究工作的推進，尤其是有銘銅器的出土（克罍、克盉、董鼎以及梁山七器〔註50〕等），這種狀況業已有所改觀，在燕國史研究中仍持「疑古」論調者有所減損。但問題也不少，如銘文的釋讀，如燕與周的關係，如世系的爭論，如燕國與土著的關係，如燕國與殷遺民的關係，凡此種種，不一而足。

地方史

誠如前文所言，燕國的疆域關涉到今天的北京、天津、河北、山西、內蒙古以及東北的遼寧和吉林，因此在上述地區的地方史著作中，均要涉及「燕國史」，其中又以北京、河北兩地最甚。這一方面的論著，實在是太多太多。

東北方面，早期的著作，有傅斯年（1896～1950）的《東北史綱》（第一卷，1932年），金毓黻（1887～1962）的《東北通史》（1944年版〔註51〕）；晚近的著作，有張博泉、蘇金源、董玉瑛的《東北歷代疆域史》（1981年），張博泉（1926～2000）的《東北地方史稿》（1985年），李健才的《東北史地考略》（1986年），佟冬（1905～1996）主編的《中國東北史》（第一卷，1987年），高青山等的《東北古文化》（1992年），張博泉、魏存成主編的《東北古代民族、考古與疆域》（1998年），郭大順、張星德的《東北文化與幽燕文明》（2005年）等。相對於北京和河北的地方史著作而言，東北地方史著作中論述燕國史的章節不多（《東北文化與幽燕文明》例外），但也不乏可資借鑒處。

北京方面，其地方史的研究和著作的撰寫進展得特別好，這一工作早在中國古代就已進行得如火如荼（但因與燕國史直接關涉者不多，此不贅舉）。晚近的著作，有侯仁之、金濤的《北京史話》（1980年），北京史研究會編寫

上海：上海人民出版社，1994年，第921～922頁。

〔註50〕梁山七器，清道光、咸豐年間（1821～1862）出土於山東省壽光縣梁山（今梁山縣），計有鼎3件、簋1件、甗1件、盉1件。關於梁山七器的出土情況，可參看陳夢家：《西周銅器斷代（二）》，《考古學報》第十冊，1955年，第96頁。

〔註51〕金毓黻的《東北通史》（上編）於1941年由重慶五十年代出版社出版，我所參考的是1981年重印本（據五十年代出版社1944年版翻印）。

的《燕京春秋》（1982 年），北京大學歷史系《北京史》編寫組編寫的《北京史》（1985 年〔註 52〕），鄭樹民、張顯傳主編的《北京鄉土史話》（1990 年），李淑蘭的《北京史稿》（1994 年），尹鈞科的《北京歷代建置沿革》（1994 年），方彪的《北京簡史》（1995 年），侯仁之、鄧輝的《北京城的起源與變遷》（1997 年），齊心主編的《圖說北京史》（1999 年），尹鈞科主編的《北京建置沿革史》（2008 年），於德源的《北京史通論》（2008 年），侯仁之的《北京城的生命印記》（2009 年），佟洵的《北京地方史概要》（2010 年），等等。北京史的集大成著作，則是曹子西主編的《北京通史》〔註 53〕，共有十卷之巨。北京還辦有多種專門刊載地方史研究成果的刊物，如北京史研究會的《北京史論文集》和《燕京春秋》、北京市社會科學研究所的《史苑》以及《燕都》、《北京文物與考古》、《北京史研究》、《北京史研究通訊》等，真的是蔚爲大觀。1995 年 8 月 21 日～25 日，在北京市房山區舉行了「北京建城 3040 年暨燕文明國際學術研討會」，堪稱「燕國史」研究上的一件盛事。出席研討會的學者共計 104 人（國內 89 人、國外 15 人），會議所收論文（61 篇）最後結集出版〔註 54〕，在相當大程度上推進了「燕國史」的研究〔註 55〕。

　　河北地方史方面，就我所瞭解而言，其地方史著作的撰寫顯得稍微滯後一些。一直到 1988 年，河北社會科學院地方史編寫組才編寫了《河北古代歷史編年》一書，這是爲撰寫地方史著作而做的準備工作〔註 56〕；隨後，河北人民出版社於 1990 年出版了由同一編寫組編寫的《河北簡史》。

　　另，鑒於燕國所跨有的位於今內蒙古和山西一帶的疆域並非這兩省（區）的主體，而且內蒙古、山西兩省（區）尚無成形的地方史著作，故本處暫將其略去。

〔註 52〕 該書於 1999 年出版了增訂本，但先秦部分基本上沒有什麼「增訂」。

〔註 53〕 曹子西主編：《北京通史》（十卷），北京：中國書店，1994 年。

〔註 54〕 齊心主編：《北京建城 3040 年暨燕文明國際學術研討會會議專輯》，北京：北京燕山出版社，1997 年。在這之前，中國社會科學出版社曾經出版過由陳光彙編的《燕文化研究論文集》（1995 年），但該集子所收論文基本上都已經在報刊雜誌上發表過。

〔註 55〕 杜金鵬：《北京建城史和燕文化研究的新進展——「北京建城 3040 週年暨燕文明國際學術研討會」綜述》，《史學月刊》，1996 年第 1 期。李雪山：《北京建城 3040 週年暨燕文明國際學術研討會述要》，《殷都學刊》，1996 年第 2 期。

〔註 56〕 拿北京來說，一般都是先有《北京歷史紀年》（北京出版社，1984 年），然後才有《北京史》一類著作。

以上所列舉的地方史著作，它們都有兩個共同的特點：一是過於簡略。「燕國史」僅是其地方史鏈條上的一個環節（先秦部分），同時爲了照應全書，其所述「燕國史」也就難免掛一漏萬。二是過於支離。顧名思義，「地方史」是一地一方之史，其立足點是「本地的歷史」，但燕國的疆域卻並非北京、河北、抑或東北中的任何一者可以完全統攝；準此，地方史中的「燕國史」之流於支離，乃勢所必然（先秦史著作亦然）。若以「總體史」的視角審視上述先秦史和地方史著作，它們於「燕國史」一端僅是管窺一斑，均非「全豹」之作。

2. 民族史和社會史

燕國建國於我國北方地區，而這一帶恰爲多民族聚居之地，當地民族成分複雜，各民族雜糅相處；因而從民族學（史）的角度做研究，也是「燕國史」研究中不可或缺的重要的組成部分（本書專闢兩章論述「燕地的古族與古國」）。

至於民族史方面的研究成果，堪稱舉不勝舉，既有通論性質的著作，也有專門性質的作品。前者，如呂思勉（1884～1957）的《中國民族史》（1934年），蒙文通（1894～1968）的《周秦民族史》（1938年〔註57〕），江應樑（1909～1988）主編的《中國民族史》（1990年），翁獨健（1906～1986）主編的《中國民族關係史綱要》（1990年）等；後者，如馬長壽（1907～1971）的《烏桓與鮮卑》（1962年），楊保隆的《肅慎挹婁合考》（1989年），李德山的《東北古民族與東夷淵源關係考論》（1996年），張碧波等合著的《東北古族古國古文化研究》（2000年）等。它們都或多或少地論述了燕地的一些「古族」與「古國」，但也都有「未盡其詳」的缺陷。而有的論著，爲了切合自己的研究課題，往往將燕地的許多「古族」與「古國」向某一方向靠攏（如李德山），將其書所涉及的絕大部分「古族」與「古國」，一概與「東夷」掛鉤，認爲其來源就

〔註57〕《周秦民族史》本爲講義，講用在十年以上，曾經多次修改，於1935～1937年間基本定稿。上海龍門聯合書局1958年出版《周秦少數民族研究》時，只用了講義的民族史部分。《周秦少數民族研究》後收入《蒙文通文集》第四卷《古地甄微》（成都：巴蜀書社，1998年），但有三節因無所繫屬而未被編入。2008年，《蒙文通中國古代民族史講義》（包括《周秦民族史》和《巴蜀史的問題》）作爲「名師講義」叢書之一，由天津古籍出版社出版，《周秦民族史》始以全璧面世。以上信息，詳見蒙默《蒙文通中國古代民族史講義·前言》。

是「東夷」，未免失之偏頗。

　　社會史研究方面，可舉以下二書爲例：一是李瑞蘭主編的《中國社會通史・先秦卷》〔註58〕，二是晁福林的《先秦民俗史》〔註59〕。前者因爲是「社會史」的「通史」著作，所以只能以部分篇章論述燕國的社會史；兼之遺留下來的關於燕國社會生活的文獻材料很少，所以類似著作中論述燕國社會生活的文字更是少之又少。後者雖名曰「先秦民俗史」，但論述燕國民俗史的文字實在不多。關於「燕國的社會生活」，本書專門列了一章（第十三章），該章除充分利用傳世文獻外，還合理利用了出土材料，自信比類似「中國社會通史」的相關部分詳細得多、全面得多。

3. 考古學和古文字學

　　考古學和古文字學之於歷史研究的重要性，自從王國維首倡「二重證據法」後，時至今日，已經基本上成爲學者們的「自覺的共識」。有關「燕國史」的考古發掘報告與研究成果，也不在少數之列，如中國社會科學院考古研究所的《新中國的考古發現與研究》（1984 年），文物編輯委員會編的《文物考古工作三十年》（1979 年）和《文物考古工作十年》（1991 年），北京市文物研究所的《北京考古四十年》（1990 年），以及《琉璃河西周燕國墓地》（1995年）和《燕下都》（1996 年）等。專攻燕下都瓦當的研究著作，有《燕下都瓦當研究》（2004 年）、《燕下都瓦當文化考論》（2008 年）〔註60〕等。但因爲這些作品自身所屬學科是考古學，其著重點自然也就落在「考古」二字上，或者僅做考古資料的彙編工作，或者只將研究重點落腳在考古上，沒有與傳世文獻充分結合（即沒有堅持王國維的「二重證據法」），所以，他們所獲得的不少結論自然也就需要重新認識。

　　相對而言，古文字學的研究成果更有堪資借鑒處，因爲他們所討論的對象本身就是「燕系文字」，與「燕國史」息息相關。其最爲明顯的例證，是關於克罍、克盉、堇鼎、太保諸器以及梁山七器等銘文的研究（如陳夢家、黃盛璋、殷瑋璋、陳平等）；而在陶文、璽文、兵器銘文和錢幣刻文中，關涉燕國者亦甚多，而且古文字學者們也多有研究（如李學勤、裘錫圭、李零、何

〔註58〕太原：山西教育出版社，1996 年。
〔註59〕上海：上海人民出版社，2001 年。
〔註60〕劉德彪、吳磬軍：《燕下都瓦當研究》，保定：河北大學出版社，2004 年。吳磬軍：《燕下都瓦當文化考論》，保定：河北大學出版社，2008 年。

琳儀、朱活、石永士、馮勝君、蘇建洲等）〔註61〕。

　　總之，由考古發掘獲得的「出土材料」（實物資料和文字資料）與「傳世文獻」一起共同構成研究「燕國史」的兩把「利器」。就本書而言，我所利用的材料一方面來自「傳世文獻」，另一方面即獲益於「出土材料」，尤以第二、三、六、八章爲甚。

4.歷史地理學

　　歷史地理學之於歷史研究的重要性，身處清朝的學者早已有清晰認識〔註62〕（當時或稱之爲「輿地之學」）。而實際情形也確實如此，因爲歷代沿革不明、地理位置不明，而遑遑論述歷史問題，終究是缺憾多多。

　　從歷史地理學的角度研究「燕國史」，其成就最爲突出者，恐怕莫過於侯仁之了。他先後推出了一系列論述北京歷史地理的著作，如《歷史上的北京城》（1962年）、《北京歷史地圖集》（主編，1988年）、《北京城市歷史地理》（2000年）等。在曲英傑的《先秦都城復原研究》（1991年）、許宏的《先秦城市考古學研究》（2000年）中，也有專門論述燕國都城的部分。除此之外，在史念海（1912～2001）的《河山集》、譚其驤（1911～1992）的《長水集》等論著以及《歷史地理》、《中國歷史地理論叢》等刊物中，也不時會有關於燕國或燕地歷史地理的論文。

（二）專門研究

　　專門敘述或研究燕國歷史文化的著作，就筆者閱讀所及，至少有以下十四部〔註63〕：

　　(1)黎虎編寫：《燕國故事》，石家莊：河北人民出版社，1981年。

　　(2)孫魯等：《燕國史話》，北京：工人出版社，1985年。

〔註61〕關於這方面的論文目錄，詳見本書附錄三《燕文化研究參考論文》。關於戰國一段，另可參看以下學位論文：(1)馮勝君：《戰國燕系古文字資料綜述》，吉林大學碩士學位論文，1997年；(2)蘇建洲：《戰國燕系文字研究》，臺灣師範大學碩士學位論文，2001年；(3)彭吉思：《戰國燕系文字地域特徵研究》，華南師範大學碩士學位論文，2007年；(4)王愛民：《燕文字編》，吉林大學碩士學位論文，2010年。

〔註62〕如張之洞（1837～1909）即明言，「地理爲史學要領，國朝史家皆精於此」（《書目答問補正》，上海：上海古籍出版社，2001年，第263頁）。

〔註63〕相關信息顯示，成曉軍、宋素琴著有《燕趙文化縱橫談》（北京：中國文聯出版社，1999年）。但筆者一直未見，故未列入。

　　這兩本書基本上都是小冊子，寫得也比較通俗，大致可以歸入「普及讀物」一類。一名「故事」，一名「史話」，書名取得恰如其分。(《燕國故事》，全書 78 頁，係「歷史小故事叢書」之一。)

　　(3)張京華：《燕趙文化》，瀋陽：遼寧教育出版社，1995 年，1998 年第二版。

　　(4)杜榮泉等著：《燕趙文化志》，上海：上海人民出版社，1998 年。

　　《燕趙文化》係「中國地域文化」叢書之一，《燕趙文化志》係《中華文化通志》第二典《地域文化典》之一（寧可主編）。這兩部書所論述的內容都比較廣泛，包括燕趙之地的生態環境、原始文化、人文歷史、文學藝術、科學技術、政治、經濟、建築、民族、教育、宗教、民俗等。二書都有一個共同的特點，即其內容並不局限於「燕國」，還包括與燕國毗鄰的趙國。究其實，將燕、趙二國合併於一書加以撰寫，本來無可厚非，因為畢竟「燕趙文化」頗多共性；但就客觀而言，這種做法又在一定程度上分散了「火力」；因此，關於燕國歷史文化的許多核心問題，在這兩部書中均反映不多。

　　(5)常徵：《古燕國史探微》，聊城地區新聞出版局，1992 年〔註 64〕。

　　從目錄上看，《古燕國史探微》採用的是專題寫作法；但仔細閱讀全書，發現該書其實已經涉及「燕國史」的諸多方面。舉凡燕國世系、都城（地理）、政治、軍事、民族等，行文多有所涉獵，並且絕大多數都有所論斷。這既是其長處，同時也是其短處；因此，書中有時會出現不當斷、不能斷而強斷（判斷）的情形。

　　(6)閻忠：《周代燕國史研究》，吉林大學博士學位論文，金景芳指導，1994 年〔註 65〕。

　　該篇博士學位論文做得相當全面，基本上涵括了「燕國史」的方方面面，材料功夫也做得很紮實，論文以「周代燕國史研究」來命名真的是名副其實。在博士學位論文的基礎上，閻忠又發表了多篇研究論文（詳見本書附錄三）。遺憾的是，天不假壽，閻忠英年早逝〔註 66〕，最終未竟其業。可惜！可惜！

〔註 64〕　常徵著有《古燕國史探微》一書的信息，是由同門朱淵清提供的。朱淵清又
　　　　　惠借該書與我，特在此致謝。
〔註 65〕　1997 年 11 月，筆者至吉林大學訪學時，呂紹綱教授將此博士學位論文饋贈與
　　　　　我，特在此致謝。
〔註 66〕　閻忠（1963～1996），生於內蒙古赤峰。先後畢業於四平師範學院（今吉林師
　　　　　範大學）、東北師範大學、吉林大學，分別獲得學士、碩士、博士學位。1994

（陳平在撰寫《燕史紀事編年會按》時，採書近一百五十部〔註67〕，但以上二書均未及參閱，不能不說是一種遺憾。）

(7)陳平：《燕史紀事編年會按》（上下冊），北京：北京大學出版社，1995年〔註68〕。

這是一部學術價值相當高的著作，業已獲得學者的好評〔註69〕。全書76萬字，採擷先秦至明清典籍一百四十餘部，幾乎將關涉燕國歷史的材料（主要是文字材料）網羅殆盡，給研究者在材料上提供了極大的便利，堪稱一次（文字）材料的大總結；同時，該書不但有文字材料的網羅，也有個人的研究心得，全書「有許多富於啟發性的新觀點」（李學勤「序」語）。但因受體例的限制（編年體），對許多問題的研究只能以隨文批註（即加「按語」）的形式進行，不能做全面的深入的研究，並且略去了「不屬可編年的燕史古文獻資料」（即「編著體例」中所說的山川湖澤、關塞城邑、物產農作、語言風習等）。筆者在撰寫本書的第四、五、六、七章時，從《燕史紀事編年會按》中獲益良多。略顯遺憾的是，該書在文字的抄寫、排印和校對上不是十分精確，算是「小疵」〔註70〕。

(8)陳平：《燕國風雲八百年》，北京：北京出版社，2000年。

該書篇幅不大（作者自己說是一本「小冊子」），僅有13.5萬字，是「北京歷史叢書」的第二種。它是在《燕史紀事編年會按》的基礎上改寫而成的，是《會按》的「縮寫本」（陳平語）。「由於受文獻與考古材料的限制，這部書在反映燕史上是兩頭大、中間小的畸形。其前段西周早期，以金文與考古材料居多；後段戰國中晚期，則以《戰國策》、《史記》等文獻資料及金文、帛書等古文字資料為主；西周中、晚期至戰國早期的內容極為單薄，有待於今後新的考古發現加以補充」（陳平語）。先做材料的考辨，再做專史的撰寫，這種做法很合乎學術規範，也很見功力。該書若與上書合讀，收穫更大。

年留吉林大學工作，1996年因病去世。以上信息，由呂文郁教授、夏保國兄提供，特在此致謝。

〔註67〕陳平在該書的「編著體例」中透露，「本書共採用古籍、專著近一百五十部」。

〔註68〕陳平此書，我一直未能購得，一向引以為憾。導師謝維揚先生慷慨將他珍藏的《燕史紀事編年會按》供我長期借閱，不勝感激。

〔註69〕相關書評，可參看朱鳳瀚的《〈燕史紀事編年會按〉評介》，《中國史研究》，1997年第2期。

〔註70〕我業已在該書（上、下冊）中發現類似文字錯誤不下於五十處。

（9）王彩梅：《燕國簡史》，北京：紫禁城出版社，2001 年。

該書篇幅也不大，僅有 17 萬字。它敘述了燕國的歷史、政治、經濟、民族、文化（方言、風俗）、物產等。但專門述論燕國歷史的部分過於簡略，從召公奭的家世、燕國始封一躍而入燕王噲的「禪讓」，之後則是燕昭王一世的苦心經營及伐齊行動，最後則是燕國的滅亡。因此，許多問題在該書中都沒有詳盡的論述，自然不可能全面展開了。

（10）保定歷史文化叢書編輯委員會編：《燕文化》，北京：方志出版社，2005 年〔註71〕。

該書由楊玉生、孫進柱、石永士、薛蘭霞四人合著。全書 26.5 萬字，分為四編：第一編《燕文化的源流及其發展》，第二編《燕下都考》，第三編《燕文化的流變和現實價值》，第四編《燕文化研究的歷史與現狀》。

四位作者身處河北，有其得天獨厚的條件，兼之長期致力於燕文化研究，故是書材料豐富、見解平實，具有相當的參考價值。但是，有的評論文章認為，「《燕文化》一書是我國第一本燕文化研究的專著，是中國燕文化研究史上的新里程碑」，「填補了先秦至春秋時期姬燕歷史文獻的空白」〔註72〕。這樣評論，明顯屬於過譽；而所謂「第一本」專著、「填補……空白」，則顯示評論者對學術史的不瞭解。

（11）陳平：《燕文化》，北京：文物出版社，2006 年。

與《燕國風雲八百年》一樣，該書的篇幅也不大，故作者在《後記》中稱之為「這本小書」。全書 222 頁，僅有 14.8 萬字許。該書是「20 世紀中國文物考古發現與研究叢書」（第四批）第二輯「考古學文化與地域文化」的一種。通讀全書，《燕文化》實際上是考古學文化視野下的「燕文化」，並且特別注重學術史的梳理與總結，這是與《燕史紀事編年會按》、《燕國風雲八百年》大不相同之處。體會作者用意，這當是為了與叢書的設計規範和體例要求相吻合〔註73〕。

〔註71〕　筆者當初在撰寫《燕國史稿》時，尚不知有此書。《燕國史稿》於 2005 年 8 月出版後，孫進柱於 2006 年 11 月打電話給我索購《燕國史稿》，並同時饋贈《燕文化》。謹致謝忱！

〔註72〕　劉文普：《中國燕文化研究史上的里程碑——評楊玉生等人新著〈燕文化〉》，《保定日報》，2006 年 4 月 17 日第 B03 版。

〔註73〕　張文彬《20 世紀中國文物考古發現與研究叢書·序》云：「從某種意義上說，《20 世紀中國文物考古發現與研究叢書》是一套學科發展史和學術研究史叢書。」

全書分爲三章：第一章是《先燕文化研究》，考察的對象是夏家店下層燕南類型和張家園（圍坊）上層文化；第二章是《西周燕文化的發現與研究》，考察的對象是琉璃河西周燕都遺址和其他西周燕文化，並對西周燕文化進行綜合與專題研究；第三章是《東周燕文化的發現與研究》，考察的對象是易縣東周燕下都遺址和其他東周燕文化，並對東周燕文化進行綜合與專題研究。

(12)陳平：《北方幽燕文化研究》，北京：群言出版社，2006 年。

相對於「小冊子」《燕國風雲八百年》和「小書」《燕文化》而言，《北方幽燕文化研究》是「大部頭」。全書共 523 頁，分爲三編：第一編爲舊石器時代的北方文化，第二編爲新石器時代的北方文化，第三編爲青銅時代的北方文化。由此可以看出，該書是一篇以舊石器至秦滅燕爲時間範圍、以戰國中晚期燕昭王全燕時期燕國疆域爲空間範圍、綜述這一時空範圍內北方幽燕地區各考古學文化，而以綜述兩周時期燕文化爲主體的地域性考古學文化學術專著。該書在論及某一考古學文化，一般均涉及該文化的發現與定名、年代與分佈、遺迹與內涵特徵、分期與類型、淵源與去向及族屬等重大學術內容；既充分體現了歷史學界、考古學界研究這些文化的學術成果，也多有作者對相關學術問題的裁斷與見解。2007 年，該書榮獲國家首屆「三個一百」優秀原創圖書大獎。2008 年，該書榮獲統戰部「優秀圖書獎」。

(13)郭大順、張星德：《東北文化與幽燕文明》，南京：江蘇教育出版社，2005 年。

該書是「早期中國文明」叢書（李學勤、范毓周主編）的一種。「本書的各卷，除了必要的文獻資料外，大多是依據考古資料展開的」（李學勤、范毓周《前言》）。全書洋洋灑灑 61.9 萬字，以考古資料爲主復原東北先秦史，是一本較全面系統研究東北先秦史的著作。全書將東北先秦史分爲五個階段和大約十個小區進行研究，正文部分除《導論》外，共計有六章：第一章《遠古人類的足迹——東北地區的舊石器時代》、第二章《從氏族到國家——東北地區的新石器時代》、第三章《與夏爲伍的方國文明與文化——東北地區的早期青銅時代》、第四章《商周時期的燕與幽燕地區多民族文化的融合》、第五章《燕秦帝國的建立與統一多民族國家的形成》、第六章《先秦時期的東北與東北亞》。與燕國歷史文化關係最爲密切的，是第四章和第五章。全書資料翔實，圖文並茂，有述有論，有其獨到的價值。

（14）周海峰：《燕文化研究──以遺址、墓葬為中心的考古學考察》，吉林大學博士學位論文，朱永剛指導，2011 年。

誠如副標題所云，該篇博士學位論文是從考古學的角度考察先秦時期的燕國文化，與十七年前（1994 年）閻忠所撰《周代燕國史研究》有較大的區別。該文在全面梳理現有資料的基礎上，對燕文化的分期、發展階段、空間分佈、區域特徵以及與周邊考古學文化的交流等問題進行了分析和探討。全文共分六章：第一章《緒論》，第二章《遺址和墓葬的分期》，第三章《燕文化的分期、發展階段及各階段特徵》，第四章《燕文化的空間分佈與區域研究》，第五章《燕文化對周邊考古學文化的傳播和影響》，第六章《結語》。正文之後的附錄，「附圖」是其大宗，有近百頁的篇幅（第 149～246 頁）。作者在《結語》坦言，將燕文化分為從早到晚的九期，這九期的材料基本上反映了燕文化各時期的面貌，但是由於西周中晚期和春秋早中期考古材料的缺乏，還無法完全展現出這一階段的文化特徵。此亦無可奈何者也！

五、研究的內容與重點

下面，按照本書的先後章次，對全書的內容和重點略做介紹：

第一章《緒論》，主要是一篇帶有「引論」性質的文字。《緒論》大致界定了本書「研究的範圍與時限」（即本書的「時間」與「空間」），簡略陳述了「研究的意義與價值」，列舉了在「燕國史」研究中可利用的「資料與方法」，並做了相關「學術史」（「研究的歷史與現狀」）的回顧與總結，最後對本書的內容與重點進行概括性的介紹。

第二章《燕地的自然環境》，主要是結合考古資料和傳世文獻梳理燕地的自然環境，諸如地形和氣候、岩石和泥土、動物和植物、礦產資源等。推本溯源，我的這一做法借鑒自考古人類學家張光直（1931～2001）的《商代文明》〔註74〕。

第三章《燕地的考古學文化》，主要是利用考古資料和部分可與之對照的傳世文獻資料，對燕地的「人文歷史」進行敘述，時間跨度上起舊石器時代，下迄夏、商、周（封燕之前），這或許又可稱之為「燕地的人文環境」。

接下來，我用了整整四章的篇幅（第四、五、六、七章）分別論述燕國

〔註74〕張光直著，毛小雨譯：《商代文明》第一編第二章《自然資源和經濟資源》，北京：北京工藝美術出版社，1999 年，第 112～136 頁。

本身的發展歷史，時間跨度前後長達八百餘年（從西元前十一世紀中葉的西周初年一直到西元前三世紀末的秦朝），著重點主要在燕國的政治、軍事、外交等層面；行文既有「線」的論述，也有「點」的研究。這四章是本書的主體部分之一，基本上是從「縱向」的角度研究「燕國史」。

繼這之後的六章（第八章至第十三章），基本上是從「橫向」的角度研究「燕國史」，分別論述了燕國的「經濟制度」（農業、畜牧業、手工業、商業、建築業、交通、城市、人口）、「政治制度」（官僚機構、封建制度、封君制度、軍事制度、法律制度）、「民族」（即「古族與古國」）、「思想文化」（語言文字、思想理論、文學藝術、科學思想）、「社會生活」（衣食住行、婚姻喪葬、宗教祭祀、民風民俗）。這六章和上面的四章「縱橫交錯」，約略近乎法國「年鑒派史學」所倡導的「總體史」（histoire totale）的研究理路。

第十四章《人物》，基本上是燕地主要人物的「小傳」。在敘述時，我做了一點分門別類的工作，大致區分為國君、宗族、封君、大臣、義士、方士、諸子、其他諸類。我的這一做法，借鑒自白壽彝（1909～2000）等人所提倡的「新章節體」體例。

書末共有五項「附錄」（燕國世系表、燕國大事年表、燕文化研究參考論文、主要參考書目、甲骨文金文著錄書目及其簡稱），將不便於放入正文而又不可缺少的一些文字安排在這裡，既可使閱讀者一目了然，也可供進一步查閱之用。國內外許多學術著作都如此而為，筆者也一仍其舊。

本書初版時的最後一篇文字是「後記」（本次改題為「初版後記」），新版時又增加了一篇「後記」（題名為「修訂版後記」）。在這兩篇「後記」中，我簡略交代了與本書有關的一些「因緣」（援用佛教術語），雖然說是「贅述」，但似乎也不可闕如。

第二章　燕地的自然環境

　　環境（自然環境），是人類社會賴以生存、生活和發展的物質基礎，與人類文化有著密切的關係。德國哲學家黑格爾（G. W. F. Hegel，1770～1831）早就指出，「助成民族精神的產生的那種自然的聯繫，就是地理的基礎」，這種自然的聯繫是「精神」「所從而表演的場地」，是「一種主要的、而且必要的基礎」，而土地就是其中的一種，一個「地方的自然類型和生長在這土地上的人民的類型和性格有著密切的聯繫」；當然，「我們不應該把自然界估量得太高或太低：愛奧尼亞的明媚的天空固然大大地有助於荷馬詩的優美，但是這個明媚的天空不能單獨產生荷馬」〔註1〕。馬克思（Karl Marx，1818～1883）將外界的自然條件分爲兩大類，一類是生活資料的自然富源（如土壤的肥力、魚產豐富的水等），一類是勞動資源的自然富源（如奔騰的瀑布、可以航行的河流以及有色金屬、煤炭等），「在文化初期，第一類自然富源具有決定性的意義；在較高的發展階段，第二類自然富源具有決定性的意義」〔註2〕。在《德意志意識形態》中，馬克思和恩格斯（Friedrich Engels，1820～1895）指出，「歷史可以從兩方面來考察，可以把它劃分爲自然史和人類史。但這兩方面是密切相聯的，只要有人存在，自然史和人類史就彼此相互制約」〔註3〕。

　　對於環境與人類的關係，中國古人也有著較爲質樸的認識。《禮記・王制》

〔註1〕　〔德〕黑格爾著，王造時譯：《歷史哲學》，上海：上海書店出版社，2001年，第82頁。按：著重號係原文所加。
〔註2〕　〔德〕馬克思：《資本論》第一卷，北京：人民出版社，1975年，第560頁。
〔註3〕　《馬克思恩格斯選集》第一卷，北京：人民出版社，1972年，第66頁。

說，「凡居民材，必因天地寒暖燥濕。廣谷大川異制，民生其間者異俗，剛柔、輕重、遲速異齊，五味異和，器械異制，衣服異宜」；比如北方的狄，「衣羽毛穴居，有不粒食者矣」。

1962 年，著名考古學家賓弗（Lewis R. Binford，1931～2011）發表了題爲《作爲人類學的考古學》一文〔註4〕，成爲「新考古學」（New Archaeology）的宣言，從而在美國掀起了一場「新考古學」運動〔註5〕。1968 年，遠隔重洋的克拉克（David L. Clarke）又推出了巨作《分析考古學》〔註6〕。他和倫福儒（Colin Renfrew）一起，宣告了「新考古學」在英國的問世。「新考古學」又稱「進程考古學」（Processual Archaeology），將考古學研究的內涵擴大到了物質文化、精神文化和社會關係等人類活動的主要方面，而且十分強調生態環境對人類社會的作用。「新考古學」在當今的英美佔有很大的勢力，在中國也不乏其人。隨著環境考古學、動物考古學、植物考古學、經濟考古學、聚落考古學等的引進和運用，中國的研究者們也日漸注重利用人類遺址中的文化遺物去分析古代遺址的年代，瞭解當時人類的生活環境、食物結構和人類行爲等〔註7〕。這不失爲一個很好的研究路數，而其研究成果也足堪借鑒。

燕地主體部分所處的華北平原，屬北半球暖溫帶半濕潤季風氣候區，春季多風，夏季多雨，秋高氣爽，冬季寒冷。地勢平坦，土層深厚，有著悠久的開發歷史，耕作技術精細，是我國主要的糧油生產基地。勞動力資源豐富，交通便利，科技發達，力量雄厚。梳理燕地在歷史時期的自然環境，一則有利於歷史問題的探討，二則也不失其現實借鑒意義。

〔註 4〕 Lewis R. Binford: *Archaeology as Anthropology*, American Antiquity, 28 (1962)，pp.217~225.

〔註 5〕 很多考古學史家都以賓弗爲「新考古學」的創始人，但張光直認爲這是不正確的。在張光直看來，向美國傳統文化史派考古學開第一炮的是克羅孔（Clyde Kluckholn），時間是 1940 年；泰勒（Walter W. Taylor）於 1948 年出版博士學位論文《一篇考古學的研究》，「這本書可以說是新考古學的宣言」。（張光直：《從俞偉超、張忠培二先生論文談考古學理論》，原載《中國文物報》，1994 年 5 月 8 日；後收入《考古人類學隨筆》，北京：三聯書店，1999 年，第 144～145 頁。）

〔註 6〕 David L. Clarke: *Analytical Archaeology*, London: Methuen, 1968.

〔註 7〕 王社江：《淺議環境考古》，《中國文物報》，1991 年 11 月 10 日第三版；蔣迎春：《專家在京座談環境考古學》，《中國文物報》，1992 年 1 月 5 日第二版；曹兵武：《環境考古學與新考古學》，《文物天地》，1992 年第 2 期。

一、地形和氣候

（一）地形

燕國地處華北平原，西依太行山，北靠燕山，東臨渤海，南面是一望無際的華北平原，黃河、海河、遼河、灤河等交織其間。在地貌形態上，本區主要包括山前洪積沖積扇形平原、沖積平原和海積平原三種類型。太行山東麓是一系列山前洪積沖積扇形成的臺地，山麓以西是綿延起伏的高山峻嶺，山麓以東至海是一片廣袤無垠的大平原。整個華北地勢西高東低，由西向東傾斜。

遠古時期，華北平原遠較現在卑下，在戰國中期黃河築堤以前，黃河經常擺動泛濫於華北平原；由黃河的潰決泛濫所攜帶的泥沙隨水流所至而到處堆積，由於歷年悠久，這樣的堆積就漸次加深加厚〔註8〕。而鑽井資料也表明，在今白洋澱──文安窪的冀州「九河」地區（《尚書‧禹貢》），先秦時代湖泊沉積相地層極其典型，由灰黑色淤泥粘土、亞粘土組成，並含有大量螺、蚌殼化石及植物根莖，表明該地區曾經確實屬於湖泊沼澤地貌。平原上湖泊沼澤眾多，窪地連片〔註9〕。

河北大平原上的湖泊沼澤，見諸先秦秦漢史籍的有：(1)雞澤（《左傳》襄公三年、三十年），在今河北南部、滏河上游，位於邯鄲市東北；(2)泜澤（《山海經‧北山經》），在今河北曲周縣北；(3)海澤（《山海經‧北山經》），在今河北曲周縣北；(4)皋澤（《山海經‧北山經》），在今河北寧晉縣東南；(5)大陸澤（《尚書‧禹貢》），在今河北鉅鹿縣西北；(6)鳴澤（《史記‧封禪書》），《括地志》說鳴澤在幽州范陽縣西十五里（《史記‧封禪書》正義引）等等。另外，據《周禮‧夏官‧職方氏》、《爾雅‧釋地》等記載，燕還有澤藪「昭余祁」；《淮南子‧墜形訓》省作「昭余」；《呂氏春秋‧有始覽‧有始》稱之為「大昭」。《呂氏春秋》高誘注說「大昭，今太原郡是也」，地點過於寬泛；而《爾雅》郭璞（276～324）注則具體得多，謂昭余祁即「今太原鄔陵縣北九澤是也」。

先秦之時，河北大平原上的河流頗為眾多，此可以《山海經》所載為證

〔註8〕 史念海：《歷史時期黃河在下游的堆積》，《河山集》（二集），北京：三聯書店，1978年。

〔註9〕 王會昌：《河北平原的古代湖泊》，《地理集刊》第18號，北京：科學出版社，1987年。

〔註10〕。除了黃河外，最值得一提的恐怕莫過於黃河的支流易水了。《戰國策·燕策一》說「（燕）南有呼沱、易水」（另見《史記·蘇秦列傳》），而燕之易水有南易水、中易水、北易水之分，皆發源於河北易縣。南易水，今稱瀑河，在今河北容城縣境內，作爲燕國都城之一的臨易，即因毗鄰南易水而得名（《水經·易水注》）。中易水，又稱濡水，起自定興西南，入拒馬河，今大部分已乾涸。北易水，一名故安河，爲今大清河上游支流，「源出易州易縣西谷中之東，東南流過歸義縣東與濾沱河合」（《通鑑地理通釋》卷十「燕易水」引《括地志》）。武陽燕下都，位於今河北易縣東南 2.5 公里，恰好介於北易水和中易水之間（《水經·易水注》）。戰國末年，燕太子丹派遣荊軻西入咸陽刺殺秦王時，即訣別於易水（《史記·刺客列傳》）。

地處黃河領域（下游）地段的華北，形成這種地形並不是很利於先民勞動、生息和通行，只有山麓臺地的自然條件最爲良好，新石器時代晚期遺址以及殷周以後的重要城市，幾乎都分佈在這裡〔註11〕。華北平原地處太行山以東，交通還算便利，自古以來就是一條南北交通要道。山麓以西還有山口通向山西高原，北邊通過燕山山脈的山口也可通往蒙古高原，東北部則有狹窄的走廊溝通東北，爲平原與外界聯繫提供了便利。而有些地方的自然條件卻頗爲優良，極其有利於生產。如今河北涿縣、固安、新城一帶，是戰國時期燕國最爲富饒的地區，即所謂「督亢之地」。根據後世記載，這裡有一個「徑五十里」的都亢澤（《水經·巨馬河注》、《魏書·裴延儁傳》）。

（二）氣候

在北京猿人生活的年代（距今約 70 萬年至 20 萬年），周口店一帶的氣候溫暖而濕潤〔註12〕，與今日華北無大差異，屬於標準的溫帶氣候，四季分明，溫而略乾；但也有人認爲比現在要稍微溫暖和濕潤一些。但總的說來，北京猿人時期的氣候要比當地現在的氣候溫濕一些。間冰期的適宜氣候給人類的發展提供了有利的條件〔註13〕。而在舊石器時代中期的今北京、遼寧

〔註10〕 譚其驤曾經專門考證過這一問題，詳見其《〈山經〉河水下游及其支流考》，可具體參看。該文原載《中華文史論叢》第七輯，上海：上海古籍出版社，1978 年；後收入《長水集》下冊，北京：人民出版社，1987 年。

〔註11〕 史念海：《由地理的因素試探遠古時期黃河流域文化最爲發達的原因》，《河山集》（三集），北京：人民出版社，1988 年。

〔註12〕 裴文中：《中國原始人類的生活環境》，《古脊椎動物與古人類》，1960 年第 1 期。

〔註13〕 中國社會科學院考古研究所：《新中國的考古發現和研究》，北京：文物出版

一帶，當地的氣候則較冷。遼寧喀左鴿子洞遺址發現的動物群代表的是森林草原型的環境，岩羊、披毛犀等動物的存在說明當時的氣候確實比較冷〔註 14〕。

在仰韶溫暖期，從孢粉所反映的植被類型來看，當時華北平原的氣候明顯要比現代溫暖而濕潤，這個時期通常也被稱爲「全新世高溫期」。當時亞熱帶氣候幾乎控制了華北平原的大部分地區，京津一線已接近亞熱帶邊緣〔註 15〕。與現代相比，當時年平均氣溫偏高 2～3℃，自然帶向北遷移 2～3 個緯度。仰韶溫暖期長達 5000 年左右，在距今約 5000 年時期，黃淮海平原的氣候有所波動，形成一個低溫時期。從《夏小正》反映的物候〔註 16〕及與現代淮河中游地區物候的比較來看，夏朝時期的物候在春季要提前半個月左右，氣候仍然比較溫暖。商朝時期（西元前十四世紀至前十一世紀）是仰韶溫暖期的最後一個溫暖期，結合殷墟出土的動物群來看，黃淮海平原中部的氣候區比今天更溫暖；如以犀牛和象的成群活動作爲亞熱帶北界的標誌，則當時亞熱帶北界至少在安陽一線。接下來的西周是全新世溫暖氣候結束後的第一個寒冷期，在這個階段，氣候變化最主要的特點是動物界的南遷，標誌著黃淮海平原氣候向一個新的時期演變；之後，黃淮海平原再也沒有達到仰韶溫暖期的水平。從西周至兩漢期間，黃淮海平原氣候的基本特徵是溫度不斷下降。在這期間，黃淮海平原的氣候也出現過一些波動。春秋時期，黃淮海平原的氣候仍然比現代溫暖；而戰國至漢初的氣候要比現代略冷些。從西漢中葉開始，氣候回暖（這個回暖過程很可能帶有突變的性質）〔註 17〕。

上述結論，與竺可楨（1890～1974）的研究還是基本吻合的。竺可楨的研究表明，我國五千年來的氣候變化可以分爲四個時期：西元前 3000 年至西元前 1100 年爲溫暖期（考古時期），西元前 1100 年至 1400 年爲寒暖交替期（物候時期，其最低溫度出現在西周前期），1400 年至 1900 年爲寒冷期（方志時期），1900 年以來爲氣候波動期（儀器觀測時期），並且每個時期內又有

社，1984 年，第 8～9 頁。
〔註 14〕中國社會科學院考古研究所：《新中國的考古發現和研究》，第 18 頁。
〔註 15〕龔高法等：《歷史時期我國氣候帶的變遷及生物分佈界線的推移》，《歷史地理》第五輯，上海：上海人民出版社，1987 年。
〔註 16〕根據夏緯瑛（1896～1987）的研究，《夏小正》產生於淮河中游地區（《夏小正經文校釋》，北京：農業出版社，1981 年）。
〔註 17〕以上一段文字，主要借鑒自《黃淮海平原歷史地理》，鄒逸麟主編，合肥：安徽教育出版社，1993 年，第 1～19 頁。

著不同的變化特點〔註18〕。

按照這一劃分，燕國地區從其開國到其滅亡之前，大致經歷了三個氣候變化期，即西元前 3000 年至西元前 1100 年的溫暖期，西元前 1100 年至西元前 850 年的短暫寒冷期，以及西元前 770 年至春秋、戰國、秦漢的溫暖期。

二、岩石和泥土

燕國地處黃淮海平原的北部地區，今天的地貌分區為潮白河、永定河洪積沖積扇和渤海濱海沖積平原、灤河洪積沖積平原。因河流支岔眾多，沼澤密佈，地下水位高而又排水不暢，使土壤不易脫鹽，高礦化地下水不易淡化，從而導致土壤鹽鹼化。

歷史上的燕地，確實也是我國鹽鹼土的主要分佈地區之一。根據《尚書·禹貢》的記載，冀州（在黃河的曲繞之內地區，有今山西、河南黃河以北及河北西北部、內蒙古自治區東南角），「厥土惟白壤」，「厥田惟中中」。所謂「白壤」，是指含有鹽分而質地疏鬆的土壤，鹽分因水分的蒸發而凝聚起來，使地面略程白色，具體所指即今河北、山西平原的鹽漬土〔註19〕。鹽鹼土，古人又稱之為「斥」、「鹵」，「鹵，西方鹹地也。……東方謂之斥，西方謂之鹵「（《說文解字·西部》）。春秋戰國之時齊燕鹽業之發達，與此不無關係。

但燕國也有既無斥鹵而又肥沃的土壤，這就是「督亢之田」（今河北涿縣、易縣、固安一帶）。《史記·燕召公世家》索隱引《地理志》說：「督亢之田在燕東，甚良沃。」正義引劉向（前77～前6）《別錄》說：「督亢，膏腴之地。」又引《風俗通》說：「亢，莽也，言平望漭漭無涯際也；亢，澤之無水斥鹵之謂。」〔註20〕

燕山一帶還出產「嬰石」，嬰石又叫「燕石」，也就是玉石。《山海經·北次三經》：「燕山多嬰石，燕水出焉，東流注於河。」郭璞注：「言石似玉有符彩嬰帶，所謂燕石者。」《水經·聖水注》：「聖水又東逕玉石山，謂之玉石口。山多瑤玉、燕石，故以玉石名之。」兩相對照，有的研究者便指出，燕

〔註18〕 竺可楨：《中國近五千年來氣候變遷的初步研究》，《考古學報》，1972 年第 1 期。

〔註19〕 萬國鼎：《中國古代對於土壤種類及其分佈知識》，《南京農學院學報》，1956 年第 1 期。

〔註20〕 〔日〕瀧川資言考證，水澤利忠校補：《史記會注考證附校補》，上海：上海古籍出版社，1986 年，第 914 頁。

山即玉石山，也就是今之大房山；燕水即聖水，也就是今之琉璃河（又稱大石河）〔註 21〕。《石譜》亦云，「燕山石出水中，名奪玉，瑩白而溫潤，土人琢爲器，頗似眞玉」（《日下舊聞考》卷一百五十引）。燕地之盛產玉石，至後世依然如此。《明水軒日記》又云，「白玉石產大石窩，青砂石產馬鞍山、牛欄山、石徑山，紫石產馬鞍山，豆渣石產白虎澗」（《日下舊聞考》卷一百五十引）。

　　正因爲燕山一帶盛產玉石，故燕地先民隨順自然地利用了這一得天獨厚的條件，很早便在玉石的製作上展示了良好的專業水準。考古學家蘇秉琦指出，「據至今見到的考古資料，可知住居在燕山南北及長江流域的先民，較其他地區的居民更早地從石頭中辨識出美石（玉），加工成裝飾品，隨後在這兩地區的歷史進程中，一直保持生產和使用玉的傳統，並使之發展」，「紅山文化和良渚文化是我國史前時代兩個玉文化中心，對其他地區產生過不同程度的影響」〔註 22〕。

三、動物和植物

　　在北京猿人所生活的年代（距今約 70 萬年至 20 萬年），北京周口店一帶的動植物資源相當豐富，動物有劍齒虎、納瑪象、腫骨鹿和扁角鹿、披毛犀和梅氏犀、棕熊和黑熊、豹、狼、大丁氏鼢鼠等，植物有松樹、樺樹、樸樹、紫荊等〔註 23〕。學者們推斷，當時周口店一帶草木茂盛而密集，既有森林也有草原，附近一度還出現過沙漠。在新洞人所生活的年代（距今約 20 萬至 10 萬年），發現的動物群有四十種，其中如碩獼猴、翁氏鼢鼠、腫骨鹿等許多類型是從中更新世延續下來的，而岩松鼠和赤鹿等則是晚更新世新出現的典型代表；當時新洞人獵取的動物有鹿、蛙、鳥等〔註 24〕。到了山頂洞人所生活的年代（距今約 1.8 萬年），北京當地的動物有鹿、狐狸、獾等、野馬、野牛、野豬、野兔、羚羊、魚等，這是當時山頂洞人的生活來源之一〔註 25〕。

〔註 21〕　常徵：《召公封燕及燕都考——兼辨燕山、燕易王、燕昭王》，《北京史論文集》第一輯，北京史研究會編印，1980 年。

〔註 22〕　蘇秉琦：《序言》，《中國遠古時代》，上海：上海人民出版社，2010 年，第 8～9 頁。

〔註 23〕　裴文中：《中國原始人類的生活環境》，《古脊椎動物與古人類》，1960 年第 1 期；賈蘭坡：《中國猿人及其文化》，北京：中華書局，1964 年，第 38 頁。

〔註 24〕　中國社會科學院考古研究所：《新中國的考古發現和研究》，第 17 頁。

〔註 25〕　賈蘭坡：《山頂洞人》，上海：龍門聯合書局，1953 年；賈蘭坡：《中國猿人》，

在距今約二三十萬年前的遼寧營口市金牛山地區，考古發現的哺乳動物化石有二十六種，而已經滅絕的動物比例較大，其中三門馬、梅氏犀、腫骨鹿、變種狼、碩獼猴等都是中更新世中期有代表的種屬；這些動物群的出現，表示該地區的古氣候是溫暖而濕潤的〔註26〕。在同樣屬於舊石器時代早期的遼寧本溪山城子廟後山遺址，發現的動物種屬與金牛山地區基本相同〔註27〕。在舊石器時代中期的遼寧喀左鴿子洞遺址中，發現的哺乳動物群有二十多種，主要是達呼爾鼠兔、碩旱獺、直隸狼、野馬、岩羊、羚羊、披毛犀等。最多的是羚羊，它是當時人們獵取的主要對象〔註28〕。在位於河北陽原縣陽原盆地桑乾河左岸的虎頭梁一帶（屬於舊石器時代晚期的較晚階段的遺址），發現的哺乳動物化石有中華鼢鼠、野馬、野驢、普氏羚羊、轉角羚羊、披毛犀等十五種，屬華北黃土期草原動物群〔註29〕。

在距今約一萬年前的河北徐水南莊頭的新石器時代文化遺存中，存在著大量的動物遺骸，包括可能屬於家畜的狗、豬，屬於家禽的雞、鶴，以及鱉、螺、蚌等水生動物和植物莖葉、種子等，獸類以鹿科最多〔註30〕；初步的研究結果表明，南莊頭遺存早期可能處於採集農作經濟類型階段〔註31〕。

在史前階段的仰韶文化時期（距今約 6500～4500 年），今華北全境有著良好的天然植被，其大部分地區都爲暖溫帶落葉闊葉林的森林及草原所覆蓋〔註32〕。由於當時華北的湖泊沼澤較多，因此沼澤植被也分佈廣泛，伴有大

北京：中華書局，1962 年；吳新智：《山頂洞人的種族問題》，《古脊椎動物與古人類》第 18 卷第 3 期，1980 年。

〔註26〕金牛山聯合發掘隊：《遼寧營口金牛山舊石器文化的研究》，《古脊椎動物與古人類》第 16 卷第 2 期，1978 年；《遼寧營口金牛山發現的第四紀哺乳動物群及其意義》，《古脊椎動物與古人類》第 14 卷第 2 期，1976 年；呂遵諤：《金牛山猿人的發現和意義》，《北京大學學報》，1985 年第 2 期；《新中國的考古發現和研究》，第 12 頁。

〔註27〕中國社會科學院考古研究所：《新中國的考古發現和研究》，第 12 頁。

〔註28〕中國社會科學院考古研究所：《新中國的考古發現和研究》，第 18 頁。

〔註29〕中國社會科學院考古研究所：《新中國的考古發現和研究》，第 23～24 頁。

〔註30〕周本雄：《河北省徐水縣南莊頭遺址的動物遺骸》，《考古》，1992 年第 11 期；原思訓等：《南莊頭遺址 14C 年代測定與文化層孢粉分析》，《考古》，1992 年第 11 期。

〔註31〕金家廣、徐浩生：《淺議河北徐水南莊頭新石器時代早期遺存》，《考古》，1992 年第 11 期。

〔註32〕周昆叔等：《對北京市附近兩個埋葬淤炭泥的調查及其孢粉分析》，《中國第四紀研究》第 4 卷第 1 期，1965 年。

量水生和濕生的植物〔註33〕。冀北山地的西段、晉北、內蒙古高原的中部一帶，是植被較好的草原地帶。解放以來，在華北平原發現過許多適應生活於濕潤湖泊沼澤環境的四不像麋鹿遺骸，反映出該地區歷史上曾經是湖泊沼澤密佈、窪地連片的地帶，蘆葦、香蒲等水生植物盛產其間〔註34〕。孢粉分析發現，河北東部灤河下游喜溫闊葉樹花粉甚多，種類豐富，出現了至今已不可見的楊梅、箭木等，還有不少水生植物（如菖蒲等），還有在現代僅生長於溫暖水域的菱的花粉〔註35〕。

黃淮海平原是我國開發最早的地區之一，因而其天然植被的破壞也為時甚早。但直到西周和春秋之際，該地區的人口密度仍然較小〔註36〕，而天然植被也保存完好。到春秋後期，這一帶的墾殖加速發展。春秋戰國時期，華北的暖溫帶落葉闊葉林遭受了歷史上第一次大規模的破壞，隨著人口的激增，森林被砍伐，草原被開墾，耕作面積急劇增大，大量的栽培植被取代了天然植被。到西漢時，林木資源已經顯示為枯竭之勢〔註37〕。

至於適宜於該地的農作物和牲畜，《周禮·夏官·職方氏》有明文記載〔註38〕：幽州（跨今河北、遼寧）「其畜宜四擾，其穀宜三種」，「四擾」指馬、牛、羊、豕，「三種」指黍、稷、稻；冀州「其穀宜黍、稷」；并州（今河北北部、山西北部）「其穀宜五種」，即黍、稷、菽、麥、稻。直到戰國之時，本地區仍有「魚鹽棗栗之饒」，果園種植業和蠶桑養殖業較為發達，「燕、代田畜而事蠶」（《史記·貨殖列傳》）。因此，蘇秦說燕國「南有碣石、雁門之饒，北有棗、粟之利，民雖不由田作，棗、粟之實，足食於民矣。此所謂

〔註33〕李秀萍：《北京地區全新世以來自然環境和人類活動的關係》，《第四紀冰川與第四紀地質論文集》第五集，北京：地質出版社，1988年。

〔註34〕王會昌：《河北平原的古代湖泊》，《地理集刊》第18號，北京：科學出版社，1987年。

〔註35〕李文漪等：《河北東部全新世溫暖期植被與環境》，《植物學報》，1985年第6期。

〔註36〕童書業：《春秋史》，濟南：山東大學出版社，1987年，第70～71頁。

〔註37〕鄒逸麟主編：《黃淮海平原歷史地理》，第53～54頁。按：令人不解的是，《黃淮海平原歷史地理》此處竟然沒有引用史念海的研究成果。史念海在《論兩周時期黃河流域的地理特徵》（刊《陝西師大學報》1978年第3、4期）中指出，西周時期黃河流域主要是森林地區，這個地區大致由渭水上游或更西的地區開始，一直到下游各地。

〔註38〕《周禮注疏》卷三十三，《十三經注疏》（上冊），北京：中華書局，1980年，第863頁。

天府也」(《戰國策・燕策一》)。

燕地產黍之歷史,至少可以上溯至新石器時代。蘇秉琦指出,「到新石器時代農業發生後,由於自然地理環境的不同形成了三個巨大的經濟文化區。即華中、華南的水田稻作農業經濟文化區,華北和東北南部的旱地黍作農業經濟文化區,東北北部、內蒙古高原、新疆和青藏高原的狩獵採集經濟文化區,這是文化區系的第一次重新組合」〔註39〕。

附帶提及的植物還有薊和燕脂草。薊,又名山薊、山薑、山連、山精、術〔註40〕,多年生直立草本植物,莖和葉有刺和白色軟毛,初夏開紫紅色花。有大薊和小薊兩種,大薊莖高四五尺,小薊莖高僅尺餘。全草可供藥用,有活血消腫的功能;嫩葉和莖皆可食,亦可作飼料。沈括(1031~1095)在《夢溪筆談》卷二十五《雜誌二》中指出,北京因遍生薊草而稱「薊」(「其地名薊,恐其因此也」)。明蔣一葵《長安客話・古薊門》亦云:「京師古薊地,以薊草多得名。……今都城德勝門外有土城關,相傳是古薊門遺址,亦曰薊邱。」

另外,古代的北京還生長有大量的燕脂草(匈奴境內盛產燕脂)。燕脂草「葉似薊,花似蒲公」〔註41〕,也有活血的功效;搗碎之後,其汁液呈紅色,又可作為化妝之用,「以燕國所生,故曰燕脂。塗之作桃花妝」〔註42〕。後世又或說北京因出產燕脂草而名「燕」。北京因薊和燕脂草而稱「薊」和「燕」一說固然不可信從,但北京盛產薊和燕脂草卻可信。

四、礦產資源

燕地有著較為豐富的鐵礦資源,直至漢朝時依然如此。燕國在興隆設有官營作坊,專門生產冶鐵手工業產品,解放後在興隆發現了戰國時代鑄造工具的鐵範八十七件〔註43〕。嗣後,漢朝政府在漁陽郡(治所在今河北涿縣)

〔註39〕 蘇秉琦:《序言》,《中國遠古時代》,上海:上海人民出版社,2010年,第10頁。
〔註40〕 《爾雅・釋草》:「術,山薊。」郭璞注:「《本草》云:術,一名山薊。今術似薊而生山中。」邢昺疏:「生平地者,即名薊;生山中者,一名術。《本草》云:一名山薊,一名山薑,一名山連。」
〔註41〕 〔晉〕崔豹:《古今注》下「燕脂」條。
〔註42〕 〔五代〕馬縞:《中華古今注》卷中「燕脂」條。
〔註43〕 鄭紹宗:《熱河興隆發現的戰國生產工具鑄範》,《考古通訊》,1956年第1期。

的漁陽、遼東郡的平郭設有鐵官（《漢書・地理志下》）。建國以後，在北京清河鎮發現了漢代冶鐵遺址，在豐臺大葆臺西漢墓中出土了鐵製品〔註44〕。

　　燕地的鹽業資源也較爲豐富。早在《周禮・夏官・職方氏》中，就有「東北曰幽州，……其利魚、鹽」的記載，《戰國策・燕策一》說燕地有「魚鹽棗栗之饒」（又見《史記・貨殖列傳》和《漢書・地理志下》）。春秋時代，齊國的海鹽煮造業和晉國的池鹽煮造業已經頗爲興盛。到戰國之時，又以瀕臨渤海和黃海的齊、燕兩國最爲發達，「齊有渠展之鹽，燕有遼東之煮」（《管子・地數》）。

〔註44〕北京古墓發掘辦公室：《大葆臺西漢木椁墓發掘簡報》，《文物》，1977 年第 6
　　　　期。大葆臺漢墓發掘組等：《大葆臺漢墓》，北京：文物出版社，1989 年。

第三章　燕地的考古學文化

　　「燕地」向來就是人文薈萃之地，擁有悠久的歷史和燦爛的文化，形成了濃厚的人文積澱。在燕地範圍內，舊石器時代有北京人、新洞人、金牛山人以及山頂洞人等，新石器時代有東胡林人、雪山文化、磁山文化、紅山文化等，傳說時代有「五帝」的諸多足迹，青銅時代有夏家店文化等，商周時期有琉璃河古城遺址和黃土坡墓葬等，它們都是燕地歷史文化的建設者、人文歷史的見證者。

一、舊石器時代

　　在整個舊石器時代的燕地，北京發現了「北京人」、「新洞人」和「山頂洞人」等，遼寧發現了「金牛山人」、「建平人」和鴿子洞遺址等。

（一）北京人

　　「北京人」，又稱「中國猿人」、「北京直立人」（Homo erectus pekinenis）、「北京中國猿人」、「中國猿人北京種」（Sinanthropus pekinenis），其遺址位於北京市西南約 50 公里的房山縣周口店龍骨山。1918 年，瑞典地質學家安特生（J. G. Andersson，1874～1960）在此發現了豐富的哺乳動物化石。1921 年至1923 年，曾經在這裡發現了兩枚猿人牙齒化石；1927 年，開始對洞穴進行大規模的正式發掘；1929 年 12 月 2 日，裴文中（1904～1982）在周口店第一地點發現了一個完整的直立人頭蓋骨化石；1936 年，又在這裡發掘了一個比較完整的猿人頭骨化石；1937 年，由於抗日戰爭全面爆發，發掘工作被迫停止；1941 年太平洋戰爭爆發前後，化石標本全部下落不明［註1］。新中國成立後，

〔註 1〕彭華：《「北京人」的頭蓋骨去了哪裏？》，《中國文化探秘・先秦篇》，上海：少年兒童出版社，2010 年，第 82～84 頁。文中，我介紹了「北京人」頭蓋骨

又發掘出了 6 個人類頭骨化石及其他遺物。

周口店第一地點所發現的北京人化石，距今約 70 萬年至 20 萬年，這是目前發現的生活於北京地區的最早的古人類。當時所處的年代，在考古學上屬於舊石器時代早期，地質年代屬中更新世，人類學上屬晚期猿人階段。

北京人的頭骨還具有許多原始特徵（與爪哇人相似），顱蓋低平，前額後傾，腦容量較小（平均 1075 毫升），頭骨高度遠比現代人低矮，頭骨壁較厚（平均為 9.7 毫米），顴骨較高，眉脊粗大。牙齒粗壯，門齒呈鏟形。上下肢骨已基本上具有現代人的形狀，能夠直立行走，北京人化石具有明顯的現代蒙古人種的特徵。根據肢骨計算身長的方法，推知北京人男性平均身高 1.62 米，女性平均身高 1.52 米，比現代中國人稍矮。

北京人洞穴內有很厚的堆積層，說明北京人在這裡居住的時間相當長。發現的石器有砍砸器、刮削器、雕刻器、尖狀器、石錘和石錐等；此外，還有木器、骨器等。在洞穴的堆積中發現了許多木炭，還有很厚的灰燼層，灰燼和被燒過的東西都一堆一堆地堆放於一定的地區。據此判斷，北京人當時已經知道用火，並且還有一定的控制火和管理火的能力。北京人的生活來源，主要依靠採集和狩獵（在遺址中發現了許多動物骨骼化石）〔註2〕。

中更新世時，西山曾經發生過一次因谷地地震崩塌造成的湖浸；據此推斷，北京人居住的洞穴的崩塌，有的可能是古地震的作用。洞穴由此逐漸被填滿，加之洞頂崩塌，使北京人遺址逐步失去了居住的條件。約在距今 23 萬年前，北京人離開了第一地點洞穴，遷居到了其他地方〔註3〕。

（二）新洞人

1973 年，在「北京人」遺址第四地點的洞穴裏發現了一顆古人類牙齒、石器及許多動物化石。經測定，古人類牙齒較北京人進步，命名為「新洞人」，

下落的三種可能性：(1)「北京人」化石被毀，已經不復存在；(2)「北京人」化石已經葬身海底；(3)「北京人」化石還在陸地上的某個地方，其中又以中國或日本的可能性最大。

〔註2〕賈蘭坡：《「北京人」的故居》，北京：北京出版社，1958 年；賈蘭坡：《周口店——北京人之家》，北京：北京人民出版社，1975 年；賈蘭坡：《北京人》，北京：中華書局，1979 年；邱中郎等：《周口店新發現的北京猿人化石及文化遺物》，《古脊椎動物與古人類》第 11 卷第 2 期，1973 年；蘇秉琦主編，張忠培、嚴文明撰：《中國遠古時代》，上海：上海人民出版社，2010 年。

〔註3〕郭大順、張星德：《東北文化與幽燕文明》，南京：江蘇教育出版社，2005 年，第 37 頁。

其年代距今約 20 萬至 10 萬年，屬舊石器時代中期。

新洞人的體質特徵已經有了顯著變化，模樣更接近現代人。在新洞裏，發現了兩件磨過的骨片，這說明新洞人已經掌握了磨製技術。在新洞的灰燼裏，發現了燒過的石頭、石器、骨頭和一顆樸樹籽，燒骨中有大象和食蟲類，堆積物中含有大量的花粉。新洞人仍然過著洞穴生活，其生活來源主要依靠採集和狩獵，但以肉食和熟食為主〔註4〕。新洞人是北京猿人和山頂洞人的中間環節〔註5〕。

（三）東方廣場遺址

1996 年發現於北京市王府井東方廣場，碳 14 測定，該遺址上文化層距今 24240±300 年，下文化層距今 24890±350 年，考古學上屬於舊石器時代晚期，地質年代屬晚更新世（年代更古老的還有西單中銀大廈遺址〔註6〕）。

石器的原料來自河灘，黑色燧石占絕大多數；打片技術以錘擊法為主，偶爾也用砸擊法；石器分為刮削器、雕刻器、尖狀器、石鑽、石錘等。骨製器的原料來自原始牛的肢骨，主要採用錘擊法。有豐富的用火遺迹，如燒骨、燒石、木炭、灰燼等。研究者認為，東方廣場遺址與北京山頂洞人、山西峙峪和黑龍江閻家崗遺址在文化上有密切關係〔註7〕。

（四）山頂洞人

1930 年在北京西南周口店龍骨山山頂洞發現，1933～1934 年做了系統的發掘。據碳十四測定，山頂洞堆積下部的年代為距今約 1.8 萬年，上部年代為距今約 1.5 萬年。山頂洞人在古人類學分期中屬新人階段，在考古學上屬於舊石器時代晚期，地質年代屬晚更新世。

全部化石包括 3 個完整的頭骨及碎片，至少代表 8 個人的個體，其特徵是：前額高起，腦腔發達，腦容量為 1300～1500 毫升；腦殼變薄，口緣後退，下頜突出；牙齒細小，齒冠增高。男性身高 1.74 米，女性身高 1.59 米。山頂

〔註4〕 中國科學院古脊椎動物與古人類研究所：《周口店新洞人及其社會環境》，《古人類論文集》，北京：科學出版社，1978 年，第 158～174 頁；北京市文物研究所：《北京歷史紀年》，北京：北京燕山出版社，1990 年，第 7～8 頁。

〔註5〕 中國社會科學院考古研究所：《新中國的考古發現和研究》，北京：文物出版社，1984 年，第 17 頁。

〔註6〕 李超榮等：《北京西單發現的舊石器》，《人類學報》第 19 卷第 1 期，2000 年。

〔註7〕 李超榮等：《北京市王府井東方廣場舊石器時代遺址發掘簡報》，《考古》，2000 年第 9 期。

洞人具有現代蒙古人種的體質特徵，從體質上看，他們和現代人已經沒有明顯的區別。

山頂洞人的文化遺物很少，一共只發現了 25 件石器，石器的類型有砍砸器、刮削器和兩極石片（兩端刃器）。最能代表當時技術水平的是一根骨針，說明山頂洞人已經知道縫製衣服。發現的裝飾品有：1 件鑽孔的石墜、7 件穿孔的石珠、3 件穿孔的海蚶殼、1 件鑽孔魚骨以及獸類牙齒、青魚眼上骨和刻道的骨管等。從山頂洞人所製造的各種骨角器和裝飾品的工藝水平看，當時人們已經掌握鑽孔、磨製和切割等新技術，並且已有愛美觀念。山頂洞人的生活以漁獵和採集爲主，在遺址中發現了大量的陸地動物和水生動物的骨骼，說明山頂洞人已將生產活動的範圍擴大到水域。山頂洞的下室是山頂洞人的公共墓地（這應當是我國所發現的最早的墓地），屍體周圍撒有赤鐵礦粉末，可能同原始宗教的萌芽有關。山頂洞人能夠人工取火，已有了勞動的自然分工，以血緣關係爲基礎的氏族公社組織開始產生〔註8〕。

（五）金牛山人

1974 年，在遼寧營口市金牛山發現。估計距今二三十萬年。地質年代屬中更新世中期，考古學上屬舊石器時代中期。遺址分上下兩個文化層。

金牛山人爲一 25～30 歲的男性個體，其頭骨、脊骨、肋骨、髖骨和四肢骨保存相當完整。金牛山人的頭骨與北京人極爲相似，但眉脊、牙齒沒有北京人那樣粗壯，骨壁也較薄，表明金牛山人比北京人要稍微進化些。在遺址中發現了一些打製石器，其種類有刮削器、尖狀器、雕刻器等，器形單調而不規整；形制較小，以圓形刮削器爲主，與北京人的石器極爲相似。還有燒土塊、灰燼、炭粒、燒骨等用火痕迹。上文化層發現哺乳動物化石三十五種，下文化層出土了二十六種哺乳動物化石，都是中更新世種屬。1984 年再度進行科學發掘時，發現了一批重要的猿人骨頭化石。吳汝康（1916～2006）認爲金牛山人比北京人進步，但有的古人類學者將這種人類化石歸入從直立人到早期智人的「過渡類型」，也有人認爲屬於晚期智人〔註9〕。

〔註 8〕 賈蘭坡：《山頂洞人》，上海：龍門聯合書局，1951 年；賈蘭坡：《中國猿人》，北京：中華書局，1962 年；吳新智：《山頂洞人的種族問題》，《古脊椎動物與古人類》第 18 卷第 3 期，1960 年；吳新智：《周口店山頂洞人化石的研究》，《古脊椎動物與古人類》第 19 卷第 3 期，1961 年。

〔註 9〕 金牛山聯合發掘隊：《遼寧營口金牛山舊石器文化的研究》，《古脊椎動物與古人類》第 16 卷第 2 期，1978 年；《遼寧營口金牛山發現的第四紀哺乳動物群

（六）鴿子洞遺址

位於遼寧省喀左縣瓦房村的鴿子洞，1965 年考古調查時發現，後在 1973 年和 1975 年進行過發掘，發現了打製石器、動物化石和用火痕迹等。距今約十五萬年。其年代屬於舊石器時代中期，約爲中更新世到晚更新世的過渡期〔註10〕。

文化遺存主要爲石器，其次是燒石、燒骨和灰燼。石器材料以石英岩爲主，其次是燧石、火成岩、石灰岩。石器的打製方法爲錘擊法和砸擊法。石器種類較多，以石片石器爲主。用火遺迹豐富，灰燼層最厚可達一米以上，內含大量燒骨、燒炭。從石器打製加工技術到石器工具的組合、形體大小等可以看出，鴿子洞與北京猿人的文化均有許多相近之處，但其工藝水平又比北京猿人進步。可以說，鴿子洞文化與北京猿人文化關係最爲密切，基本上是北京猿人文化的繼承和發展〔註11〕。

（七）建平人

1957 年，在遼寧建平縣收集到一根古人類右側肱骨（上臂骨）化石。據鑒定，屬男性骨骼化石。從骨幹外側面撓神經溝較淺看，近似早期智人；從骨幹中部的前後徑大於橫徑看，又與現代人接近，應屬晚期智人階段的人類。其形態與山頂洞人的肱骨相似。建平人肱骨的地質時代，根據哺乳動物化石的材料，大概是更新世晚期〔註12〕。

（八）虎頭梁遺址

陽原盆地，又稱泥河灣盆地，是河北舊石器考古的中心，其中又以虎頭梁遺址群爲代表的虎頭梁文化最具典型性。

虎頭梁遺址，位於河北陽原縣陽原盆地桑乾河左岸的虎頭梁一帶，屬於舊石器時代晚期（較晚階段）遺址。1965 年，在盆地中部虎頭梁村附近發現

及其意義》，《古脊椎動物與古人類》第 14 卷第 2 期，1976 年；吳汝康等：《人類發展史》，北京：科學出版社，1978 年；吳汝康：《遼寧營口金牛山猿人化石頭骨的復原及其主要特徵》，《人類學學報》第 7 卷第 2 期，1985 年；呂遵諤：《金牛山猿人的發現和意義》，《北京大學學報》，1985 年第 2 期。

〔註10〕鴿子洞發掘隊：《遼寧鴿子洞舊石器遺址探掘報告》，《古脊椎動物與古人類》第 13 卷第 2 期，1975 年；孫守道：《遼寧喀左鴿子洞舊石器文化遺址首次探掘報告》，《東北亞舊石器文化》，1994 年，第 145～159 頁。

〔註11〕中國社會科學院考古研究所：《新中國的考古發現和研究》，第 18 頁。

〔註12〕吳汝康：《遼寧建平人類上臂骨化石》，《古脊椎動物與古人類》第 3 卷第 4 期，1961 年。

了可靠的舊石器；1972～1974 年，連續進行了發掘〔註 13〕。在 73101 地點，同一平面清理出了三個篝火遺迹，發現的石器成品（打製石器）中較多的是投射器頭，動物遺骨多屬老年個體。綜合各種現象判斷，73101 地點當是一處獵人的宿營地，人們在此居住的時間不長。從石器類型和製作技術來刊，屬華北以小石器爲顯著特徵的文化傳統〔註 14〕。近年的研究基本上確定了舊石器時代泥河灣盆地文化發展序列，早期的典型遺址有陽原馬圈溝、東谷坨、小長梁等，中期以陽原許家窯遺址爲代表，晚期以虎頭梁群爲代表〔註 15〕。

二、新石器時代

（一）東胡林遺址

1966 年 4 月發現於北京市門頭溝區齋堂鄉東胡林村（「十一五」期間持續發掘〔註 16〕），距今約一萬年（碳十四測年並經校正），地質年代屬全新世早期，考古學上屬新石器時代早期。

在一座墓葬中，發現了兩個成年男性和一個少女的化石，填補了自山頂洞人以來華北地區人類發展的空白。在東胡林人遺址中，還發現了帶有人工打擊痕迹的灰色石英岩石片八件。在少女身上，有用五十多枚小螺殼穿成的項鏈和用七段牛勒骨穿成的骨鐲，表明東胡林人具有較好的審美意識。在墓中發現了骨製的弓箭，弓箭的發明是生產工具的一項重大進步。

2001 年 7～8 月對東胡林人遺址進行了試掘，發現了五處火塘遺迹，這是當時人類在此活動的重要證據。東胡林人的經濟活動仍以採集狩獵爲主，狩獵對象主要爲鹿類動物。東胡林人不是發現在山洞中，而是發現在平原的黃土臺地上，大概也就是從這時起，生活在北京地區的居民就已經離開山洞來到平原上居住〔註 17〕。這座墓葬有可能是一個家庭的墓葬，當時或許已經出現了個體家庭。

〔註 13〕中國科學院古脊椎動物與古人類研究所：《虎頭梁舊石器時代晚期遺址的發現》，《古脊椎動物與古人類》第 15 卷第 4 期，1977 年。

〔註 14〕中國社會科學院考古研究所：《新中國的考古發現和研究》，第 23～24 頁。

〔註 15〕段宏振：《河北考古的世紀回顧與思考》，《考古》，2001 年第 2 期。

〔註 16〕趙朝洪：《北京市門頭溝東胡林史前遺址》，《考古》，2006 年第 7 期。

〔註 17〕周國興、尤玉柱：《北京東胡林村的新石器時代墓葬》，《考古》，1972 年第 6 期；北京市社會科學研究所《北京歷史紀年》編寫組：《北京歷史紀年》，第 2 頁；郝守剛：《東胡林人發現的經過》，《化石》，1988 年第 3 期；北京市文物研究所：《東胡林人及其遺址》，《北京文物與考古》，2004 年。

（二）轉年遺址

北京地區距今一萬年左右的新石器時代遺址，還有轉年遺址。轉年遺址位於懷柔縣寶山寺轉年村，面積約 5000 平方米。文化堆積分四層，第四層爲新石器時代堆積。碳十四測年資料一爲距今 9210 年，一爲距今 9800 年。

轉年遺址共獲遺物 18000 件，多爲石器，有打製的石片、砍砸器、尖狀器和磨製的石斧、石缽等。細石器製作精良，有石核、石葉、刮削器等。陶器以夾砂褐陶爲主，燒製火候較低而質地疏鬆〔註18〕。

（三）南莊頭遺址

1986 年發現於河北徐水南莊頭，次年進行發掘。南莊頭遺址是我國北方乃至全國發現的最重要的新石器時代早期遺址之一。在 45 平方米的範圍內，發現了人類活動的遺迹和遺物，共出陶片 15 件，石、骨、角器 4 件，有人工鑿孔痕迹的木棒、木塊各 1 件，以及大量禽、獸、畜骨和蚌殼、螺、種子等，保存得最多的是動物骨骼；但沒有發現舊石器時代晚期和新石器時代華北地區常見的細石器或小型石片石器。與文化遺物共出的 7 個木炭、木頭樣品測定的 ^{14}C 資料表明，南莊頭遺址的年代在距今 9700（BK86121）～10510（BK87075）年之間，亦即一萬年上下〔註19〕。

1997 年 7～9 月，河北省文物研究所等單位又對南莊頭遺址進行發掘，發掘面積 260 平方米，發現了 2 座灰坑、2 處用火遺迹和 4 條溝，其中 1 條（G3）溝中出土了豐富的動物骨骼、陶片和石器、骨器等，推測當時人們是在溝中燒烤、煮食物，敲骨吸髓〔註20〕。歷史時期活動於河北西北部、山西北部的非華夏族，可能與南莊頭遺址有關。

（四）鎮江營一期文化

鎮江營一期文化，是以北京房山區鎮江營遺址的新石器時代最下層堆積命名的。分佈區域自北京西南部達河北省中南部，疊壓在後岡一期文化（鎮江營遺址新石器第二期遺存）之下。碳十四樹輪校正年代資料證明，鎮江營

〔註18〕郁金城等：《北京轉年新石器時代早期遺址的發現》，《北京文博》，1998 年第 3 期。

〔註19〕保定地區文管所等：《河北徐水南莊頭遺址試掘簡報》，《考古》，1992 年第 11 期。

〔註20〕陳星燦：《中國新石器時代早期文化的探索——關於最早陶器的一些問題》，《史前考古學新進展：慶賀賈蘭坡院士九十華誕國際學術討論會文集》，徐欽琦等主編，北京：科學出版社，1999 年。

一期文化距今 9000～7000 年。在已區分的早、中、晚三期中，中期的遺迹、遺物非常豐富，說明這支文化的繁榮期當在距今 8000 年左右。

鎮江營一期文化所發現的陶器，紅陶占絕對多數，素麵爲主，圜底器爲主體；極少鼎，彩陶只有 1 片；大量地使用打製的石片石器，細石器較少，磨製石器更少。房屋的踩踏面形狀不規則，看上去更像一個簡陋的窩棚；有的燒竈建在屋外。值得一提的是，中期的灰坑裏出土了 1 件盂，口沿下施一周刻劃的折線紋，與磁山文化的盂十分相似〔註21〕。

（五）磁山文化

1976～1977 年發掘於河北武安縣磁山，分佈於冀南、豫北等地，是華北新石器時代早期的重要文化，距今約 8000～7000 年，早於仰韶文化，屬新石器時代早期。根據地層關係和遺物特徵，磁山文化可以分爲早期和晚期。

遺址中的房屋分佈稀疏，平面布局也不如仰韶文化半坡類型的村落那樣規整有序；房基分爲圓形或橢圓形兩種，都是半地穴式建築。發現的灰坑多達數百個，有圓形、橢圓形、方形和不規則形等。石器有石鐮、石鏟、石斧、石磨盤、石磨棒等，磨製多於打製。陶器是當時的主要生活用器，均爲手製，器形有陶鉢、陶罐、陶盂等，火候較低，質地粗糙，多紅陶和褐陶；器表多素麵（帶紋飾者僅占三分之一），主要有淺細繩紋、編織紋、篦紋、劃紋等，以繩紋最常見。骨質的漁獵工具如鏃、倒刺魚鏢等也有發現。飼養豬、牛、狗、雞等。遺址中發現了數百個儲藏糧食的窖穴，腐朽的穀物都是粟類。如果換算成新鮮穀物，重量可達 5 萬公斤以上〔註22〕。這說明，當時除了漁獵、採集等經濟活動外，已經開始種植農作物，並從事著家禽養殖業〔註23〕。

磁山遺址的發掘具有重要意義，「磁山遺址是華北地區首次經過大規模揭露的前仰韶文化時期的居住遺址，它所提供的村落，推進了這一地區早期新石器文化及農業起源等問題的探索」，而「這裡發現的雞的標本，據鑒定證明

〔註21〕 本社編：《新中國考古五十年》，北京：文物出版社，1999 年，第 4～5 頁。北京市文物研究所：《鎮江營與塔照——拒馬河流域先秦考古文化的類型與譜系》，北京：中國大百科全書出版社，1999 年。

〔註22〕 佟偉華：《磁山遺址的農業遺存及相關問題》，《農業考古》，1984 年第 1 期。

〔註23〕 中國社會科學院考古研究所：《新中國的考古發現和研究》，第 35～36 頁；河北省文物管理處等：《河北武安磁山遺址》，《考古學報》，1981 年第 3 期；邯鄲市文物保管所等：《河北磁山新石器遺址試掘》，《考古》，1977 年第 6 期。

已脫離原雞的形態，是目前發現最早的人工飼養的家雞」〔註24〕。

（六）上宅文化

1984 年，北京市文物部門在進行文物普查時，在平谷縣上宅村、大興縣北墊頭村各發現一處新石器時代遺址。1985 年春至 1987 年秋，北京市文物研究所和平谷縣文物管理所對遺址進行了發掘。考古學者對這兩處遺址的遺迹進行了較全面的研究，認爲它們是一支約相當於新石器時代中期偏早的北京地區的土著文化，將其命名爲「上宅文化」。

根據地層學和類型學的判定，結合碳十四測年，可以把上宅文化分爲三期。第一期以上宅遺址第七層和第六層爲代表，第二期以上宅遺址第五層和第四層爲代表，第二期以北墊頭遺址和孟各莊二期爲代表。碳十四測年和樹輪校正年代表明，上宅文化距今約 7500～6500 年。遺址中發現了大量的運用琢磨工藝加工出來的石質工具，如斧、錛、鑿、鏟、杵、鏃、磨盤、磨棒等〔註25〕。上宅文化因素可以分爲五組，源於興隆窪文化東寨類型，在發展過程中接受了同時期鎮江營一期文化和趙寶溝文化西寨類型以及北辛文化的一些因素，發展出自己獨具特色的文化〔註26〕。上宅文化彌補了我國北方草原文化與中原文化之間的空白，它處於北方文化區的南部邊緣地區，對於深入研究這兩大文化區的相互關係與原始文化的傳播，提供了重要資料〔註27〕。

初步判斷，當時已有比較發達的農業，豬、羊等動物已經被馴化；同時，畜牧、採集、漁獵仍然是重要的生活來源〔註28〕。環境考古表明，「上宅遺址依山傍水，聚居於河旁黃土臺地，形成於全新世氣候最適宜期，人們過著農耕與捕撈、採摘、狩獵相兼的生活。平谷區東南部全新世中期發達古水網的阻隔作用和東北部低山、丘陵的連通作用，促成獨具特點的上宅文

〔註24〕張忠培、嚴文明：《中國遠古時代》，上海：上海人民出版社，2010 年，第 47 頁。

〔註25〕北京市文物研究所、北京市平谷縣文物管理所上宅考古隊：《北京平谷上宅新石器時代遺址發掘簡報》，《文物》，1989 年第 8 期；北京市文物研究所、北京市平谷縣文物管理所北墊頭考古隊：《北京平谷北墊頭新石器時代遺址調查與發掘》，《文物》，1989 年第 8 期。

〔註26〕索秀芬、李少兵：《上宅文化初論》，《考古與文物》，2009 年第 1 期。

〔註27〕北京市文物研究所、北京市平谷縣文物管理所上宅考古隊：《北京平谷上宅新石器時代遺址發掘簡報》，《文物》，1989 年第 8 期。

〔註28〕侯仁之、鄧輝：《北京城的起源與變遷》，北京：北京燕山出版社，1997 年，第 14 頁。

化」〔註 29〕。對上宅遺址出土的一件磨盤和一件磨棒進行澱粉粒分析，表明當時的氣候較今天溫暖濕潤，當時人類社會的經濟方式以採集與農業並重〔註 30〕。

（七）新樂文化

在地處遼河中游的瀋陽，也發現了屬於新石器時代早期的新樂文化遺址（距今 7000 年左右）。新樂文化以瀋陽新樂遺址下層遺存爲其代表性遺存。

村落多選擇在靠近河旁的土崗上，房屋多爲圓角長方形半地穴式，中部有圓形淺竈坑；石器以打製石器（包括細石器）爲主，也有磨製石器和細石器，器形有鏃、斧、鑿、盤、棒等；陶器以夾砂紅褐陶爲主，陶質疏鬆，火候較低，表層易脫落；在編號爲 F2 的大房址中（面積達 95 平方米），發現有成堆的炭化穀物，這些穀物均未脫粒，經鑒定與東北大蔥黍近似〔註 31〕。F2 出土的磨盤、磨棒具有統一規格且加工精細，「理應被視作主要是加工種植農業產品的工具，儘管它們還兼有加工採集的果實的功能」〔註 32〕。學術界一般認爲，新樂遺址是鳥夷的居地，或許就是以太陽鳥爲圖騰的少昊族〔註 33〕。

瀋陽地區時代晚於新樂下層文化的新石器時代遺址，是瀋陽東郊新民縣偏堡遺址的文化遺存。該遺址的出土物有飾堆紋和刻劃紋的直腹罐、矮圈足缽和製作精細的細石器〔註 34〕。

（八）雪山文化

1961 年在北京昌平縣雪山村首次發現，並因此而得名〔註 35〕。1981～1983年，北京市文物工作隊再一次發掘雪山遺址。

〔註 29〕 周昆叔：《上宅新石器文化遺址環境考古》，《中原文物》，2007 年第 2 期，第23～24 頁。

〔註 30〕 楊曉燕等：《北京平谷上宅遺址磨盤磨棒功能分析：來自植物澱粉粒的證據》，《地球科學》，2009 年第 9 期。

〔註 31〕 瀋陽市文物管理辦公室：《瀋陽新樂遺址試掘報告》，《考古學報》，1978 年第4 期；瀋陽市文物管理辦公室等：《瀋陽新樂遺址第二次發掘報告》，《考古學報》，1985 年第 2 期。

〔註 32〕 張忠培、嚴文明：《中國遠古時代》，上海：上海人民出版社，2010 年，第 252頁。

〔註 33〕 張紅星：《新樂遺址主人考》，《遼寧大學學報》，1999 年第 3 期。

〔註 34〕 張之恒：《中國新石器時代考古》，南京：南京大學出版社，2004 年第二版，第 279 頁。

〔註 35〕 向群：《在昌平縣以西雪山村附近發現一處新石器時代至遼金時代遺址》，《北京日報》，1961 年 11 月 21 日。

雪山文化堆積層可以分爲三期，第一期（雪山一期）相當於仰韶文化時期，第二期（雪山二期）相當於龍山文化時期，第三期（雪山三期）相當於夏家店下層文化時期。

雪山一期文化，距今六七千年，遺址中發現的文化遺物有斂口鉢、雙耳斂口罐、雙耳小口大罐、雙耳籃紋碗等，還有彩紋片、石斧和瑪瑙等。遺迹有圓形灰坑，可能是當時儲存東西的窖穴。出土的紅陶鉢和彩陶片，與中原地區的仰韶文化近似，又與遼寧地區的紅山文化陶器有些相似，說明當時南北兩地都對北京地區有一定的文化影響。北京地區類似雪山一期文化的遺址，在昌平縣林場、馬坊和密雲縣燕落寨等地均有發現。

雪山二期文化，距今四千多年，考古學上屬於新石器時代晚期。雪山二期遺址中發現的陶器，有磨光黑衣灰陶雙耳罐、折腹盆、三足盉、灰陶藍紋罐和褐陶繩紋鬲等。從這些器物判斷，雪山二期文化屬於龍山文化範疇；就其社會發展階段而言，可能已經進入父系氏族公社時期。北京地區類似雪山二期文化的遺址，在昌平縣的燕丹、曹碾和平谷縣的劉家河等地均有發現〔註36〕。

距今7000年之前，北京地區同時生息著兩個文化系統，一個是以鎮江營一期文化爲代表的圜底器系統，一個是以上宅文化爲代表的平底器系統。二者的器物群各具特色，尤其是早期的陶器群，看不出文化交流的迹象。兩個文化系統以永定河爲界，各安其境〔註37〕。

（九）紅山文化

1935年首先發現於內蒙古赤峰紅山後（1954年命名爲「紅山文化」），其分佈範圍北起昭烏達盟的烏爾吉木倫河流域，南到遼寧朝陽、淩源和河北北部燕山地帶，東至哲里木盟、錦州地區。估計其年代距今約5000年左右，屬新石器時代中晚期。

紅山文化的社會經濟生活以農業爲主，兼營畜牧、狩獵和採集；在紅山文化晚期，農業經濟不斷發展，手工業日漸獨立，社會結構開始分化。主要生產工具爲石器，分細石器、打製石器和磨製石器三類；主要器形有耜、鋤、鏟、斧、錛、磨盤、鏃等。陶器多夾砂褐陶和泥質紅陶，並有少量泥質灰陶

〔註36〕 文物編輯委員會編：《文物考古工作三十年》，北京：文物出版社，1979年，第2頁。
〔註37〕 本社編：《新中國考古五十年》，北京：文物出版社，1999年，第6頁。

與黑陶（泥質陶略多於夾砂陶）；器形有罐、盆、缽、甕等。紋飾有壓紋、線紋、菱形紋、鱗形紋等；壓紋多程「之」字形，受東北新石器文化的影響。彩繪多黑陶，受中原仰韶文化的影響。居住在靠近河岸臺地或較高地點的村落內，在村落遺址內發現了許多房屋遺迹，多爲圓角方形和長方形的半地穴式。墓葬發現較多，墓地多選擇在山坡上或高臺地上〔註38〕。

1979 年以後，又在遼西喀左縣東山嘴發現了大型石砌祭祀遺址；1983～1984 年，又在建平、凌源兩縣交界的牛河梁村發現了一座「女神廟」和幾十處積石塚群，以及一座面積約 4 萬平方米的石砌圍牆遺址。出土了許多精美的各種玉器，說明紅山文化晚期已經進入銅石並用時代。有的研究者認爲，5000 年前的遼西曾經存在過一個具有國家雛形的文明社會〔註39〕。1989 年，牛河梁第二地點一號塚 M21 又出土了許多玉器（如青玉小龜，與 M21 同塚的 M1 出土了兩件玉龜）〔註40〕。有的研究者認爲，紅山文化似可分爲「紅山後類型」和「東山嘴類型」，但至今尚無定論。

紅山文化發展經歷了大約 1700 年，可劃分爲四個發展階段。紅山文化四期前段社會出現了分層現象，四期後段社會分層加劇。壇廟塚、壇塚和壇、塚等不同祭祀等級建築和不同形式祭祀活動，形成了完備祭祀禮制。墓葬形制和隨葬玉器種類、數量、質量是權力階層內部等級的標誌，形成嚴格的喪葬禮儀。在牛河梁祭祀遺址中高級別墓葬只隨葬象徵社會地位的玉器，不見誇富的隨葬品，說明社會貧富差別不大，所謂的社會上層顯貴也是貴而不富，還沒有產生階級和國家，社會已經處在文明起源階段〔註41〕。

（十）小河沿文化

因首先發現於遼寧敖漢旗（今屬內蒙古）小河沿鄉的南臺地遺址而得名。

〔註38〕 呂遵諤：《內蒙赤峰紅山考古調查》，《考古學報》，1958 年第 3 期；劉觀民、徐光冀：《遼河流域新石器時代的考古發現與認識》，《中國考古學會第一次年會論文集》，北京：文物出版社，1980 年。

〔註39〕 郭大順、張克舉：《遼寧喀左縣東山嘴紅山文化建築遺址發掘簡報》，《文物》，1984 年第 11 期；遼寧省文物考古研究所：《遼寧牛河梁紅山文化「女神廟」與積石塚群發掘簡報》，《文物》，1986 年第 8 期；孫守道、郭大順：《牛河梁紅山文化女神頭像的發現與研究》，《文物》，1986 年第 8 期。

〔註40〕 遼寧省文物考古研究所：《遼寧牛河梁第二地點一號塚 21 號墓發掘簡報》，《文物》，1997 年第 8 期；遼寧省文物考古研究所：《遼寧牛河梁第五地點一號塚中心大墓（M1）發掘簡報》，《文物》，1997 年第 8 期。

〔註41〕 索秀芬、李少兵：《紅山文化研究》，《考古學報》，2011 年第 3 期。

其時代晚於紅山文化。多數學者認爲，小河沿文化是從紅山文化發展而來的一種文化，其分佈範圍大體與紅山文化相同。小河沿文化的村落多選擇在河岸旁的臺地上，但也有一部分位於平原的高地處；灰坑有圓豎井形和橢圓豎井形，多分佈在房屋周圍。石器基本上是磨製的，器形有斧、錛、鑿、鏟等。陶器以夾砂褐陶爲主，泥質紅陶次之。在小河沿遺址中曾經發現過一處墓地，位於山頂的陽坡上，墓葬作分區埋葬排列，間距甚小，多爲不規則的長方形豎穴土坑墓〔註42〕。

在其中出土的陶器上，發現刻劃紋、幾何紋、原始文字符號、抽象動物花紋等；尤其是原始文字符號，「雖然它仍類似圖畫，卻已經顯示了象形文字的雛形」〔註43〕。

（十一）五帝時代

距今大約四五千年前，中國進入了「五帝時代」。由於那是一段尚無文字的歷史，故又稱之爲「傳說時代」〔註44〕。一般認爲，古史傳說的五帝時代大體上相當於考古學上的龍山時代，即新石器時代晚期。

關於「五帝」，歷來眾說紛紜（不下於五說）〔註45〕。《大戴禮記·五帝德》認爲是黃帝、顓頊、嚳、堯、舜，此說後被《史記·五帝本紀》採納。「五帝」的許多事迹，與燕地有著密切的關係。

黃帝，少典之子，姓公孫。因居軒轅之丘，故號軒轅氏。又居姬水，因改姓姬〔註46〕。國於有熊，亦稱有熊氏。以土德王，土色黃，故曰黃帝。炎帝，姜姓，號烈山氏，一作厲山氏。以火德王，故號炎帝。一說炎帝即神農氏。蚩尤，東方九黎部落首領〔註47〕，以「金」爲兵器。

〔註42〕 遼寧省博物館等：《遼寧敖漢旗小河沿三種原始文化的發現》，《文物》，1977年第 12 期。

〔註43〕 本社編：《新中國考古五十年》，北京：文物出版社，1999 年，第 84 頁。

〔註44〕 關於上古帝王的傳說，戰國楚簡《容成氏》爲我們提供了很多「信息」，詳見馬承源主編：《上海博物館藏戰國楚竹書》（二），上海：上海古籍出版社，2002 年。

〔註45〕 劉起釪：《幾次組合紛紜錯雜的「三皇五帝」》，《古史續辨》，北京：中國社會科學出版社，1991 年，第 92～119 頁。

〔註46〕 《國語·晉語四》說「黃帝以姬水成，……故黃帝爲姬」，但《史記·五帝本紀》卻說「（黃帝）姓公孫」，《五帝本紀》索隱認爲黃帝「本姓公孫，長居姬水，因改姓姬」。

〔註47〕 關於蚩尤的身份，古籍說法不一，或謂古之天子（《山海經·大荒北經》、《史記·高祖本紀》裴駰集解引《漢書》應劭注），或謂九黎之君（《呂氏春秋·

　　黃帝部落和炎帝部落最初都居住在今陝西，後來都逐漸向東遷徙和擴張，一直到達華北的東部〔註 48〕。炎帝部落東遷的路線偏南，黃帝部落東遷的路線偏北，曾經活動於今河北張家口地區的涿鹿縣一帶（「邑於涿鹿之阿」）。黃帝部落和炎帝部落進入中原以後，與九黎部落發生軍事衝突。先是炎帝部落被九黎部落打敗，後來黃帝部落與炎帝部落聯合，在涿鹿（一作獨鹿，或說在今河北涿鹿縣）打敗了蚩尤部落（一說蚩尤奮起以與炎帝復仇〔註 49〕），蚩尤逃往「冀州之野」（《山海經·大荒北經》），後被殺（涿州建有蚩尤廟）〔註 50〕。再後來，黃帝部落與炎帝部落也發生了軍事衝突，在阪泉（或說在今河北懷來一帶）大戰三次，炎帝戰敗。隨後，兩個部落結盟共同活動於今河北地區。黃帝又曾經「北逐葷粥，合符釜山」，並且在「涿鹿之阿」建立了都邑（《史記·五帝本紀》）。

　　相傳，黃帝的陵墓在陝西省黃陵縣城北橋山，是爲「黃帝陵」（亦稱「黃帝塚」），現爲全國重點文物保護單位。而在北京平谷縣城東北 7 公里的漁子山上，建有「軒轅陵」（俗稱「軒轅臺」）。元封元年（西元前 110 年），漢武帝北巡朔方，勒兵十餘萬，還而至此祭祀（《日下舊聞考》卷一四二）。唐朝之時，陳子昂（661～702）、李白（701～762）都留下了吟詠軒轅臺的詩篇〔註 51〕。1992 年 10 月，經專家實地考察，確認該軒轅陵即是中華民族始祖黃帝之陵。

　　顓頊，五帝之一，號高陽氏，黃帝之孫、昌意之子；生於若水，居於帝丘。從《國語·魯語上》、《史記·五帝本紀》的記載看，顓頊是屬於黃帝系的，應屬於華夏集團；但從《山海經·大荒東經》的記載看，顓頊同時又與東夷集團的少昊氏有一定的關係，「少昊孺帝顓頊於此」，意思是說顓頊曾

　　　蕩兵》、《尚書·呂刑》陸德明釋文），或謂黃帝之臣（《管子·五行》、《越絕書·計倪內經》），或謂炎帝之臣（《逸周書·嘗麥》、《莊子·盜跖》陸德明釋文），或謂古之庶人（《周禮·春官·肆師》賈公彥疏引《五經音義》）。本處取蚩尤爲九黎之君說。

〔註 48〕徐旭生：《中國古史的傳說時代》（增訂本），北京：文物出版社，1985 年，第44 頁。

〔註 49〕袁珂：《山海經全譯》，貴陽：貴州人民出版社，1991 年，第 326 頁注釋 70。

〔註 50〕《逸周書·嘗麥解》云：「蚩尤乃逐帝，爭於涿鹿之河，九隅無遺，赤帝大懾，乃說於黃帝，執蚩尤，殺之於中野。」

〔註 51〕陳子昂詩云：「北登薊丘望，求古軒轅臺。」（《薊丘覽古增盧居士藏用》之一《軒轅臺》）李白詩云：「燕山雪花大如席，片片吹落軒轅臺。」（《北風行》）王琦注引《直隸名勝志》：「軒轅臺，在保安州西南界之喬山上。」

經在少昊集團中生活過〔註 52〕。杜佑（735～812）《通典》卷一七八說顓頊「都於帝丘」（今河南濮陽），「其地北至幽陵」，曾經到「幽陵」祭祀祭祀黃帝〔註 53〕；幽陵，一說就是幽州。可以推測，當時或以顓頊氏族為首，在河南、河北、山東交界的大平原一帶形成了一個強大的部落聯盟。

堯，「五帝」之一，號放勳，黃帝玄孫、帝嚳之子；曾為陶唐氏首領，故又稱陶唐。堯初居於冀方的唐〔註 54〕（今河北唐縣境），又居涿鹿（今北京房山與河北涿州一帶），後遷往晉陽（今山西太原），又遷於平陽（今山西臨汾）〔註 55〕。堯曾經在幽州建立了都邑，稱為「幽都」（《尚書・舜典》、《史記・五帝本紀》）。周朝初年，帝堯的後代被褒封於薊（《史記・周本紀》）〔註 56〕。

舜，「五帝」之一，名重華，又稱虞舜，黃帝九代孫。《史記・五帝本紀》說舜是「冀州之人」，而《孟子・萬章上》說舜是「東夷之人」。根據王國維推測，舜居於東方也不是沒有可能，舜「一時或有遷都之事，非定居於西土也」〔註 57〕。舜之與燕地發生關係者，是他曾經「流共工於幽州」（《尚書・舜典》）〔註 58〕，「朔方幽都來服」（《大戴禮記・少閒》）。鄒衡（1927～2005）根據共工及所處的年代與活動範圍加以考證，認為「共工被流放之地是在今北京市昌平、密雲一帶」〔註 59〕。

李民認為，黃帝、堯、舜部落的一支遷徙到今長城以南，而活躍於遼海地區的紅山文化，其影響達到今長城以北甚至今長城以南，兩種重要文化在長城南北地帶互相碰撞，又互相吸收，並與當地「土著」文化相互融合，形成了以後燕文明產生的土壤，「也可以說，在幾種文化的相互作用下，孕育下了燕文明的種子」〔註 60〕。

〔註 52〕徐旭生：《中國古史的傳說時代》（增訂本），第 75、86 頁。
〔註 53〕後人相傳，平谷縣漁子山有「黃帝陵」（蔣一葵：《長安客話》卷五）。
〔註 54〕皇甫謐《帝王世紀》說：「帝堯氏始封於唐，今中山唐縣是也。」
〔註 55〕不少學者認為，在山西襄汾發現的陶寺遺址，就是「堯都平陽」。
〔註 56〕一說被封於薊者乃「黃帝之後」（《史記・樂書》）。本書第十章第五節對此有辨析，可參看。
〔註 57〕王國維：《殷周制度論》，《觀堂集林》卷十，北京：中華書局，1959 年。
〔註 58〕《史記・五帝本紀》作「流共工於幽陵」，但《正義》說：「《尚書》及《大戴禮》皆作『幽州』。」
〔註 59〕鄒衡：《夏商周考古學論文集》，北京：文物出版社，1980 年，第 282～284 頁。
〔註 60〕李民：《黃帝的傳說與燕文明的淵源》，《中原文物》，1996 年第 1 期。

三、夏朝時期

夏朝的建立者,一般以爲是大禹之子啓,但實當追溯於禹(或以爲禹建立夏朝)。禹,又稱大禹、夏禹、戎禹,姒姓,名文命,鯀之子。

傳說禹曾有平水土、定九州之事,即所謂「芒芒禹迹,畫爲九州」(《左傳》襄公四年引《虞人之箴》)。按《尚書・禹貢》的說法,九州指的是冀、兗、青、徐、揚、荊、豫、雍九州。燕地的大部便屬於冀州,而禹「行相地宜所有以貢及山川之便利」時,所行即「自冀州始」(《史記・夏本紀》)。

夏朝的統治區域包括今山西南部、河南中部和西部和山東、河北、河南交界處,與燕地的關係似乎不是非常密切;但夏朝時期的有易氏卻活動於燕地的易水地區。

有易氏,也是河北一個古老的氏族部落,曾經和商之祖先有過仇殺。《山海經・大荒東經》:「王亥托於有易、河伯僕牛。有易殺王亥,取僕牛。」而《古本竹書紀年》則說是王亥「賓於有易而淫焉」,結果被有易之君綿臣殺死,後來上甲微「假師於河伯以伐有易,滅之,遂殺其君綿臣也」。此事在《周易》中也有反映。《大壯》六五:「喪羊於易,無悔。」《旅》上九:「鳥焚其巢,旅人先笑後號咷,喪牛於易,凶。」顧頡剛(1893~1980)認爲,這裡講的就是「有易殺王亥取僕牛」的故事〔註61〕。張忠培認爲,有易氏就是北狄,有易之稱大概與易水有關,有易氏到上甲微以後便衰落下去;而海河北系區夏家店下層文化的分佈區域、年代、與鄰境文化關係等方面都和文獻中的有易氏相吻合,這種文化很可能就是有易氏所屬的考古文化〔註62〕。有易氏的地望,根據王國維的考證,就在今天河北易水流域〔註63〕。

四、商朝時期

關於商族最早的地望(或發源地)問題,自來爭議頗大,堪稱眾說紛紜,直至目前尚未形成統一的觀點。概括而言,學術界曾經有過五種說法:

(1)西方說。司馬遷(約前145或前135~約87)、鄭玄(127~200)、皇

〔註61〕顧頡剛:《周易卦爻辭中的故事》,《古史辨》第三冊,上海:上海古籍出版社,1982年。
〔註62〕張忠培:《夏家店下層文化研究》,《中國北方考古文集》,北京:文物出版社,1990年,第204~205頁。
〔註63〕王國維:《殷卜辭中所見先公先王考》,《觀堂集林》卷九,北京:中華書局,1959年。

甫謐（215～282）、許愼（約 58～約 147）、徐廣（352～425）、蒙文通（1894
～1968）等認爲，商族始居於陝西的商洛地區〔註 64〕。

（2）東方說。王國維（1877～1927）認爲，商族早期的居住地商在今河南
商丘，而亳則在今山東曹縣〔註 65〕；丁山（1901～1952）認爲，商人發祥地
在今永定河與滹水之間〔註 66〕；徐中舒（1898～1991）認爲，商族起於環渤
海地區〔註 67〕。王玉哲（1913～2005）認爲，商人最遠的祖居地可能是山東，
後向西北轉移，達到河北省中部，夏末定居於河北南部和山東西部〔註 68〕。

（3）東北說。葉文憲認爲，早在仰紹文化時期，商人先祖就生活在遼西地
區，紅山文化、小河沿文化就是他們的遺存，後來才南下中原〔註 69〕。干志
耿等也認爲商人起源於東北的遼寧，即所謂肅愼燕亳地〔註 70〕。至於最北的
地點，金景芳（1902～2001）認爲是在今內蒙古昭烏達盟的〔註 71〕。

（4）北方（冀州）說。李亞農（1906～1962）認爲，「殷人的發祥地是在
易水流域和渤海灣」〔註 72〕；鄒衡（1927～2005）認爲，商來自黃河西邊的
冀州之域（冀南豫北），是沿著太行山東麓逐步南下的〔註 73〕。

（5）南方說。持此說者爲數甚少。如衛聚賢（1899～1989）認爲，殷人起
源於江浙，後漸次遷徙至於河南〔註 74〕。

以上諸說，在文獻資料和考古資料上都能找到一定的證據，但若想將諸
說統一爲一說，目前仍有一定的難度。但不可否認的是，隨著考古發掘的推
進，在河北、遼寧、山東、河南、湖北、江西等地都發現了商文化，這些地

〔註 64〕 分別見《史記·殷本紀》集解引鄭玄、皇甫謐語，《史記·六國年表序》，《說
文解字》以及蒙文通《周秦少數民族研究》等。

〔註 65〕 王國維：《說自契至於成湯八遷》、《說商》、《說亳》，《觀堂集林》卷十二，北
京：中華書局，1959 年。

〔註 66〕 丁山：《商周史料考證》，上海：龍門聯合書局，1960 年，第 14～21 頁。

〔註 67〕 徐中舒：《殷人服象及象之南遷》，《中央研究院歷史語言研究所集刊》第 2 本
第 1 分，1930 年。

〔註 68〕 王玉哲：《商族的來源地望試探》，《歷史研究》，1984 年第 1 期。

〔註 69〕 葉文憲：《商族起源諸說辨析》，《殷都學刊》，1993 年第 3 期。

〔註 70〕 干志耿等：《先商起源於幽燕說》，《歷史研究》，1986 年第 2 期；蘭建新：《先
商文化探源》，《北方文物》，1986 年第 2 期。

〔註 71〕 金景芳：《商文化起源於我國北方說》，原載《中華文史論叢》第 7 輯，1978
年；後收入《古史論集》，濟南：齊魯書社，1981 年。

〔註 72〕 李亞農：《欣然齋史論集》，上海：上海人民出版社，1962 年，第 404 頁。

〔註 73〕 鄒衡：《關於探討夏文化的幾個問題》，《文物》，1979 年第 3 期。

〔註 74〕 衛聚賢：《殷人自江浙遷徙河南》，《江蘇研究》第 3 卷第 5、6 期，1933 年。

方應當都是受商文化影響的區域；而「商文化的分佈和傳播，不等於商王朝統治的範圍，但兩者間總是有一定聯繫的」，「看來商朝同四方，包括外國，有著很大範圍的交往」〔註 75〕。竊以爲，將商人的起源地大致定在東方的冀、豫、魯交界之地，應當說是最爲平實的，也是最可取的。

1977 年 8 月，在北京平谷縣劉家河的一座商代中期墓葬中，發現了青銅器鼎、鬲、爵、卣、甗等，這些禮器都具有中原典型商文化青銅器的風格；還出土了一件鐵刃銅鉞〔註 76〕，經 X 射線測定，其刃部是由隕鐵鍛製而成；墓中也出土了金耳環、金臂釧，說明與夏家店下層有一定關係〔註 77〕。有的研究者結合《左傳》昭公九年的記載，「及武王克商，肅慎、燕亳，吾北土也」，指出劉家河發現的青銅器也許就是肅慎、燕亳或附近別的其他方國的遺存〔註 78〕；有的研究者將劉家河商墓歸入圍坊三期文化，「其精美的青銅禮器，特別是象徵王權的鐵刃銅鉞的出土，使人有理由推測墓主應是一位方國之君」〔註 79〕。但劉家河所出的青銅器卻明顯接近於安陽殷墟早期墓葬中所出的同類器型，所以我覺得，最好還是將劉家河遺址的主人歸爲殷人，這恐怕更合乎歷史事實。另外，在北京的房山焦莊、平谷韓莊水庫工地、昌平小北邵等地，也發現了商代的墓葬和遺物〔註 80〕。

北京地區發現的商代文化遺迹，較重要的還有琉璃河董家林商代古城址和黃土坡墓地。古城址因遭大石河水泛濫破壞，南北長度尚不清楚，東西長約850 米。除南面外，其餘三面均有護城河。城牆結構分爲主城牆、內附牆和牆外平臺。在對部分城牆所作的試掘中，發現在北牆東端和東牆北端有兩處城基夯土被西周的墓葬所打破，特別是在東牆北端發現城基夯土被一座墓葬所打破，在墓中出土有兩件陶簋和一件銅鏃，陶簋的形制和安陽殷墟晚期的同類陶器相同。由此可見，這座城牆的始建年代應在商末或稍早一些〔註 81〕。（關

〔註 75〕 李學勤：《商代史和甲骨學研究展望》，《走出疑古時代》，瀋陽：遼寧大學出版社，1994 年。

〔註 76〕 1972 年，河北槀城縣出土了一件鐵刃銅鉞。河北和北京出土的兩件鐵刃銅鉞形制相似，只是劉家河出土的一件形體略小。

〔註 77〕 北京市文物管理處：《北京市平谷縣發現商代墓葬》，《文物》，1977 年第 11期。

〔註 78〕 中國社會科學院考古研究所：《新中國的考古發現和研究》，第 241 頁。

〔註 79〕 陳平：《燕文化》，北京：文物出版社，2006 年，第 16 頁。

〔註 80〕 文物編輯委員會編：《文物考古工作三十年》，第 3 頁。

〔註 81〕 文物編輯委員會編：《文物考古工作三十年》，第 3～4 頁。

於黃土坡墓地，詳情見下文周朝部分。）

夏家店文化，分為下層文化和上層文化兩類。夏家店下層文化，首先發現於內蒙古赤峰夏家店下層，分佈於吉林西南部、遼寧西部、內蒙古東部、京津地區和河北北部等地。其年代上接龍山文化，下至商代後期，最晚不超過西周早期，大約相當於中原地區的夏、商時期（距今約 4000～3500 年〔註 82〕）。在燕山以北為夏家店上層文化所代替。

夏家店下層文化是中國北方青銅時代早期文化，在這類文化遺址中發現了青銅耳環、指環、杖首、小刀、鏃、牌等小型金屬製品和陶範碎片。陶器特點鮮明，與中原地區相似，主要陶器種類有尊、鬲、盆、甗、罐、豆、爵等，其中鬲有鼓腹鬲和直筒鬲兩種，陶器為彩繪，紋樣多為與青銅紋飾相近的雲紋和雷紋，顯示出它與商周青銅器圖案有密切的聯繫。

夏家店下層文化較大的聚落常有圍牆或壕溝作為防禦設施，圍牆內的房址自數十座至百餘座不等。房址多是半地穴式的，也有用石塊或土坯壘砌牆壁的，平面近圓形。墓葬都發現在聚落近旁，墓地大小不一。一般成年人墓都有葬具，同一時期的墓頭向均一致（多朝西北），多為側身直肢（仰身或俯身者極少），隨葬品都放在腳端的壁龕中。這表明，當時還保持著氏族公社的濃厚傳統。發現有較多的農業工具，還知道當時人已經飼養豬、狗，種植黍和稷，使用的陶器以三足鼎、鬲為多，陶器上繪有雲雷紋、龍紋等〔註 83〕。張忠培認為，海河北系區夏家店下層文化的分佈區域、年代、與鄰境文化關係等方面都和文獻中的有易氏相吻合，這種文化很可能就是有易氏所屬的考古文化〔註 84〕。但我認為，就族屬而言，恐怕只能將夏家店下層文化的部分劃歸有易氏名下；除了有易氏而外，夏家店下層文化的主人還有北方的其他土著居民。據古書記載，「當禹之時，天下萬國，至於湯而三千餘國」（《呂氏

〔註 82〕遼寧省博物館文物工作隊：《概述遼寧省考古新收穫》，《文物考古工作三十年》，北京：文物出版社，1979 年。

〔註 83〕中國科學院考古研究所內蒙古工作隊：《赤峰藥王廟、夏家店遺址試掘簡報》，《考古》，1961 年第 2 期；中國社會科學院考古研究所內蒙古工作隊：《赤峰藥王廟、夏家店遺址試掘報告》，《考古學報》，1974 年第 1 期；中國社會科學院考古研究所內蒙古工作隊：《赤峰蜘蛛山遺址的發掘》，《考古學報》，1979年第 2 期；遼寧省文物幹部培訓班：《遼寧北票豐下遺址 1972 年春發掘簡報》，《考古》，1976 年第 3 期；遼寧博物館等：《遼寧敖漢旗小河沿三種原始文化的發現》，《文物》，1977 年第 12 期。

〔註 84〕張忠培：《夏家店下層文化研究》，《中國北方考古文集》，北京：文物出版社，1990 年，第 204～205 頁。

春秋‧離俗覽‧用民》),「禹合諸侯於塗山,執玉帛者萬國」(《左傳》哀公七年)。所謂「天下萬國」、「三千餘國」,即包括北方的方國。郭大順、張星德指出,夏家店下層文化的社會形態與同一時期的夏王朝是處於同一發展水平的,「即已進入建立成熟國家即方國的歷史階段」;「夏家店下層文化確是雄踞於西遼河流域,曾盛極一時,能與夏王國爲伍的強大方國」〔註85〕。

北京地區屬於夏家店下層文化的同類遺址有房山琉璃河、平谷劉家河、密雲燕落寨、昌平雪山村(雪山三期文化)。從這些遺址、墓葬出土的遺物看,當時已經進入青銅時代。在琉璃河墓葬中發現了銅耳環、銅指環,在昌平雪山三期文化遺址中發現了銅耳環、金指環,在平谷劉家河墓葬中發現了一組青銅禮器,計有小方鼎、弦紋鼎、獸面紋鼎、三羊罍和鬲、甗、爵、卣、罍、盉等十六件,最突出的是製作十分精美的三羊罍和帶有雙鳥柱的龜魚紋銅盤。另外還發現了很珍貴的裝飾品,如金耳環、金臂釧和金髮笄等。劉家河墓葬中還有一件鐵刃銅鉞,經化驗,刃部之鐵屬於隕鐵,這是北京地區發現的我國最早的鐵刃銅鉞之一〔註86〕。

夏家店上層文化是中國北方地區青銅時代晚期的一種考古文化,主要分佈於內蒙古自治區的昭烏達盟、哲里木盟和遼寧朝陽地區、河北承德地區等。夏家店上層文化的上限可以早到西周初,下限可以晚到戰國(或以爲其下限不可能晚於春秋)〔註87〕。青銅器種類繁多,工具、武器及飾物數量較多,炊器、容器數量較少。常見工具和武器有刀、錐、鑿、鏃、矛、短劍等。還發現了青銅鑄範。陶器有鼎、鬲、豆、罐、盆、缽等。居址有半地穴式的,也有構築在地面上的。墓葬都在聚落近旁,有排列整齊的墓葬,也有散墓。墓葬形制都是長方形土坑豎穴,葬具有石棺和木棺。在寧城南山根第101號墓中還出土了一組中原常見的青銅禮器,其中一部分是本地固有的,一部分是從中原地區輸入的。一般認爲,夏家店上層文化應該是包括了東胡、山戎、肅慎在內的諸戎族文化〔註88〕。張忠培指出,至遲在殷商時期,中國北方已

〔註85〕 郭大順、張星德:《東北文化與幽燕文明》,南京:江蘇教育出版社,2005年,第327~328頁。

〔註86〕 北京市文物研究所:《北京市拒馬河考古調查》,《考古》,1989年第3期;《北京琉璃河夏家店下層文化墓葬》,《考古》,1976年第1期;《北京考古四十年》,第32~33頁。

〔註87〕 中國社會科學院考古研究所東北工作隊:《內蒙古寧城縣南山根102號石槨墓》,《考古》,1981年第4期。

〔註88〕 中國社會科學院考古研究所:《新中國的考古發現和研究》,第346~348頁。

經存在著強大的畜牧部落〔註89〕。夏家店上層文化的衰落，與戰國中期燕國
勢力的北上推進有關。

五、周朝時期（封燕之前）

在北京地區發現的重要的商周遺址，除上文述及的房山縣琉璃河董家林
古城外，還有黃土坡墓地。黃土坡墓地在董家林古城東南約 800 米，被京廣
鐵路分隔爲南北二區（I 區和 II 區），在 I 區發掘了 33 座墓和 3 座車馬坑，其
中有 7 座是奴隸殉葬墓；II 區發掘了 27 座墓和 2 座車馬坑。這些墓葬可以分
爲四期，第一期屬商代晚期，第二期爲周成王前後的墓葬，第三期爲康王前
後的墓葬，第四期爲西周中期或晚期的墓葬。用奴隸殉葬的墓都發現在 I 區，
而該區均爲中、小型墓葬，普遍有殉狗的現象，隨葬陶器多爲鬲、簋、罐的
組合，與安陽殷墓基本相同。它們當是殷遺民的墳墓，也可能是原與商王朝
有密切關係的氏族保留的習俗（按：屬前一種的可能性最大）。在 II 區的 251
號墓中出土了伯矩鬲、伯矩盤、單子尊、單子卣等器，在 253 號墓中出土了
董鼎、圍卣、圍方鼎等器。伯矩鬲和董鼎上的「匽侯」字樣證實，《史記‧燕
召公世家》等文獻中關於周初封召公奭於北燕的記載是可信的，董家林古城
應是周初燕國的國都〔註90〕。

1975 年，在北京昌平縣白浮村又發掘了三座保存基本完好的西周木槨墓
〔註91〕，出土了銅兵器、甲骨刻辭等；這裡出土有一些鷹首或馬首的青銅短
劍，這類武器以前在內蒙古、遼寧、河北一帶屢有發現，提供了北京地區西
周文化和北方文化關係的重要線索〔註92〕。

後來，又在內蒙古赤峰市喀喇沁旗發現大山前遺址（地處河北、內蒙古、
遼寧交界），這一帶正好是中原華夏人與游牧人互相交往的地方，多種文化在
這一地區交流融合，其歷史序列包括早期青銅時代（夏家店下層文化）、東胡
－貊文化－燕文化（春秋戰國）等。考古界對東胡－貊文化的研究表明，這

靳楓毅：《論中國東北地區曲刃青銅短劍的文化遺存》（上、下），《考古學報》，
1982 年第 4 期，1983 年第 1 期。靳楓毅：《夏家店上層文化及其族屬問題》，
《考古學報》，1987 年第 2 期。
〔註89〕張忠培：《河北考古學研究與展望》，《文物春秋》，1996 年第 2 期。
〔註90〕文物編輯委員會編：《文物考古工作三十年》，第 4 頁。
〔註91〕北京市文物管理處：《北京地區的又一重要考古收穫——昌平白浮西周木槨墓
的新啓示》，《考古》，1976 年第 4 期。
〔註92〕文物編輯委員會編：《文物考古工作三十年》，第 4～5 頁。

一支古代民族與中原燕文化關係密切，他們從事半農半牧的生產、武力強大，具有較爲發達的文化〔註93〕。

要給上述眾多的文化遺存排一個恰當的文化「譜系」，清理出其內在的發展道路，這確實是非常困難的，但可以嘗試。張忠培曾經有過這方面的嘗試，只是其範圍僅局限於北京地區。他認爲，北京先周時期（召公封燕前）的文明大致可以劃分爲以下幾個階段〔註94〕：第一階段：磁山文化；第二階段：以上宅爲代表的時期；第三階段：地理上有變化，上宅代表北邊，鎮江營代表南邊；（他個人認爲，鎮江營年代至少晚於上宅的早期。）第四階段：後崗一期；第五階段：雪山一期；第六階段：雪山二期；第七階段：雪山三期（夏家店下層文化）；第八階段：可能是遼寧魏營子時代遺址；第九階段：召公封燕的周人文化。蘇秉琦在排列考古學文化區系的「譜系」時，視野要寬泛得多，但他也是將燕地所隸屬的北方地區劃分三個地段——內蒙古中南部、遼西和遼東，他所排列的「中國考古學文化區繫年表」〔註95〕，具有獨到而重要的參考價值。

通過以上林林總總的論述，我們至少可以看出這樣一個事實：燕地確確實實有著悠久而燦爛的文化，其發展歷程是「其來有自」，絕非「橫空出世」；另外，其人文積澱是豐厚而又多元的，這也與燕國後來的歷史事實——民族雜糅、文化多元——相吻合。燕國被周王朝分封到該地後，在相當大程度上「合理吸納」了這筆豐厚而又多元的「文化遺產」，使燕地文化絢麗多姿而又有些班駁陸離。舉其犖犖而大者言，燕地文化的「組成因素」有以下三個：「其來有自」的土著文化、「源遠流長」的殷商文化和「中原外來」的姬燕文化〔註96〕。隨著後來文化交流的日漸推進和民族交往的日益深入，燕地這三支原本獨立的文化有了一定程度的融合，使燕地文化上陞爲中國文化的六大「區系」之一，即以長城地帶爲中心的北方地區〔註97〕。而蘇秉琦所說的六大區系，實際上就是六大「區域文化」。

〔註93〕 王大方：《內蒙古大山前遺址考古又有新發現》，《中國文物報》，1997年8月21日。

〔註94〕 見《北京建城3040年暨燕文明國際學術研討會會議專輯》，齊心主編，北京：北京燕山出版社，1997年，第42～43頁。

〔註95〕 蘇秉琦：《中國文明起源新探》，北京：三聯書店，1999年，第184～185頁。

〔註96〕 詳細參看本書第十二章《思想文化》和第十三章《社會生活》。

〔註97〕 蘇秉琦：《華人・龍的傳人・中國人——考古尋根記》，瀋陽：遼寧大學出版社，1994年，第239頁。

第四章　開國時期（西周－春秋）

　　從本章開始，本書將以整整四章的篇幅（第四、五、六、七章）重點論述燕國總計八百餘年的歷史（從西元前十一世紀中葉開國到西元前 222 年滅亡），行文的著重點是燕國的政治、軍事和外交。

一、召公其人

（一）姓氏家世

　　召公，名奭，姬姓，這應當是確鑿無疑的。但學術界曾經有人懷疑過召公的姓氏，或者認爲召公並非姬姓。早在東漢時期，高誘就認爲「燕姓姚」〔註1〕。比如童書業，因爲「北燕來歷迄今難考」，進而懷疑「北燕是否姬姓，今尙難懸斷」〔註2〕。而齊思和則徑直認定燕是「冒爲姬姓」，「後讀《漢書・地理志》，燕、吳故國皆在中原，始知其後來之燕、吳皆原本夷狄而冒爲姬姓者也」〔註3〕。燕乃召公之封國，懷疑燕國的姓氏，即是對召公姓氏的懷疑。

　　根據傳世典籍的記載，召公姬姓當無可置疑。《世本》卷三《王侯譜》說：「燕，召公奭初封，周同姓。」卷四《世家》說：「燕，姬姓，伯爵。」《史記・燕召公世家》說：「召公奭，與周同姓，姓姬氏。」《論衡・氣壽》云：「邵公，周公之兄也。」《風俗通義・皇霸・六國》曰：「燕召公奭，與周同姓。」《廣韻・先韻》云：「燕，國名，亦州。又姓，邵公奭封燕，爲秦所

〔註1〕 劉文典：《淮南鴻烈集解》，北京：中華書局，1989 年，第 212 頁。
〔註2〕 童書業：《春秋左傳研究》，上海：上海人民出版社，1980 年，第 243～245、365～366 頁。
〔註3〕 齊思和：《燕、吳非周封國說》，《燕京學報》第二十八期，1940 年 12 月。

滅。子孫以國爲氏。」顧炎武（1613～1682）雖然不承認召公與周的宗族關係，但並沒有否認召公姬姓之說，「黃帝姬姓，召蓋其後也」（《京東考古錄・考薊》）。

召公之所以名召，是因爲其封邑在召（今陝西省岐山縣西南）。《燕召公世家》的《集解》說：「譙周曰：『周之支族，食邑於召，謂之召公。』」《索隱》的說法與此大致相同，但又臚列了另外一種說法，「召者，畿內菜地。奭始食於召，故曰召公。或說者以爲文王受命，取岐周故墟周、召地分爵二公，故《詩》有《周》、《召》二《南》，言皆在岐山之陽，故言南也。」《燕召公世家》說周成王時，「自陝以西，召公主之；自陝以東，周公主之」。所謂「食邑於召」或「分陝而治」，當屬同一事，即召公的采邑在召。

召公雖爲姬姓，但恐非文王嫡子，與伯邑考、武王、周公等嫡系兄弟有別，當屬「庶出」，即文獻中所說的「支庶」、「支族」、「庶子」。《世本》（秦嘉謨輯補本）：「召氏，周文王子召公奭支庶。」《古史考》：「（召公）周之支族。」（《燕召公世家》《集解》引）《帝王世紀》：「邵公，爲文王之庶子。」《資治通鑒外紀》卷二：「召公奭、畢公高，周同姓，或云皆（姬）昌庶子。」劉節（1901～1972）認爲：「北燕和南燕是一個部族的分離，……北燕後來改作姬姓，是有很深的淵源的。燕召公與召穆公雖同爲召氏，可是召穆公是周人直接的系統，燕召公可不是直接的系統，是間接的系統。」〔註4〕他對召公爲姬姓一端加以懷疑雖不可從，但所述「間接的系統」一語卻不無可取之處——只是他的理解尙有偏差（對「召公爲文王庶子」一事置若罔聞）。

在甲骨卜辭中，曾經出現過作爲地名的「召」（《卜辭通纂》615、620，《殷契粹編》1124，《合集》33033、36677、36734）、「召方」（《合集》32815、33015、33016、33022、33023、33025 反、33026、33028、33058）；在小屯南地甲骨卜辭中，也出現過「召方」（《屯南》81、267、1099、1116、4317）；在殷墟花園莊東地甲骨中，也出現過作爲地名的「邵」（《花東》237、275、449），並且是被征伐的對象（「伐邵」）。在殷商金文中，也出現過「召」，如「在召大庭」（四祀邲其卣，《集成》5413）。鄭傑祥指出，「卜辭召方所在不能確指，據下述卜辭所記與召方相繫聯的方國、地名來看，它應當位於商王朝的北方」〔註5〕。鄭氏所云「下述卜辭」，即「召方」與「竹」見於同版卜辭，

〔註 4〕 劉節：《中國古代宗族移殖史論》，重慶：正中書局，1948 年。
〔註 5〕 鄭傑祥：《商代地理概論》，鄭州：中州古籍出版社，1994 年，第 329 頁。

「己亥卜：貞竹來以召方於大乙束」（《屯南》1116），「……卜：貞竹來□召方……烄於大乙」（《屯南》4317）。鄭氏據此推斷，「卜辭『竹來以召方』，即竹族與召方相協而來，可知召方與竹族相距不會太遠，召方可能在竹族以南」〔註6〕。

郭沫若（1892～1978）認爲，甲骨文中的「召」地在今山西垣曲縣東〔註7〕；白川靜（1910～2006）認爲，召族在商都之西（可能在山西南部黃河北岸），屬姬姓，在商末與商爲敵〔註8〕，後橫穿河南到達山東，又進入河北至遼寧地區〔註9〕。杜正勝據白川靜《召方考》推測，召族本是盤踞在今河南西部的姬姓別支，以召公爲族長，是殷末周人的東鄰〔註10〕；杜勇認爲，召族原居東方，且與殷人時有摩擦，是周人可以利用的一支重要的反殷力量（召公應即上述《卜辭通纂》620 卜辭所見召族的首領），在不堪忍受殷人壓迫的情況下，召公率領這支姬姓族人西向入周，與同宗首領文王結成了反殷同盟〔註11〕。孫慶偉持論與杜勇近似，認爲召公非文王之子，而是周人某支同姓部落的首領〔註12〕。顧棟高（1679～1759）《春秋大事表》云：「召穆公糾合宗族於成周，似爲周之近族。」任偉據此立論，「『周之近族』只能說明召公家族與周王室有血緣關係，並不能說明召公就是周文王的兒子」〔註13〕。

以上諸說，一個比一個走得更遠，推測的成分也越來越多，立論也越來越大膽。但就目前所掌握的材料而言，尚不能完全確定召地的具體所在，更不能完全坐實卜辭（以及金文）中的召即爲文獻中的召；遑論召公與卜辭（以

〔註6〕 鄭傑祥：《商代地理概論》，第330頁。
〔註7〕 郭沫若：《卜辭通纂》620，《郭沫若全集》考古編第二卷，北京：科學出版社，1983年。
〔註8〕〔日〕白川靜：《召方考》，《甲骨金文學論集》（節略本），京都：朋友書店，1970年。
〔註9〕〔日〕白川靜著，袁林譯：《西周史略》，西安：三秦出版社，1992年，第35頁。
〔註10〕杜正勝：《尚書中的周公》，《周代城邦》附錄，臺北：聯經出版事業公司，1979年。
〔註11〕杜勇：《〈尚書〉周初八誥研究》，北京：中國社會科學出版社，1998年，第129頁。
〔註12〕孫慶偉：《召公奭、燕國始封及相關史事的考察》，《國學研究》第九卷，北京：北京大學出版社，2002年。
〔註13〕任偉：《西周金文與召公身世之考證》，《鄭州大學學報》，2002年第5期。

及金文）中的召之關係，絕非審愼和科學的態度。因此，出於「多聞闕疑」的精神主旨，我僅取「召公爲文王庶子」一說〔註14〕。

（二）周初諸事

1. 克商－把鉞－贊采

召公是周文王和周武王時期的「楨幹之臣」，「當文王、武王受命，爲之楨幹之臣，以正天下」（《冊府元龜》卷三一〇）。周文王圖謀伐商之時，召公是直接參與者之一，「（文）王乃出圖商，至於鮮原，召邵公奭、畢公高」（《逸周書・和寤解》）。但周文王終究沒有完成克商大業，齎志而歿。

周武王即位後，以太公望爲師，周公旦爲輔，「召公、畢公之徒左右王，師修文王緒業」（《史記・周本紀》）。當時輔助周武王的大臣，一說有五人〔註15〕（《淮南子・道應訓》），一說有十人〔註16〕（《論語・泰伯》），但無論是哪一說，召公都是榜上有名。

牧野一戰，商人慘敗，紂王自殺，周武王遂一舉克商。隨後，周武王入商宮，「周公把大鉞，召公把小鉞，以夾武王」（《史記・魯周公世家》）。武王釁社時，「毛叔鄭奉明水，衛康公叔封布茲，召公奭贊采，師尙父牽牲」（《史記・周本紀》）。

2. 釋箕子之囚

《史記・殷本紀》說周武王在斬紂頭、殺妲己後，有「釋箕子囚，封比干墓，表商容閭」之舉，而據《周本紀》「互文」記載，主使「釋箕子囚」者即召公，「命召公釋箕子之囚」（另見《逸周書・克殷解》）。

3. 召公封燕

召公封燕之事，因頭緒繁多，兼之問題重大，此僅備目，以留待下文詳細論述。

〔註14〕陳平持論與筆者相同（《燕史紀事編年會按》上冊，北京：北京大學出版社，1995年，第95頁），但他沒有述及這一段學術「公案」。

〔註15〕《淮南子・道應訓》說「武王之佐五人」，高誘注以爲即太公、周公、召公、畢公、毛公；但《呂氏春秋》高誘注說是周公旦、召公奭、太公望、畢公高、蘇公忿生，與前說小異。

〔註16〕《論語・泰伯》「予有亂臣十人」句下馬融注云：「亂，治也。治官者十人，謂周公旦、召公奭、太公望、畢公、榮公、太顚、閎夭、散宜生、南宮适，其一人謂文母。」

4. 卓越政績

（1）輔佐成王

克商後二年，周武王身患重病，周公和召公都極為關心，「二公」〔註17〕相與而語，「我其為王穆卜」（《尚書·金縢》）。周武王病逝後，繼位的是年幼的成王，逐一時由「三公」負責輔佐成王，「太公為師，周公為傅，召公為太保」（《太平御覽》卷二〇六引《逸禮》），「茲惟三公，論道經邦，燮理陰陽」（《尚書·周官》）；而周初擔任太保一職的，只有召公一人〔註18〕。「三公」的分工具體如下，「保，保其身體；傅，傅之德義；師，道之教訓。此三公之職也」，而召公「常立於（王）右」（《新書·保傅》）。召公以長老、監護者的身份，對年少的成王不時諄諄教誨（《尚書·召誥》）；此即《禮記·文王世子》所云，「保也者，慎其身以輔翼之而歸諸道者也」。

（2）分陝而治

周成王時，召公又與周公旦分陝而治，「自陝以西，召公主之；自陝以東，周公主之」（《史記·燕召公世家》）。所謂「分陝而治」，實質上就是召公和周公分別以太保、太師之職分管宗周和成周的卿事僚〔註19〕。有的學者考證，當年召公的封地召邑可能就在今陝西省岐山縣城西南八里的劉家原，那裡舊名召亭村〔註20〕。

（3）協同平叛

周武王薨逝之後，因成王年少，「周公乃踐祚代成王攝行政當國」，管叔等隨即散佈流言，說「周公將不利於成王」，周公特意向太公望、召公奭等做了解釋，「我之所以弗辟而攝行政者，恐天下畔周，無以告我先王太王、王季、文王」。「三監」之亂發生後，周公乃奉成王之命率師東征（《史記·魯周公世家》）。周公平叛，召公與有力焉，「三叔及殷東徐奄及熊盈以略，周公、召公內弭父兄，外撫諸侯」（《逸周書·作雒解》），「召公為保，周公為師，東伐淮夷踐奄，遷其君薄姑」（《史記·周本紀》）。召公不僅以太保之職執政，還常奉命率軍出征。如大保簋云：「王伐彔子耴，叡氒（厥）反，王降征令（命）

〔註17〕《尚書·金縢》孔安國傳明言「二公」乃周公和召公，另據《史記·魯周公世家》記載，當時為周武王穆卜的就是周公和召公。
〔註18〕張亞初、劉雨：《西周金文官制研究》，北京：中華書局，1986年，第1頁。
〔註19〕楊寬：《西周史》，上海：上海人民出版社，1999年，第328頁。
〔註20〕龐懷靖：《跋太保玉戈——兼論召公奭的有關問題》，《考古與文物》，1986年第1期。

于大保。」（《三代》8.40.1，《集成》4140）再如旅鼎云：「隹（惟）公大保來伐反尸（夷）年，才（在）十又一月庚申，……」（《三代》4.16.2，《集成》2728）。由此可知，《周本紀》所記周公、召公「東伐淮夷」，確屬信史。另據太保玉戈銘文〔註21〕，召公還曾率軍南下江漢，「六月丙寅，王才（在）豐，令太保省南或（國），帥漢征殷南」（《陶齋古玉圖》84）。周宣王時嘗追述此事，「王命召虎，來旬來宣。文武受命，召公維翰」（《詩經·大雅·江漢》）。

周公攝政之時，召公曾經一度不悅周公；周公作《君奭》予以解釋（見《尚書》），「於是召公乃說」（《史記·燕召公世家》），二人遂鼎力輔佐周室。作為春秋時人的孔子，曾經多次稱道西周初年的業績，謂之為「周召之業」、「周召之迹」、「周召之治」〔註22〕。朱紹侯指出，它們「說明周初的業績是周公、召公共同創建的」，同時也說明「周公的成就都是與召公的鼎力協助分不開的」〔註23〕。

（4）營建洛邑

周成王欲宅洛邑，令「太保先周公相宅」；而在營建洛邑的過程中，召公出力甚多（《尚書·召誥》、《洛誥》），「成王在豐，使召公復營洛邑，如武王之意」（《史記·周本紀》）。在陝西岐山鳳雛村所出西周甲骨中，有「太保今二月往……」（H11：15）、「新邑」（H11：101）、「見工於洛」（H11：102）以及「□邑迺（乃）……用牲」（H11：42）、「卲」（H11：43）諸語〔註24〕，所言亦即召公營建洛邑之事。

（5）勤政愛民

召公在執政期間，一向勤政愛民，「召公之治西方，甚得兆民和。召公巡行鄉邑，有棠樹，決獄政事其下。自侯伯至庶人各得其所，無失職者。召公卒，而民人思召公之政，懷棠樹不敢伐，哥（歌）詠之，作《甘棠》之詩」（《史記·燕召公世家》）。《甘棠》之詩，見於《詩經·召南》。《詩》云：「蔽芾甘

〔註21〕 太保玉戈現藏美國華盛頓弗利爾博物館，相傳出土於陝西岐山縣西南。李學勤 1979 年在美國講學時嘗親見此戈，定其為成王時器（李學勤：《太保玉戈與江漢的開發》，《楚文化研究論集》第二集，武漢：湖北人民出版社，1991年）。

〔註22〕 分別見《史記·孔子世家》、《莊子·天運》、《禮記·樂記》。

〔註23〕 朱紹侯：《論「周召之業」與「周召之治」——兼談召公在周初的歷史地位》，《南都學壇》，2007 年第 3 期。

〔註24〕 曹瑋編著：《周原甲骨文》，北京：世界圖書出版公司北京公司，2002 年，第 15、73、73、35、36 頁。

棠，勿翦勿伐，召伯所茇。蔽芾甘棠，勿翦勿敗，召伯所憩。蔽芾甘棠，勿翦勿拜，召伯所說。」《詩序》明言：「《甘棠》，美召伯也。」後世因以「召棠」爲頌揚官吏政績的典實。如《藝文類聚》卷七七引南朝梁劉孝綽《棲隱寺碑銘》云：「召棠且思，羊碑猶泣。」

王應麟《詩地理考》卷一云：「《九域志》：召伯甘棠樹在陝州府署西南隅。」《括地志》云：「召伯廟在洛州壽安縣西北五里。」（《史記・燕召公世家》正義引）陝州，今河南陝縣。1995 年，民營企業家吳啓民爲「彰古賢以揚正氣，遏人欲以復天理」，慷慨斥資 3000 餘萬元，在原遺址上重建了甘棠苑（也稱召公祠），位於河南省三門峽市區陝州風景區內。2007 年，三門峽市紀委、監察局將其命名爲「三門峽市廉政教育基地」。又，中共三門峽市紀律檢查委員會、監察局等和中華民族文化促進會召公文化研究中心聯合主辦過「召公杯」全國廉政詩詞楹聯大獎賽。另，今陝西省寶雞市岐山縣境內的劉家原村有召公祠，祠內有甘棠樹及慈禧太后題、光緒皇帝御賜的「甘棠遺愛」匾額一塊。無論如何，這都是對召公廉政爲公、勤政爲民的紀念。

（6）輔弼康王

成王臨終之時，召見召公、芮伯、畢公等大臣授以遺命；嗣後，太子釗即位，是爲康王。康王即位行典禮，由召公和畢公主持，並帶同大臣和東西方諸侯參與（《史記・周本紀》）。《尚書》的《顧命》和《康王之誥》，敍述了康王即位時的典禮。康王時期，召公爲元老級重臣，「命冢宰召康公總百官、諸侯，朝於豐宮」（《今本竹書紀年》）。

召公奭是中國歷史上有名的長壽人物，或謂召公「出入百有餘歲」（《論衡・氣壽》），甚至享年一百八十（《論衡・氣壽》引傳文），又說享年一百九十餘（《風俗通義・皇霸・六國》）；這自然不可盡信，但召公之長壽卻是歷史事實，故後世遂以「若召公壽」（者減鍾）、「壽若邵（召）公」（如《孟子・盡心上》趙岐注）指代長壽。召公奭卒於周康王二十四年（《今本竹書紀年》），其時年約一百二十〔註 25〕。

《三輔黃圖》說召公與文王、武王、周公同葬於「陌南北」，而據《逸周書・作雒解》記載，武王葬於畢。因此，召公之墓也當在畢，即同在今陝西咸陽市以北的畢原之上〔註 26〕。

〔註 25〕陳平：《燕國風雲八百年》，北京：北京出版社，2000 年，第 21、35 頁。
〔註 26〕陳平：《燕史紀事編年會按》上冊，第 142～143 頁。據陳平透露，這是其師

（7）為邢國選址

1991 年，在河北省邢臺市區西北部的南小汪遺址出土了一片刻辭卜骨（A區 H75），「卟曰已四白駓騭（騭）陟其事」（「召公卜曰：『進行祭祀；將四匹最漂亮最高貴的母馬進獻給王使』」）〔註 27〕。曹定雲指出，這是西周早期邢國的重要歷史記錄，獻馬者應是邢國國君；「卟」是「召」、「卜」二字合文，「卟」就是召公奭所卜；該卜辭應與召公受周公之托，為邢國受封選址，進行占卜相宅有關（可能是召公與王使一道代表成王傳旨下達，最後由召公選址，並遣使回告成王）〔註 28〕。

總體而觀，召公是西周王朝初期極其傑出的政治家、極其重要的輔弼大臣，其事功、地位與影響堪與周公相媲美。歷史而言，隨著西周王朝的江河日下，尤其是西周末季的日薄西山，世人愈發緬懷召公。周幽王時，小人佞臣當道，天災人禍頻仍；詩人憂心如焚，希望周幽王翻然改圖，擢用舊人，於是無限感慨地吟誦道：「昔先王受命，有如召公，日辟國百里，今也日蹙國百里。於乎哀哉！維今之人，不尚其舊。」（《詩經‧大雅‧召旻》）感悟斯言，何其沉痛也！

二、周人封燕

「北燕」，亦即後來成為「戰國七雄」之一的（姬姓）「燕國」，是周王朝在北方地區最重要的一個封國。

（一）姓氏

關於燕的姓氏，前人和今人曾經有過截然不同的看法。其中最大的一個問題就是：燕究竟是不是姬姓呢？

在郭沫若主編的《中國史稿》裏，吸收的仍然是郭沫若在《中國古代社會研究》中所表達的看法，認為燕國是一個（早就已經存在的）自然生長的國家，與周只是或通婚或通盟而已〔註 29〕（侯仁之後來也持相同看法〔註 30〕）。

張政烺的說法。
〔註 27〕河北省文物研究所、邢臺市文物管理處：《邢臺南小汪周代遺址西周遺存的發掘》，《文物春秋》，1992 年增刊；河北省文物研究所、邢臺市文物管理處：《河北邢臺南小汪周代遺址發掘簡報》，《文物》，2012 年第 1 期。說明：第七字，原隸定作「騭」，後隸定作「騭」。
〔註 28〕曹定云：《河北邢臺市出土西周卜辭與邢國受封選址——召公奭參政占卜考》，《考古》，2003 年第 1 期。
〔註 29〕郭沫若：《中國古代社會研究》，北京：人民出版社，1954 年，第 293～294 頁。

在上世紀九十年代出版的由白壽彝任總主編的《中國通史》裏，看法雖有所改變，但仍然認為燕「可能在殷商時期就是一個諸侯國家」，「而燕民或為殷民的一分支」，「周封召公於此，可能就是征服了殷商時代的燕而後建立了周的燕國的」，「周代的燕是在殷代燕故國的舊址上建立起來的」〔註31〕。童書業甚至說，「我們姑且立一假定，燕本姞姓之國，至春秋後期，因僻居北荒。故冒為周之宗親，以預中原之盟會」，至於「召公是否姬姓，亦甚可疑」〔註32〕。言下之意，燕國應當不是姬姓。

他們之所以持此論調，問題的癥結之一就是他們沒有徹底弄清楚燕地的民族關係（如姬姓燕人與子姓商人和土著居民的關係）；另外，他們也沒有梳理清楚「燕」與「燕亳」的關係。這兩個問題，後文將專門論及。

北燕姬姓，當是確鑿無疑的，這可由以下幾點得到證實。《世本》說，「燕，召公奭初封，周同姓」（卷三《王侯譜》），「燕，姬姓，伯爵」（卷四《世家》）。《逸周書·祭公解》：「王曰：嗚呼！公，朕皇祖文王、烈祖武王，度下國，作陳周，……我亦維有若文祖周公，暨列祖召公。」《左傳》昭公七年：「燕人歸燕姬。」《左傳》哀公五年：「齊燕姬生子。」服虔云：「燕姬，齊景公嫡夫人，昭七年燕人所歸。」所以，司馬遷在《史記·燕召公世家》中明確記載：「召公奭，與周同姓，姓姬氏。周武王之滅紂，封召公於北燕。」

（二）始封君

西周王朝當時所封的確實就是召公。這已被出土的太保罍（克罍）、太保方盉（克盉）銘文所證實〔註33〕，「王曰：太保！隹（唯）乃明乃鬯，享於乃辟。余大對乃享，令（命）克侯於匽（燕），……克宦（宅）匽（燕），入（納）土眾厥又（有）嗣（司）」〔註34〕。而出土於河北平山的中山王方壺

〔註30〕　侯仁之：《關於古代北京的幾個問題》，《歷史地理學的理論與實踐》，上海：上海人民出版社，1984 年第二版，第 142～143 頁。

〔註31〕　白壽彝總主編，徐喜辰、斯維至、楊釗主編：《中國通史》第三卷《上古時代》，上海：上海人民出版社，1994 年，第 921～922 頁。

〔註32〕　童書業：《古燕國辨》，《中國古代地理考證論文集》，北京：中華書局，1962年。

〔註33〕　中國社會科學院考古研究所、北京市文物研究所琉璃河考古隊：《北京琉璃河1193 號大墓發掘簡報》，《考古》，1990 年第 1 期。

〔註34〕　中國社會科學院考古研究所、北京市文物研究所琉璃河考古工作隊：《北京琉璃河 1193 號大墓發掘簡報》，《考古》，1990 年第 1 期。按：克盉、克罍後收錄於劉雨、盧岩編著：《近出殷周金文集錄》第三冊，北京：中華書局，2002

（戰國晚期），也是一個不可移易的力證，銘文說：「郾（燕）君子噲，不分大宜（義），不告者（諸）侯，而臣宗（主）易立（位），以內絕邵（召）公之業，乏（廢）其先王之祭祀。」（《集成》2735.2b）〔註35〕所以，召公封燕一說不容置疑。

與魯國一樣，燕國也是「以元子就封」。鄭玄《詩譜・周南・召南譜》：「周公封魯，死諡曰文公；召公封燕，死諡曰康公。元子世之，其次子亦世守埰地，在王宮。」《史記・燕召公世家》索隱：「（燕）亦以元子就封，而次子留周室，代爲召公。」因此，召公的元子就是第一代燕侯。但這個元子究竟是誰呢？

唐蘭（1901～1979）認爲，第一代燕侯應該是召伯父辛。周人的「立統」原則是嫡長子繼承制，大兒子稱伯，如周文王的大兒子稱伯邑考，周公的大兒子稱伯禽；而在燕國，召公長子封燕，次子襲召公，其長子就是召伯父辛〔註36〕。憲鼎說：「隹（唯）九月既生霸辛酉，才（在）匽（燕）。侯易（錫）憲（憲）貝、金，揚侯休，用乍（作）召白（伯）父辛寶障彝。」（《集成》2749）這裡的「侯」，就是燕侯，且與𩵦爵（《集成》9089）、白憲盉（《集成》9430）相同的是，都稱燕侯作「召白（伯）父辛」，可見他們都是召伯父辛之子〔註37〕。但是，唐蘭在撰稿之時，北京的太保罍（克罍）、太保方盉（克盉）尚未出土，自然不知道這兩件銅器的銘文中有「王曰：太保！隹（唯）乃明乃鬯，享於乃辟。余大對乃享，令（命）克侯於匽（燕）……。克宅匽」諸語。根據有關研究，這裡的「克」，就是第一代燕侯召伯父辛〔註38〕。另外，也有人認爲第一代燕侯是旨〔註39〕，或說克與旨分別爲一人

年，第416、466頁，編號分別爲942、987。説明：銘文「宅」字從方述鑫釋（《太保罍、盉銘文考釋》，《考古與文物》，1992年第6期）。

〔註35〕 按：「分」字釋文從李學勤、李零之説，詳見《平山三器與中山國史若干問題》，《考古學報》，1979年第2期。

〔註36〕 唐蘭：《西周青銅器銘文分代史徵》，北京：中華書局，1986年，第99～100頁。

〔註37〕 唐蘭：《西周青銅器銘文分代史徵》，第146～148頁。

〔註38〕 李學勤：《克罍克盉的幾個問題》，《走出疑古時代》，瀋陽：遼寧大學出版社，1994年，第159～162頁；李仲操：《燕侯克罍盉銘文簡釋》，《考古與文物》，1997年第1期。張亞初認爲，「克」不是人名（《太保罍、盉銘文的再探討》，《考古》，1993第1期）。但是，「克」作人名在此處文從字順，無須節外生枝。

〔註39〕 陳夢家：《西周銅器斷代（三）》，《考古學報》，1956年第1期。另外，唐蘭認

的名與字〔註40〕。但這一則與太保罍（克罍）、太保方盉（克盉）所言不合，旨實際上是第二代燕侯；二則克與旨本身缺乏字義上的聯繫，不太符合周人取名命字的總體習慣。至於克和旨的關係，或以爲屬於兄弟，「克當是元子，與旨亦是兄弟。克爲第一代燕侯，旨可能是作爲克弟隨同克至燕依附於此燕後家族，後繼任爲第二代燕侯」〔註41〕。所以，基本上可以肯定，燕國的第一世燕侯就是克，而第二世燕侯就是旨。

召公雖未就封於燕，但對封燕一事卻頗爲重視，並且親自前往燕國。周初銅器小臣攎鼎銘文中有「召公□匽」一語（《錄遺》85、《集成》2556），第三字不易識別，或釋「往」〔註42〕，或釋「饋」〔註43〕，或釋「墾」〔註44〕，或釋「建」〔註45〕。無論釋作何字，均透露出召公對燕建國的重視。個中利害，裘錫圭一語點明，「周代初年封北燕時，雖然實際上由召公的元子去當燕侯，但是在初封之際，（召公）確曾親自蒞燕，安排建國大事」〔註46〕。最近，曹定雲結合北京琉璃河西周燕國都城遺址灰坑（96LG11H108）出土的有字卜甲（上有「成周」、「用貞」諸字）進行研究，所得出的結論是：召公曾至燕都〔註47〕。

（三）分封時間

至於封燕的時間，舊說以爲就在周武王克商的當年（「夏商周斷代工程」

爲旨是第二代燕侯（《西周青銅器銘文分代史徵》，第96頁），但不以克爲第一代燕侯，這已是另外一個話題。

〔註40〕 李學勤有此說（《考古》編輯部：《北京琉璃河出土西周有銘銅器座談紀要》，《考古》，1989年第10期）。

〔註41〕 朱鳳瀚：《房山琉璃河出土之克器與西周早期的召公家族》，《遠望集——陝西省考古研究所華誕四十週年紀念文集》，西安：陝西人民美術出版社，1998年，第307頁。

〔註42〕 陳夢家：《西周銅器斷代（二）》，《考古學報》第十冊，1955年，第94頁；陳夢家：《西周銅器斷代》，北京：中華書局，2004年，第43頁。說明：陳夢家依據字體、文例判斷，將此銅器推定爲成王時器。

〔註43〕 唐蘭：《西周青銅器銘文分代史徵》，北京：中華書局，1986年，第58、94～96頁。

〔註44〕 于省吾：《從甲骨文看商代的農田墾殖》，《考古》，1972年第4期。

〔註45〕 裘錫圭：《釋建》，《古文字研究》第十七輯，北京：中華書局，1989年，第206頁。此文後收入其《古文字論集》，北京：中華書局，1992年。

〔註46〕 裘錫圭：《釋建》，同上。

〔註47〕 曹定雲：《北京琉璃河出土的西周卜甲與召公卜「成周」——召公曾來燕都考》，《文物》，2008年第6期。

將這一年定爲西元前 1046 年，具有很大的參考價值〔註48〕）。根據《史記‧周本紀》記載，周武王滅紂後，隨即於當年實行大分封，「封尙父於營丘，……封弟周公旦於曲阜，……封召公奭於燕」，接下來才說，「武王已克殷，後二年，問箕子殷所以亡」。在《通志》卷四十九中，鄭樵（1103～1162）給這次大分封推定了具體的時間，「武王已平商亂，罷兵西歸。四月庚戌，柴，望，大告武成，薦俘馘於太廟，封諸侯，……於是封功臣謀士。以師尙父爲首封，……封弟周公旦於曲阜，……（封）召公奭於燕」。鄭樵的這段文字，是以僞古文《尙書》的《武成》篇爲藍本、輔之以《周本紀》加以演繹的。《武成》篇不在今文《尙書》的二十九篇中，而在東晉梅賾所獻孔安國傳古文《尙書》中；前人往往疑以爲僞作，但目前仍然難以斷言《武成》篇全爲僞作（李學勤、李零等即持此論調）。因此，陳平認爲，「其書亦必有據，其事亦大體可信」，所以他將召公封燕的時間定在武王伐紂同年稍後的四月〔註49〕。

　　但《周本紀》的記載有容置疑之處，即武王封燕（包括封魯）之說不能成立，更不能成爲定論。就當時的政治局勢而言，「小邦周」在革了「大邑商」之命後，天下大勢於周而言仍岌岌可危，這從《尙書》可以得到充分印證；今北京一帶周人尙鞭長莫及，武王不可能將此地分封給燕國。最爲保守的估計，只能說當時武王有封燕的決策或設想，但不可能具體付諸實施。直到周公東征、平定三監之亂後，周人才有可能將今北京分封給燕國、今曲阜分封給魯國〔註50〕。克罍、克盉中的「王」應爲成王而非武王，琉璃河 1193 號大墓的年代爲成王之世（上限不得早於成王、下限也不會晚於康王〔註51〕）——琉璃河遺址所出甲骨卜辭「成周」（G11H108 ①：4）和「成周」戈（M1193：48）便是明證。因此，基本上可以確定：燕國受封的時間是在成王初年（或以爲大約在西元前 1042 年後〔註52〕），而不是在武王克商之年。

〔註48〕夏商周斷代工程專家組編著：《夏商周斷代工程 1996～2000 年階段成果報告‧簡本》，北京：世界圖書出版公司北京公司，2000 年，第 38～49 頁。

〔註49〕陳平：《燕史紀事編年會按》（上冊），北京：北京大學出版社，1995 年，第 113～115 頁。

〔註50〕〔清〕崔述撰著，顧頡剛編訂：《豐鎬考信別錄》卷二，《崔東壁遺書》，上海：上海古籍出版社，1983 年，第 343 頁上欄。杜勇：《關於魯、燕、齊始封年代的考察》，《大陸雜誌》第 97 卷第 3 期，1998 年 9 月。

〔註51〕中國社會科學院考古研究所、北京市文物研究所琉璃河考古工作隊：《北京琉璃河 1193 號大墓發掘簡報》，《考古》，1990 年第 1 期。

〔註52〕保定歷史文化叢書編輯委員會編：《燕文化》，北京：方志出版社，2005 年，

（四）燕都所在地

關於周初燕都的所在，學術曾經有過較爲激烈的爭論，「徙封說」一度佔據上風。或以爲燕最初被封在山西境內，以後才到今河北北部〔註53〕；或以爲召公初封在河南郾城，薊丘則是遷封以後的燕都〔註54〕；或以爲召公初封河南郾城，再遷山西汾水流域，之後才東遷至薊〔註55〕。但是，隨著研究的深入和出土材料的發現，此說已不足爲據。

西周初年的燕都，《史記》的《周本紀》和《燕召公世家》都說在「燕」。學者們一般認爲，這個「燕」就在今天的北京〔註56〕。可它的確切地點在哪裏呢？

《史記·周本紀》正義引徐才《宗國都城記》說「周武王封召公奭於燕，地在燕山之野」，所指地點範圍太大，且語焉不詳。《燕召公世家》索隱的說法要具體一些，「後武王封之北燕，在今幽州薊縣故城是也」，即在今北京市。但在北京市的哪兒，就沒有確切說明了。

直到建國以後，這一問題才最終得到了解決。從 1962 年開始，考古工作者在北京市房山縣琉璃河一帶發現了早期燕侯的墓地，並出土了帶有「匽侯」銘文的青銅器（如復尊、復鼎、堇鼎、伯矩鬲等），從而爲確定琉璃河遺址就是燕國始封地提供了有力的證據；所以，更確切地說，周初的燕都就是今北京市房山區琉璃河的董家林古城〔註57〕。這一認識，已經得到學術界較爲普

第 305 頁。說明：對照夏商周斷代工程所開列的《夏商週年表》，西元前 1042 年即周成王元年。（夏商周斷代工程專家組編著：《夏商周斷代工程 1996～2000 年階段成果報告·簡本》，北京：世界圖書出版公司北京公司，2000 年，第 88 頁。）

〔註53〕童書業：《古燕國辨》，《中國古代地理考證論文集》，北京：中華書局，1962 年。

〔註54〕斯傅年：《大東小東說》，《中央研究院歷史語言研究所集刊》第 2 本第 1 分冊，1930 年；陳槃：《春秋大事表列國爵姓及存滅表譔異》（三訂本），上海：上海古籍出版社，2009 年，第 120 頁。

〔註55〕顧頡剛：《燕國曾遷汾水流域考》，《責善半月刊》第 1 卷第 5 期，1940 年 5 月。

〔註56〕晏琬（李學勤）：《北京、遼寧出土銅器與周初的燕》，《考古》，1975 年第 5 期。

〔註57〕北京市文物工作隊：《北京房山縣考古調查簡報》，《考古》，1963 年第 3 期；郭仁、田敬東：《琉璃河商周遺址爲周初燕都說》，《北京史論文集》第一輯，1980 年；北京市文物研究所：《琉璃河西周燕國墓地》（1973～1977），北京：文物出版社，1995 年，第 250 頁；陳平：《燕史紀事編年會按》（上冊），第 128 頁；劉緒、趙福生：《琉璃河遺址西周燕文化的新認識》，《文物》，1997

遍的認同。

（五）「燕」與「燕亳」

但是，在此還有必要澄清另外一個問題，即文獻中的「燕」與「燕亳」的關係。

《左傳》昭公九年：「及武王克商，肅慎、燕亳，吾北土也。」杜預（222～284）《春秋左傳集解》、江永（1681～1762）《春秋地理考實》、楊伯峻（1909～1992）《春秋左傳注》等都將「燕亳」從中點斷，認爲這是兩個地名。如楊伯峻認爲，「燕」是北燕，都於今北京市；「亳」亦爲地名，「蓋殷商都亳，而都城屢徙，亳名不變」。但他有一點想不通的是，「如今河南商丘東南之南亳、偃師之西亳、商丘縣北之北亳，皆不足爲『北土』之亳」〔註58〕。令人奇怪的是，不知是出於什麼原因，楊伯峻在這裡竟然沒有吸收王國維的研究成果。在《北伯鼎跋》中，王國維根據河北淶水縣出土的北伯鼎數種，認爲「北蓋古之邶國」，而「邶即燕」，且「邶遠在殷北」〔註59〕。金景芳（1902～2001）據此認爲，「邶或燕也是商的舊都無疑了」，而「燕亳之稱，就是其地曾爲商都的證據」，「契居之亳當與燕亳之亳爲一地」〔註60〕。行文至此，問題似乎已經得到了解決，但僅僅是「似乎」而已。常徵認爲，召公「北燕」之「北」爲「亳」字的通假，而亳（北）族爲殷人同宗；召公北征，此國歸附，故據其北邑以爲臨時指揮中心，是以謂之「北燕」〔註61〕。常徵走得實在是太遠了，且結論大膽有餘而嚴謹不足。再後來，陳平出來圓融以上諸說。他說，「我們完全有理由相信：燕國即北燕國與其都城『燕亳』，在周武王封召公於北燕之前早就存在了」，並且明確指出，召公最初就封的燕都不是別處，就是「燕亳」，也就是北京房山琉璃河商周遺址董家林的那座商末周初古城〔註62〕；而西周初年的燕都就叫作「燕邑」（以邑名爲國名），並且這個

年第4期；琉璃河考古隊：《琉璃河遺址1996年度發掘簡報》，《文物》，1997年第6期。

〔註58〕楊伯峻：《春秋左傳注》（修訂本），北京：中華書局，1990年，第1307頁。

〔註59〕王國維：《北伯鼎跋》，《觀堂集林》卷十八，中華書局，1959年，第884～886頁。

〔註60〕金景芳：《中國奴隸社會史》，上海：上海人民出版社，1983年，第53～54頁。

〔註61〕常徵：《辨薊丘》，《中國古都研究》，杭州：浙江人民出版社，1985年，第28頁。

〔註62〕陳平：《燕史紀事編年會按》（上冊），第62頁。

「燕邑」也就是《左傳》昭公九年詹桓伯所說「肅愼、燕亳，吾北土也」的「燕亳」。蓋「亳」即是都，即是邑。商人稱「亳」，則爲「燕亳」；周人稱邑，則爲「燕邑」〔註63〕。

從上引數語可以看出，王國維和金景芳都已注意到這樣一個事實，即燕都境內的居民並不單一，除了姬姓燕人外，還有子姓商人，並且子姓商人是先於姬姓燕人來到這裡的。按照王國維的判斷，「蓋商之文化，時已沾溉北土矣」〔註64〕。應當說，常徵和陳平之說是最接近歷史事實的，但都未能盡善盡美，因爲他們都沒有充分利用考古發現，也沒有充分吸收考古學的研究成果。

地處北京市房山區琉璃河的「燕亳」，確實是殷人的活動地域之一，並且早在西周初年武王分封召公於燕之前，他們就已在此居住〔註65〕；而殷人在此建立都邑〔註66〕，也是順理成章的事（應當就叫「燕亳」），並且可以肯定這樣一個事實，燕國建都於此，應當利用了殷人原先就已建立的都邑，即在「燕亳」的基礎上建都。

1977年，在平谷縣劉家河村發現了一座屬於商代中期的墓葬，墓葬中出土的陶器多爲儲器和食器，說明當時已經過著農業定居生活〔註67〕。1978年，在緊靠京保公路的劉李店東第二生產隊場院與董家林村之間的一塊臺地上，發現了一處已被破壞的遺迹（78H1）；遺迹的年代上限可到商代中晚期，

〔註63〕陳平：《燕史紀事編年會按》（上冊），第121頁。

〔註64〕王國維：《商三句兵跋》，《觀堂集林》卷十五，見謝維揚、房鑫亮主編：《王國維全集》第八卷，杭州‧廣州：浙江教育出版社‧廣東教育出版社，2009年，第448頁。筆者按：商三句兵後爲《殷周金文集成》所著錄，編號爲11392、11401、11403。

〔註65〕金景芳主張商文化起源於北方（《中國奴隸社會史》，第51～54頁；《商文化起源於我國北方》，《中華文史論叢》第7輯），此說後爲黃中業、干志耿等繼承和發展（《從考古發現看商文化起源於我國北方》，《北方文物》，1990年第1期；《商先起源於幽燕說》，《歷史研究》，1985年第5期）。從人種學的角度而言，這是有一定道理的。潘其風認爲，如果殷墟中小型墓組確可代表殷商王室的種族類型，則商族的祖先很可能與北方地區的古代居民有更多的關聯（《我國青銅時代居民人種類型的分佈和演變趨勢──兼論夏商周三族的起源》，《慶祝蘇秉琦考古五十五年論文集》，北京：文物出版社，1989年）。

〔註66〕吳榮曾：《周代鄰近於燕的子姓邦國》，《先秦兩漢史研究》，北京：中華書局，1995年。

〔註67〕北京市文物管理處：《北京市平谷縣發現商代墓葬》，《文物》，1977年第11期。

下限可到西周中期或更晚，早於董家林，並有疊壓延續關係，「應是一座以商代遺物爲主的灰坑」，「證實商朝在北方燕國地區已有活動範圍」，從而「爲研究琉璃河遺址燕國都城的始建年代等問題增添了新材料」〔註 68〕。而琉璃河遺址有一個非常突出的特點，即墓地分爲南北兩區。南區位於京廣線東側（Ⅱ區），研究者一致認爲屬姬燕墓地（西周早期燕侯墓地）；北區位於京廣線西側（Ⅰ區），設有腰坑，並有殉狗現象，應爲殷遺民墓地。根據研究，琉璃河遺址的廢止年代當在周早中期之交或稍晚〔註 69〕。通過對琉璃河墓葬等級劃分，可知周人是這裡的最高統治者，商人是周人建立燕國的最爲重要的成員（部分商人等級身份較高）〔註 70〕。

陳平說，商人稱「亳」，則爲「燕亳」；周人稱邑，則爲「燕邑」。此說也未必盡然。江蘇盱眙南窯莊所出戰國時的陳璋圓壺銘文說，「佳王五年，奠（鄭）易（陽）陳得再立事歲，孟冬戊啓（辰），大（齊）臧戈孔（游），陳璋內（入）伐匽（燕）亳邦之隻（獲）」〔註 71〕。李學勤、陳平等將此事考定在齊宣王五年、燕王噲六年（西元前 315 年）〔註 72〕；但他卻無法解釋爲什麼這裡稱作「燕亳邦」而不是「燕邑邦」。

（六）「匽」、「郾」與「燕」

學者們很早就注意到這樣一個事實〔註 73〕：燕國之「燕」，在出土的周代金文裏均作「匽」或「郾」，而後世文獻卻通作「燕」。爲什麼會出現這樣的差異呢？

〔註 68〕 北京市文物研究所：《北京房山琉璃河遺址發現的商代遺迹》，《文物》，1997年第 4 期。

〔註 69〕 劉緒、趙福生：《琉璃河遺址西周燕文化的新認識》，《文物》，1997 年第 4 期。

〔註 70〕 陳光：《西周燕國文化初論》，《中國考古學的跨世紀反思》，香港：商務印書館有限公司（香港），1999 年。

〔註 71〕 陳璋圓壺，見《集成》9975。銘文的釋讀，參考了以下諸文：(1)周曉陸：《盱眙所出重金絡罍·陳璋圓壺讀考》，《考古》，1988 年第 3 期。(2)李學勤、祝敏申：《盱眙壺銘與齊破燕年代》，《文物春秋》，1989 年創刊號。(3)董珊：《戰國題銘與工官制度》，北京大學博士學位論文，2002 年。

〔註 72〕 李學勤、祝敏申：《盱眙壺銘與齊破燕年代》，《文物春秋》，1989 年創刊號；陳平：《燕史紀事編年會按》（上冊），第 357～365 頁。

〔註 73〕 郭沫若《兩周金文辭大系圖錄考釋·匽侯旨鼎》：「凡北燕之『燕』，金文作『匽』若『郾』，無作『燕』者。」容庚《金文編》卷十二：「匽，經典通作燕。匽，召伯所封國。」楊樹達《積微居金文說·郾侯庫簋跋》：「燕國之『燕』，金文皆作『郾』。兵器有郾王喜矛，即燕王喜也。」

　　對於這一問題，陳夢家（1911～1966）曾經做過探索，「秦、漢之際，不知何故凡偃國一律改為燕。朱駿聲《說文通訓定聲》嬴下云『《鄭語》嬴，伯翳之後也。伯翳子皋陶偃姓，蓋以偃為之，偃嬴一聲之轉。』如其說可立，則偃之改燕當在秦滅燕以後，以偃為秦姓，所以改去之」〔註74〕。朱駿聲（1788～1858）的說法以及陳夢家的推測，若僅從秦系文字系統及傳統的避諱角度考慮，應當說在一定程度上是站得住腳的。茲補充三證。《左傳》襄公二十九年：「齊人立敬仲之曾孫酀。」《正義》：「酀即後所云高偃是也。蓋酀、偃聲近而字為二耳。董遇注此亦作偃。」在睡虎地秦簡中（年代為秦朝建立以前），出現的就是「匽」或「郾」〔註75〕；在青川木牘中（年代為戰國之時的秦武王二年，即西元前309年），出現的也是「匽」（內史匽）〔註76〕。

　　但根據鄙人的一孔陋見，該說卻要遇到一定挑戰，即它無法合理而圓滿地解釋阜陽漢簡《詩經》中的「匽匽」問題。在阜陽漢簡《詩經》（漢簡的下限不晚於漢文帝十五年〔註77〕）中，「燕燕」二字均作「匽匽」〔註78〕。阜陽漢簡《詩經》，不屬於魯、齊、韓、毛四家，可能就是未被《漢書‧藝文志》著錄而流傳於民間的另外一家〔註79〕，也許就是「楚國流傳下來的另一種本子」〔註80〕。總之，阜陽漢簡《詩經》既不屬於秦系文字系統，也不存在避諱問題。看來，要解釋燕國之「匽」或「郾」何以在秦、漢之際改稱「燕國」，還需另闢蹊徑。

　　民族學上的「自稱」和「他稱」一說，在解釋該問題時，是一個非常值得注意的理論。按照該理論的界說，舉凡一個民族（國家）的稱謂，往往都

〔註74〕陳夢家：《西周青銅器斷代》（二），《考古學報》第十冊，1955年，第102～103頁。

〔註75〕睡虎地秦墓竹簡整理小組：《睡虎地秦墓竹簡》，北京：文物出版社，1978年。

〔註76〕四川省博物館、青川縣文化館：《青川縣出土秦更修田律木牘——四川青川縣戰國墓發掘簡報》，《文物》，1982年第1期。

〔註77〕安徽省文物工作隊等：《阜陽雙古堆西漢汝陰侯墓發掘簡報》，《文物》，1978年第8期。

〔註78〕文物局古文獻研究室、安徽省阜陽地區博物館阜陽漢簡整理組：《阜陽漢簡簡介》，《文物》，1983年第2期；同前：《阜陽漢簡〈詩經〉》，《文物》，1984年第8期。

〔註79〕胡平生、韓自強：《阜陽漢簡〈詩〉簡論》，《文物》，1984年第8期。

〔註80〕李學勤：《馬王堆帛書與楚文化的流傳》，《楚文化新探》，武漢：湖北人民出版社，1981年。

是先有「自稱」，之後才有「他稱」。先秦之時，有些民族（國家）的稱謂情形即屬於此。如南方的楚國，因原來建國於荊山一帶，故名「荊國」（自稱）。《春秋》莊公十年：「荊敗蔡師於莘。」杜預注：「荊，楚本號，後改爲楚。」再反觀北方的「燕國」，其稱謂情形應亦復如是。所以在出土的周代金文裏，燕國之「燕」均自名作「匽」或「郾」，而後世文獻（他國文獻）則通作「燕」。追根究底，周代金文之所以作「匽」或「郾」，當是繼承甲骨文「妟」字寫法的結果。在卜辭中，有「妟來」、「婦妟」等語；這個名叫「妟」的方國，與商人有著頗爲密切的關係〔註81〕。後來周人分封燕國，便入鄉隨俗地繼承了這一稱謂、沿襲了這一寫法。

由此可見，「燕國」本來應當自稱「匽國」或「郾國」，大概到秦、漢之際才改稱「燕國」（他稱）。

（七）分封燕國的意義

分封燕國的重要意義，實在是無須多說。周人以「小邦周」革「大邑商」之命後，如何統治商朝廣大的地區，就嚴峻地擺在新生的周王朝面前。除了「褒封」先聖王之後以及分封殷遺外，就是分封「功臣謀士」以及周之宗親（《史記・周本紀》）。

就地理位置而言，燕地「左環滄海，右擁太行，北枕居庸，南襟河濟，形勝甲於天下」（《宸垣識略》卷一《形勝》），素有「天府之國」的美譽（《日下舊聞考》卷一《世紀》）。而燕國國都所在地的北京，其軍事戰略地位之重要，更是不可須臾忽視。顧祖禹（1631～1692）說，順天府（今北京地區）「關山險峻，川澤流通，據天下之脊，控華夏之防，鉅勢強形，號稱天府」，並引金梁襄語予以說明，「燕都地處雄要，北倚山險，南壓區夏，若坐堂皇而俯視庭宇也」，又引木華黎語進一步論證，「幽燕之地，龍蟠虎踞，形勢雄偉，南控江淮，北連朔漠，駐蹕之所，非燕不可」（《讀史方輿紀要》卷十一《直隸二》）。總之，燕地和燕都不但是由東北進入中原的門戶（反之亦然），而且還可與齊、魯、晉等地在軍事上遙相呼應，互爲犄角。

如此重要的戰略據點，周王朝自然不能等閒視之，所以分封的是像召公這樣舉足輕重的人物。燕國，也就成爲了替周王朝扼守北方邊境的一個重要的諸侯國，是周朝北土的一道屏藩（「以藩屏周」），使燕、亳、肅愼成爲周王

〔註81〕董作賓：《帚矛說——骨白刻辭研究》，《安陽發掘報告》第四冊，1933年。

朝的「北土」，「及武王克商，……肅慎、燕、亳，吾北土也」（《左傳》昭公九年）。

（八）早期世系

關於燕國的早期世系，除了根據出土銘文復原的第一代燕侯克、第二代燕侯旨外〔註82〕，其他的五世燕侯實在只好「付諸闕如」〔註83〕。世系尚且不明，遑論事迹，自非可能。在《史記・燕召公世家》中，司馬遷也只能略記一句，「自召公已下九世至惠侯」，而「燕惠侯當周厲王奔彘，共和之時」；另據《十二諸侯年表》，「共和元年」正當燕惠侯二十四年。也就是說，從西元前十一世紀中期到西元前 841 年，在前後約二百年的時間裏，燕國總共有八世燕侯，平均每世燕侯在位約二十五年，這還是合乎情理的。

按照《燕召公世家》的記載，西周之時燕國的世系如下：惠侯－釐侯（在位三十六年）－頃侯（在位二十四年）。燕頃侯二十年（西元前 771 年），周幽王淫亂，爲犬戎所弑。諸侯立太子宜臼，是爲平王。次年，周平王遷都雒邑（今河南洛陽），歷史進入東周。

三、「春秋事語」

（一）春秋世系

燕國自開國至滅亡，前後共歷四十三世，「社稷血食者八九百歲」，但給後人留下的謎團實在是太多太多。就世系而言，呈現出三個令人費解的地方，一是惠侯以前世系不明，二是「自惠侯已下皆無名，亦不言屬，惟昭王父子有名」，三是四十二代燕侯中居然有「二惠侯，二釐侯，二宣侯，三桓侯，二文侯」。根據《史記・燕召公世家》索隱推測，造成這一結果的原因有二，一是「並國史先失也」，二是「蓋國史微失本諡，故重耳」。不妨對照《燕召公世家》的記載，看看索隱所言是否「言之有據」。

春秋之世，燕國的世系完整如下：

頃侯二十四年卒（西元前 767 年），子哀侯立。

〔註82〕燕侯旨，西周銘文作「匽侯旨」，詳見匽侯旨鼎（《集成》2628）。
〔註83〕西周早期燕國世系之所以闕如，「基於文獻資料以及同時期邢國正與北方的戎族對抗的史實，最合理的推測當是燕、紀所在的冀北平原因爲戎人的入侵而與中原出現了政治中斷。後來，兩地之間的聯繫只有到宣王時期才又得到重建」。（〔美〕李峰著，徐峰譯，湯惠生校：《西周的滅亡——中國早期國家的地理和政治危機》，上海：上海古籍出版社，2007 年，第 384 頁。）

哀侯二年卒（西元前 765 年），子鄭侯立〔註84〕。

鄭侯三十六年卒（西元前 729 年），子繆侯立。

繆侯十八年卒（西元前 711 年），子宣侯立。

宣侯十三年卒（西元前 698 年），子桓侯立。

桓侯七年卒（西元前 691 年），子莊公立。

莊公三十三年卒（西元前 658 年），子襄公立〔註85〕。

襄公四十年卒（西元前 618 年），桓公立。

桓公十六年卒（西元前 602 年），宣公立

宣公十五年卒（西元前 587 年），昭公立。

昭公十三年卒（西元前 574 年），武公立。

武公十九年卒（西元前 555 年），文公立。

文公六年卒（西元前 549 年），懿公立。

懿公四年卒（西元前 545 年），子惠公立。

惠公死（西元前 536 年），燕立悼公。

悼公七年卒（西元前 529 年），共公立。

共公五年卒（西元前 524 年），平公立。

平公十九年卒（西元前 505 年），簡公立〔註86〕。

簡公十二年卒（西元前 493 年），獻公立。

獻公二十八年卒（西元前 465 年），孝公立。

（二）春秋大事

1. 桓侯徙臨易

「桓侯徙臨易」之說，見於《史記‧燕召公世家》集解所引《世本》。裴駰將此事繫年於春秋之時的燕桓侯（宣侯之子、莊公之父），即燕桓侯在位的七年之間（西元前 697 年～前 691 年）；裴駰又引宋忠語：「今河間易縣是也。」燕國有三個桓侯，分別位居春秋早期、春秋中期和戰國中期；但該處「徙臨易」之燕桓侯，究竟是哪一位呢？

〔註84〕《燕召公世家》索隱：「按：《諡法》無鄭，鄭或是名。」

〔註85〕 敦煌唐寫本《史記‧燕召公世家》（殘卷）「桓侯立」、「莊公立」、「襄公立」前無「子」字，今本名首皆有「子」字，無「子」字為誤（張玉春：《敦煌莫高窟藏〈史記〉唐寫本考》，《敦煌研究》，2001 年第 2 期）。

〔註86〕《燕召公世家》作「平公十八年，吳王闔閭破楚入郢。十七年卒，簡公立」，對照《十二諸侯年表》，知《世家》「十七年」乃「十九年」之誤。

陳平認為，《世本》所云「徙臨易」之燕桓侯，當係春秋早期之燕桓侯（宣侯子、莊公父）；而所徙之「臨易」在今河北雄縣西北，今河北容城縣南陽春秋戰國都邑遺址，大概就是燕桓侯所徙之「臨易」〔註87〕。

2. 齊桓公救燕

齊桓公北伐山戎以救燕，是春秋時期的一件大事，先秦史籍多有記載。但關於該事發生的時間，史籍的記載卻多有歧異——即究竟是在西元前 664 年呢，還是在西元前 663 年？《春秋》及其「三傳」繫年於魯莊公三十年（西元前 664 年），《史記·燕召公世家》繫年於燕莊公二十七年（西元前 664 年）；《史記·十二諸侯年表》繫年於燕莊公二十八年（西元前 663 年），《齊太公世家》繫年於齊桓公二十三年（西元前 663 年）。筆者認為：齊桓公伐山戎，當始於西元前 664 年冬，終於西元前 663 年夏。《春秋》、《左傳》和《史記》諸篇所記，各言其一，皆有可取之處。

《春秋》莊公三十年明言，這一年「齊人伐山戎」；《左傳》接著解說道，「冬，（齊、魯）遇於魯濟，謀山戎也。以其病燕故也」。次年夏六月，「齊侯來獻戎捷」（《春秋》莊公三十一年）。《左傳》（莊公三十一年）認為齊桓公此舉實屬「非禮」，「凡諸侯有四夷之功，則獻於王，王以警於夷；中國則否。諸侯不相遺俘」；《公羊傳》則認為齊桓公此舉的目的在於「威我（魯）也」，「齊大國也，曷為親來獻戎捷？威我也。其威我奈何？旗獲而過也」；《穀梁傳》則認為是「內齊侯」，「齊侯來獻捷者，內齊侯也。不言使，內與同，不言使也」。「三傳」的解說，均因囿於「正統」觀念，沒有將「齊侯來獻戎捷」的癥結點明。齊桓公之所以「來獻戎捷」，是因為前一年齊桓公與魯莊公遇於魯濟共謀伐山戎，當時魯莊公極有可能口頭答應出兵，但因勝算太小，故魯莊公終究沒有出兵與齊共伐山戎〔註88〕——魯莊公出爾反爾，自食其言，結果讓齊桓公抓住了把柄。

該件事情的真實的完整的過程應當如下：西元前 664 年冬，勢力強大的山戎南下侵燕，燕國告急，隨即向強齊求救（《史記》的《燕召公世家》和《齊

〔註87〕陳平：《燕史紀事編年會按》（上冊），第 192～195、327～328 頁。按：原書第 328 頁之「雄縣西北」誤作「雄縣兩北」，形近而誤。

〔註88〕《太平御覽》卷四五〇引《戰國策》云：「君進群臣而謀，皆曰：『師行千里，入蠻夷之地，必不反矣。』於是，魯許助之而不行。」《說苑·權謀》的記載與此非常接近，「魯君進群臣而謀，皆曰：『師行數千里，入蠻夷之地，必不反矣。』於是，魯許助之而不行。」

太公世家》）；齊桓公意欲聯合魯國共同進兵而北上救燕，所以在這一年冬天與魯莊公「遇於魯濟」，共謀伐戎大事（見上《春秋》和《左傳》引文）；但當齊國一切準備就緒以後，魯莊公卻出爾反爾，不想出兵，「魯許助之而不行」（《太平御覽》卷四五〇引《戰國策》）；於是，齊國只好獨自北上伐戎救燕；齊國經過辛苦的跋涉和艱難的激戰以後，方於次年春天取得勝利（詳見下文），齊桓公班師回朝，本欲「移兵於魯」，後爲管仲勸止（《太平御覽》卷四五〇引《戰國策》），但又特意派人至魯「獻戎捷」。

齊桓公北伐山戎，行軍千里，深入蠻夷之地，費時費力，歷盡艱辛。至卑耳之溪時，曾經一度迷路，幸賴「老馬識途」，才走出迷谷（《管子·小問》）。冬去春來〔註89〕，最終才擊敗山戎。之後，齊桓公又「刜令支，斬孤竹」，一路掃蕩，聲勢大震，「海濱諸侯莫敢不來服」（《國語·齊語》），直至「三匡天子而九合諸侯」（《管子·戒篇》）。北伐山戎一事，齊桓公一直引以爲傲，直到西元前651年葵丘（在今河南民權縣東北）之會時，還念念不忘此事，「寡人北伐山戎，過孤竹……」（《史記·封禪書》）。而玉成桓公大事者，管仲實有大力焉，孔子讚譽道：「管仲相桓公，霸諸侯，一匡天下，民到於今受其賜。微管仲，吾其被髮左衽矣。」（《論語·憲問》）

爲了答謝齊桓公的深情厚意，燕莊公一路陪送齊桓公南下歸國；但就在不知不覺之間，隊伍已經跨出燕境而入於齊地。深明大義的齊桓公不願違背禮制，「非天子，諸侯相送不出境，吾不可以無禮於燕」；於是，分溝割燕君所至之地與燕。臨別之時，齊桓公又叮囑燕莊公，「命燕君復修召公之政，納貢於周，如成康之時」；諸侯聽說齊桓公如此深明大義，「皆從齊」（《史記·齊太公世家》，另見《燕召公世家》）。齊桓公和燕莊公的分手之地，就在所謂「燕留」城，「燕留故城在滄州長蘆縣東北十七里，即齊桓公分溝割燕君所至地與燕，因築城，故名燕留」（《燕召公世家》正義引《括地志》）。燕留故城在今河北省東南部滄縣一帶，當地還有「盟亭」。宋樂史（930～1007）《太平寰宇記》卷六十五云：「盟亭，《郡國志》云：『長蘆縣有盟亭，即燕、齊之界。』」

3. 燕惠公出奔

在燕惠公時期，齊、燕的國事頗爲湊巧，先是齊高止出奔北燕，隨後是

〔註89〕《韓非子·說林上》說「管仲、隰朋從於桓公而伐孤竹，春往冬反」，雖然大致道出戰事跨年這一事實，但「春」、「冬」二字恰好顛倒。遺憾的是，諸家校注者均未注意這一點。

燕惠公出奔齊國。「花開兩朵，各表一支」，下文對此分頭敘述。

　　魯襄公二十九年（西元前 544 年），齊高止（子容）與宋司徒華定會見知伯荀盈，女齊司馬侯相禮。送走賓客後，司馬侯和知伯有過一段對話，談及齊高止和宋司徒的結局。司馬侯曰：「二子皆將不免。子容專，司徒侈，皆亡家之主也。」知伯曰：「何如？」對曰：「專則速及，侈將以其力斃；專則人實斃之，（侈）將及矣。」事情果然不出司馬侯所料，在這一年的金秋九月，「齊公孫蠆、公孫竈放其大夫高止於北燕」，並書曰「出奔」以「罪高止」。究其原因，是因爲「高止好以事自爲功且專，故難及之」。嗣後，高止之子高豎「以盧叛」，閭丘嬰帥師圍盧（在今山東長清縣西南）。高豎在「致邑」（還邑於君）之後，最後出奔到晉國（《左傳》襄公二十九年）。

　　燕惠公出奔齊一事，見於《史記》和《春秋》、《左傳》，記載略有差異。《燕召公世家》：「六年，惠公多寵姬，公欲去諸大夫而立寵姬宋，大夫共誅姬宋，惠公懼，奔齊。四年，齊高偃如晉，請共伐燕，入其君。晉平公許，與齊伐燕，入惠公。惠公至燕而死。燕立悼公。」《十二諸侯年表》：「（燕惠公六年）公欲殺公卿，立幸臣。公卿誅幸臣，公懼，出奔齊。」兩相對照，可知《燕召公世家》的三個「姬」字均當作「臣」，「寵姬」即「幸臣」〔註90〕；《燕召公世家》索隱引劉氏語云，寵姬宋「其父兄爲執政，故諸大夫共滅之」。因此，此事實與女色無關，當係權力鬥爭。

　　《春秋》昭公三年的記載極爲簡略，「冬，大雨雹，北燕伯款出奔齊」；而《左傳》昭公三年的記載更爲詳細，「燕簡公多嬖寵，欲去諸大夫而立其寵人。冬，燕大夫比以殺燕惠公之外嬖。公懼，奔齊。書曰：『北燕伯款出奔齊。』罪之也。」與《史記》對照，頗有一些歧異。其一，《燕召公世家》之「（燕）惠公」，在經、傳中均作「燕簡公」，當以後者所記爲勝（但也不排除雙諡的可能〔註91〕）。其二，《燕召公世家》說是「（燕）大夫共誅（寵）姬宋」，而《左傳》說是「燕大夫比以殺燕惠公之外嬖」，用了一個「比」字，非常貼切。所謂「比」，即阿黨、勾結〔註92〕。

〔註90〕　〔清〕梁玉繩撰，賀次君點校：《史記志疑》卷十九，北京：中華書局，1981年，第 896 頁。

〔註91〕　如陳平即認爲，北燕伯款是雙諡的燕侯，全稱爲「簡惠公」，《左傳》和《史記》各言其一（《燕史紀事編年會按》上冊，北京：北京大學出版社，1995年，第 245～246 頁），此說頗具參考價值。

〔註92〕　《論語·爲政》：「君子周而不比，小人比而不周。」何晏注引孔曰：「忠信爲

燕惠公奔齊後，共計在外「流浪」了三年，最後才由齊景公聯合晉平公共同伐燕（《左傳》昭公六年），將燕惠公重新送回燕國，「（燕）惠公至燕而死」（《燕召公世家》）。繼其後即位的燕君，便是燕悼公。

4. 燕晉交戰

長沙馬王堆三號漢墓帛書《春秋事語》的第二章《燕大夫章》，記載了一則彌足珍貴的史事，即春秋之時燕國與晉國的一場戰役。該章說〔註93〕：

> 燕大夫子□率帀（師）以御晉人，勝之。歸而飲至，而樂。元（其）弟子車曰：「□則樂矣，非先王□勝之樂也。昔者〔文王軍〕宗，能取而弗滅，以申亓（其）德也。武王勝殷，登□□□□□□□□□□□□□□□□□□□□□□非齎夫何以貳□。〔以〕小勝大而□□□□□□□□□生，樂則芒（荒），芒（荒）則□□憂□□□爲起民之暨也。燕以使人週（通）〔言〕□□□□□敗而怒亓（其）反惡□□□寇屬怨之勝憂，□在後□□□而□□□□□□□□□君之憂。」處十一月，晉人□燕南，大敗〔燕人〕。（7～13行）

該章大意是說，晉人侵燕，燕大夫某率師禦敵，打敗了晉人。燕大夫歸而「飲至」（出征凱旋後至宗廟祭祀宴飲慶功之禮〔註94〕），驕傲自滿，忘乎所以；其弟子車良言進諫，勸他居安思危。可忠言逆耳，沒被採納。結果，晉人再度侵燕，燕人反而大敗。該章所記燕、晉之事，不見於傳世文獻。

張政烺（1912～2005）指出，「帛書所記燕國和晉國發生戰爭，晉人侵燕南，則其地當在北方。觀其稱文王、武王爲先王，行周人之禮，也證明了當是北燕」；張政烺進一步指出，《春秋事語》是當時的兒童讀本，目的在於通過學習初步的歷史知識，進而爲學習《春秋》、《世》、《語》打一點基礎〔註95〕。之所以要特意選入燕晉交戰這一章，一則該事件頗具歷史的典型性，二則該事件又具有極高的教育價值。

周，阿黨爲比。」朱熹注：「比，偏黨也。」

〔註93〕馬王堆漢墓帛書整理小組：《馬王堆漢墓出土帛書〈春秋事語〉釋文》，《文物》，1977年第1期；馬王堆漢墓帛書整理小組編：《馬王堆漢墓帛書》（三），北京：文物出版社，1983年。說明：筆者本處所引用的釋文，少數文字從寬式書寫（如「率」字）。

〔註94〕《左傳》桓公二年：「凡公行，告於宗廟。反行，飲至，舍爵，策勳焉，禮也。」

〔註95〕張政烺：《〈春秋事語〉解題》，《文物》，1977年第1期。

四、所謂「南燕」

周朝之時，曾經有過兩個燕國，一個是姬姓的燕國（北燕），一個是姞姓的燕國（南燕）。

「南燕」，伯爵〔註96〕。南燕最早見於《詩經・大雅・韓奕》，「蹶父孔武，靡國不到。爲韓姞相攸，莫如韓樂。……溥彼韓城，燕師所完」。《左傳》隱公五年：「四月，鄭人侵衛牧，以報東門之役。衛人以燕師伐鄭。」杜預注：「南燕國，今東郡燕縣。」《春秋》：「桓公十有二年秋，七月丁亥，公會宋公、燕人，盟於谷丘。」杜預注：「燕人，南燕。」杜注雖然指出這兩處的燕國爲南燕，可並沒有明確說明其依據與理由，而此重公案到現在仍未解決。出於謹慎，本處亦將南燕列入，算是存疑。

據江永《春秋地理考實》考證，南燕在今山西境內。閻忠進一步指出其確切地點，西周後期活動在今山西汾水上游地區，春秋初年遷徙到今河南境內〔註97〕。這是南燕的國境所在。

至於南燕的國都，前人和今人的看法基本一致。《左傳》隱公五年杜預注說：「南燕國，今東郡燕縣。」《漢書・高祖紀》「復擊破楚燕郭西」下顏師古注：「燕，縣名，古南燕國。」漢之燕縣，又名南燕縣，在今河南延津縣東北一帶（王先謙補注〔註98〕）。楊伯峻根據《清嘉慶重修一統志》，進一步將南燕的國都所在落實到更具體的地點，即在今河南延津縣東北約四十五里，俗呼爲城上〔註99〕。

南燕爲姞姓一說，應當是不成問題的。《史記・周本紀》「王子克奔燕」正義引杜預注：「南燕，姞姓也。」《左傳》宣公三年：「鄭文公有賤妾曰燕姞。」《漢書・地理志上》：「南燕國，姞姓，黃帝後。」

在古代文獻中，魯宣公十二年（西元前 597 年）以後便不見南燕事迹。這一年春，楚莊王率師圍鄭，鄭伯求救於晉，晉出師救鄭，與楚戰於邲，晉師敗績。之後，「楚師重至於邲，遂次衡雍」（《左傳》宣公十二年）。邲，鄭地，在今河南滎陽縣東；衡雍，南燕屬地，在今河南原陽縣界。另據《史記・

〔註96〕顧棟高輯：《春秋大事表》卷五《列國爵姓及存滅表》，北京：中華書局，1993年，第 574 頁。

〔註97〕閻忠：《周代燕國史研究》附錄《南燕國考》，吉林大學博士學位論文，金景芳指導，1994 年。閻忠：《南燕國考》，《松遼學刊》，1995 年第 3 期。

〔註98〕王先謙：《漢書補注》，北京：中華書局，1983 年。

〔註99〕楊伯峻：《春秋左傳注》（修訂本），北京：中華書局，1990 年，第 45 頁。

六國年表》載，駐紮於衡雍的楚師曾經進圍南燕國都，後因南燕「卑辭」求和，才解圍而去。南燕一向與鄭、楚爲敵，故南燕可能在魯宣公十二以後亡於鄭或楚〔註100〕。

但此說也未必完全可信。陳平認爲，戰國之時，南燕還曾經出現在中國的歷史舞臺上。《史記·張儀列傳》載，秦惠王後元四年，張儀復說魏王曰：「……大王不事秦，秦下兵攻河外，據卷、衍、燕、酸棗，劫衛取陽晉，則趙不南。」陳平認爲，此處的「燕」，確實就是「南燕」。《戰國策·秦策四》載，楚人黃歇說秦昭王曰：「王又舉甲兵而攻魏，杜大梁之門，舉河內，拔燕、酸棗、虛、桃人。……王又割濮、磿之北屬之燕。」而這兩處出現的「燕」，指的也都是「南燕」。甚至在秦王政五年，還有關於南燕的史迹，「將軍驁攻魏，定酸棗、燕、虛、長平、雍丘、山陽城，皆拔之，取二十城，初置東郡」。此處的「燕」，陳平認爲也可定爲「南燕」〔註101〕。

但我認爲，這四處出現的「燕」是否就是「南燕」，仍然不能坐實，一如前引文獻中的「燕」爲「南燕」之不能坐實。非但前人拿不出堅實的證據來，陳平自己也拿不出深具說服力的證據來。

〔註100〕閻忠：《周代燕國史研究》附錄《南燕國考》。閻忠：《南燕國考》，《松遼學刊》，1995 年第 3 期。

〔註101〕陳平：《燕史紀事編年會按》（上冊），北京：北京大學出版社，1995 年，第 67～68 頁。

第五章　發展時期（戰國）

一、對外關係

（一）燕齊關係

西元前 493 年，燕簡公卒，繼位的是燕獻公。燕獻公在位年限長達二十八年（西元前 493 年～前 465 年）〔註1〕，橫跨東周春秋、戰國兩個階段。為了敘事的連貫和行文的方便，本章所述最初一事雖然發生在春秋末期，但我仍將它放置於此。

西元前 490 年（燕獻公三年），在齊國發生了一件並不愉快而又意想不到的事情。這一年夏天，「齊燕姬生子，不成而死」（《左傳》哀公五年）。所謂「不成」，即「未冠也」（杜預注），也就是尚未成年而死。而這位「齊燕姬」，於齊、於燕而言，都是一位非同尋常的女性。她本是燕悼公元年（西元前 535 年）齊師入燕境時所納的「燕姬」（《左傳》昭公七年）。燕姬歸嫁齊景公後，被立為「夫人」（正室），而且所生之子業已被立為「嫡子」（即太子），所以《史記·齊太公世家》說：「（齊景公）五十八年夏，景公夫人燕姬適（嫡）子死。」〔註2〕太子之死，對齊景公的影響非常大，因為這一年已是他在位的

〔註1〕關於燕簡公和燕獻公的即位順序和在位年數，史學界頗有爭議，本處採用的是陳平的說法（《燕史紀事編年會按》上冊，北京：北京大學出版社，1995年，第 269 頁）。

〔註2〕《史記》此句下「三家注」均無注。按：此處的「適子」當讀為「嫡子」，所以我在正文中徑直改「適子」為「嫡子」。「適」通「嫡」，文獻例證頗多，詳見《古字通假會典》（高亨纂著，董治安整理，濟南：齊魯書社，1989年，第464～465 頁）。

第五十八年，而眾多姬妾及其所生諸子又蠢蠢欲動；同一年秋天，齊景公即一病不起，隨後去世，而齊國也迅即陷入動亂之中（《左傳》哀公五年、《史記·齊太公世家》）。「齊燕姬生子，不成而死」，對於當時的燕國而言，這是一件極為不利的事情。如果燕姬所生之子不死，則未來的燕齊關係當又是另外一番景象。遺憾的是，歷史不能假設，而西元前四世紀的燕、齊隨即兵戈相見。

下文略述三事，以為見證：

燕釐公二十三年（西元前 380 年），（田）齊康公攻燕，取桑丘（今河北徐水縣西南）；韓、趙、魏救燕，敗齊於桑丘。此事見於《史記》的《六國年表》（齊表）、《田敬仲完世家》、《趙世家》、《韓世家》和《魏世家》，但惟獨不見於《燕召公世家》和《六國年表》的燕表，殊為怪異。陳平認為，大概是田齊伐燕至桑丘在前、三晉救燕伐齊至桑丘在後〔註3〕；其實，陳平此說並非其「發明」，《田敬仲完世家》的《正義》早已明言，「爾時齊伐燕桑丘，魏、趙來救之」。該說不誤，可從。

西元前 373 年（燕釐公三十年或燕簡公四十二年），燕敗齊師於林孤（林營）。此次齊燕交戰的地點，《史記·燕召公世家》作「林營」，《史記·六國年表》作「林孤」，《資治通鑑》卷一《周紀一》作「林狐」。兩相對照，當以作「林孤」為勝。估計《燕召公世家》本作「林壺」，壺、營形近而誤，而「壺」、「孤」、「狐」音同通假〔註4〕。

西元前 354 年（燕文公八年、梁惠成王十六年），齊師及燕師戰於泃水，齊師遁（《水經·鮑丘水注》引《古本竹書紀年》）。此事不見於先秦其他載籍，姑列於此。

隨後，燕王噲行「禪讓」、引發燕國內亂、齊和中山乘機伐燕，致使燕幾亡國，此時的燕、齊關係業已淪落為「讎國」關係（《戰國策·魏策二》）。燕昭王即位後，出於政治策略考慮，表面上修好兩國的睦鄰關係，但志在「雪先王之恥」（《戰國策·燕策一》）。這已是後話，下文和下章有詳細的敘述。換言之，整個戰國時期，燕、齊關係基本上都不夠理想。

（二）燕趙關係

齊、趙均為燕國的鄰國，但與齊、燕關係相比，西元前四世紀的燕、趙

〔註3〕陳平：《燕史紀事編年會按》上冊，第 309 頁。
〔註4〕楊寬：《戰國史料編年輯證》，上海：上海人民出版社，2001 年，第 253 頁。

關係還是比較融洽的。如前文所述，西元前 380 年齊攻燕之時，趙與韓、魏
共同救燕；而在子之亂後即位的燕昭王，更是一心一意修好於趙。本處僅敘
述這一前一後的中間事迹。

西元前 356 年的趙成侯，儼然一位「外交明星」，先是與燕文公會於阿，
又與齊、宋會於平陸〔註 5〕。燕趙國君相會之地阿，《括地志》說在瀛州高陽
縣西北五十里，又名葛城、依城、西阿城，「曲曰阿，以齊有東阿，故曰西阿
城」（《史記·趙世家》正義引）。

西元前 326 年（燕易王七年），享國二十四年的趙肅侯薨逝，秦、楚、燕、
齊、魏各出銳師萬人前往參與葬儀〔註 6〕。趙國當時的「國際」地位，由此可
見一斑。而繼趙肅侯之後即位的國君，就是後來彪炳青史的趙武靈王。

西元前 320 年（燕王噲元年、趙武靈王六年），燕趙似乎曾經有過一次交
鋒。這一年，燕伐趙，圍濁鹿（今河北淶源縣北）。趙武靈王及代人救之，敗
燕師於勺梁（今河北唐縣東南）。此事見於朱右曾《汲塚竹書存眞》，並繫年
於梁惠王後元十五（西元前 320 年），但他本人也拿不準，「原文不引何年，
今姑附此」。看來，此事只能將信將疑，算是「多聞闕疑」。

（三）燕秦關係

西元前四世紀末期的燕國（燕昭王即位前），在處理燕、秦關係時，主要
就是圍繞著兩件大事展開的：一是隨大流「稱王」，二是行「合縱」攻秦。

西元前 323 年（燕易王十年），魏相公孫衍發起燕、趙、中山、魏、韓
「五國相王」以抗秦。五國之中，燕、趙、中山乃始稱王〔註 7〕。西元前 318
年（燕王噲三年），魏、趙、韓、楚、燕五國「合縱」攻秦，秦人出兵逆之，
五國之師敗走〔註 8〕。在這次伐秦的五國之中，實際上唱主角的是魏、趙、
韓三國；楚國因為是最為強大，可能在名義上被推為縱長，但楚國恐怕並
未出多少士卒，採取的是觀望態度；燕國因為最為弱小且又偏在北方一隅，
「也只是隨聲附和，裝裝樣子，跑跑龍套而已」〔註 9〕。相較而言，燕易王

〔註 5〕　《史記》的《六國年表》、《趙世家》。
〔註 6〕　《史記》的《六國年表》、《趙世家》。
〔註 7〕　《戰國策》的《魏策一》、《中山策》，《史記》的《六國年表》、《燕召公世家》、
　　　　《趙世家》、《楚世家》。
〔註 8〕　《戰國策》的《燕策一》、《楚策三》，《史記》的《秦本紀》、《六國年表》、《燕
　　　　召公世家》、《韓世家》、《趙世家》、《魏世家》和《楚世家》。
〔註 9〕　陳平：《燕史紀事編年會按》上冊，第 343 頁。

之「稱王」一事對燕國的影響還要大一些。自此以降，燕國君王不復稱「侯」、稱「公」，而是徑直稱「王」，如燕王噲、昭王、惠王、武成王、孝王、王喜。

二、遷都於易

遷易之事，載籍有明文。《水經·易水注》云：「易水又東逕易縣故城南，昔燕文公徙易，即此城也。」也就是說，燕國在文公時徙都於易（今河北雄縣境）。

陳平認爲，從燕王噲之父號易王看，《水經·易水注》所云「徙易」之燕文公，必是戰國中期易王之父的燕文公無疑，而非春秋晚期作爲武公之子、懿公之父的燕文公；一如《世本》所云「桓侯徙臨易」，燕文公所徙之「易」也在今河北雄縣西北，即今東去南陽遺址 3 公里的「古賢村」戰國都邑遺址大概就是燕文公所徙之「易」〔註10〕。

1966 年和 1979 年，在河北容城縣晾馬臺公社西北陽村出土了春秋戰國時期的燕國銅壺一、銅鼎二、銅壺蓋二，小銅壺蓋口沿處陰刻有「左徵」二字，銅壺近鋪首處陰刻有「西宮」二字，壺口與蓋沿都陰刻有「右徵尹」字樣。簡訊作者孫繼安、徐明甫認爲，「這些文物年代屬春秋戰國時期。出土地點從地理位置看，位於燕地易京一帶。易京在春秋晚期叫臨易，臨易曾是北燕的國都。銅器上如『西宮』等銘文，對我們進一步研究燕文化，以及探討戰國時期燕國易京位置，提供了珍貴的實物資料」〔註11〕。1981 年春季，孫繼安等人又對容城縣晾馬臺鄉進行了更爲周詳的考古調查，結果在晾馬臺鄉附近發現了南陽村「燕國城」和「晾馬臺」兩座大型春秋戰國時期臺地文化遺址，徵集文物 40 多件。「燕國城」遺址出有帶「易市」陶文的陶碗一件；1958 年，河北易縣燕下都遺址附近曾經出土過郾王載戈，河北容城出土過郾王職戈；1981 年又發現銅鼎二，「西宮」銅壺一、「左徵」銅壺蓋一、銅簋一；1984 年出土燕首刀幣百餘枚，1988 年又出土帶有「郾侯載作萃鋸」銘文的銅戈三件。此外，還採集到燕刀幣二百餘枚，銅鑿、陶鬲、罐、豆、筒等文物數十件，陶罐肩部也有「易市」陶文。

〔註10〕陳平：《燕史紀事編年會按》（上冊），第 327～328 頁。按：原書第 328 頁之「雄縣西北」誤作「雄縣兩北」，形近而誤。

〔註11〕孫繼安、徐明甫：《河北省容城縣出土戰國銅器》，《文物》，1982 年第 3 期。

三、禪讓事件

燕王噲禪位子之

燕王噲，文公之孫、易王之子，西元前 320～前 312 年在位。傳世文獻和出土文獻顯示，燕王噲本有勵精圖治之雄心，也有安邦定國之才能。他於西元前 320 年即位後，便「不安子女之樂，不聽鍾石之聲；內不湮污池臺榭，外不畢弋田獵」，甚至「親操耒耨以修畎畝」；韓非說，「子噲之苦身以憂民如此其甚也，雖古之所謂聖王明君者，其勤身而憂世不甚於此矣」（《韓非子·說疑》）。河北平山出土的銅器銘文也透露了這方面的一絲消息，中山王𗊆方壺銘文在大罵燕王噲之餘，又在中山王鼎銘文中說燕王噲「睿弇夫悟，長爲人宗（主），閈（聞）於天下之勿（物）」（《集成》2840.1b），「可見他是一個很有才能的人」〔註12〕。

子之，本爲燕易王時的老臣。燕王噲即位後，相邦子之「貴重主斷」（《戰國策·燕策一》、《史記·燕召公世家》），深得燕王噲的信任。

西元前 318 年，蘇代、鹿毛壽〔註13〕等進言規勸燕王噲效法禹行「禪讓」，讓位子之。二人講得頭頭是道，冠冕堂皇，但這完全是一個預謀。對此，《戰國策·燕策一》有詳細的記載（另外可參看《韓非子·外儲說右下》）：

> 燕王噲既立，蘇秦死於秦。蘇秦之在燕也，與其相子之爲婚，而蘇代與子之交。及蘇秦死，而齊宣王復用蘇代。

> ……蘇代爲齊使於燕，燕王問之曰：「齊宣王何如？」對曰：「必不霸。」燕王曰：「何也？」對曰：「不信其臣。」蘇代欲以激燕王以厚任子之也。於是，燕王大信子之。子之因遺蘇代百金，聽其所使。

> 鹿毛壽謂燕王曰：「不如以國讓子之。人謂堯賢者，以其讓天下於

〔註12〕 朱德熙、裘錫圭：《平山中山王墓銅器銘文的初步研究》，《文物》，1979 年第 1 期，第 47 頁。按：該文此處的行文有誤：一是張冠李戴，大罵燕王噲之銘文出自方壺，讚賞燕王噲之銘文出自銅鼎，朱、裘二先生一併歸之於方壺名下，行文不確切；二是標點不規範，「睿恰」諸語中尚有一句未引，但引號中未見省略號。關於這兩點「筆誤」，我在正文中均已予以校正。

〔註13〕 《史記·燕召公世家》作「鹿毛壽」，《春秋後語》作「厝毛壽」（《燕召公世家》索隱引），徐廣說作「厝毛」（《燕召公世家》集解引），《韓非子·外儲說右下》作「潘壽」。

> 許由，由必不受，有讓天下之名，實不失天下。今王以國讓相子之，子之必不敢受，是王與堯同行也。」燕王因舉國屬子之，子之大重。

> 或曰：「禹授益而以啓爲吏，及老，而以啓爲不足任天下，傳之益也。啓與支黨攻益而奪之天下，是禹名傳天下於益，其實令啓自取之。今王言屬國子之，而吏無非太子人者，是名屬子之，而太子用事。」

子之、蘇代、鹿毛壽三人裏應外合，爲了使燕王噲鑽入他們預設好的「圈套」，前後進行了三步「工作」，並且這三步「工作」堪稱「絕妙」，構成一個完整的「三步曲」。先是蘇代大談外國見聞，說齊王「必不霸」是因爲「不信其臣」，目的在於「激燕王以尊子之」；第一步工作非常成功，「於是燕王大信子之」，子之也非常滿意，「因遺蘇代百金，而聽其所使」。接下來，便是「誘惑」本想有所作爲而又仰慕堯舜禹的燕王噲踵武「禪讓」故事，讓燕王噲自覺地「中計」而又絲毫無所覺察，因爲「以國讓子之，子之必不敢受」，而燕王噲可以享有「禪讓之名而實不失天下」；這一步「工作」也很成功，「燕王因屬國子之，子之大重」。最後一步，就是「蟲惑」燕王噲眞正「讓位」子之；因爲子之雖然大權在握、位極人臣，但仍有所顧忌，「今王言屬國於子之，而吏無非太子人者，是名屬子之而實太子用事也」。結果，燕王噲果眞把政權交給了相國子之，「王因收印自三百石吏而傚之子之。子之南面行王事，而噲老不聽政，顧爲臣，國事決子之」（《史記·燕召公世家》）。這一齣「雙簧戲」演得非常「精妙」！《韓非子·二柄》一針見血地指出，此「子之托於賢以奪其君者也」。

燕王噲「禪讓」，最終弄得「身死國破」而被「天下笑」，《韓非子·說疑》說是因爲「不明乎所以任臣也」。中山王鼎銘文說「郾君子噲，……迷惑於子之而亡其邦」（《集成》2840.1b），「迷惑」二字，頗爲精當絕妙。宋人鮑彪直斥燕王噲爲「七國之愚主」，「惑蘇代之淺說，貪堯之名，惡禹之實，自令身死國破，蓋無足筭」（見《戰國策·燕策一》）。

戰國中期燕國的「禪讓」事件，在當時確實影響甚大。至於如何評價這一次「禪讓」事件，學術界有所分歧。楊寬（1914～2005）最初認爲，「子之大概是近於申不害一派的法家」，「禪讓」事件「具有政治改革性質」，但「燕王噲和子之想要通過禪讓的辦法來進行政治改革，顯然是不可能的事」

〔註 14〕；之後，他的論斷有所變化，改爲「具有政治改革之目的」〔註 15〕。
但金景芳不同意此說，「因爲子之沒有法家的事實」，但他仍將燕王噲讓國一
事列入「戰國時期變法範疇之內」，「但它不是主流，而是逆流」，因爲「燕王
噲的讓國，在燕王噲方面，是愚人做蠢事；在子之方面，則是一個預謀的騙
局」，並稱該事件爲「一幕滑稽劇」〔註 16〕。王彩梅認爲，燕國的「禪讓」事
件，「無論就其內容或後果來考察，對當時社會的發展都沒有起任何的進步作
用，它根本不是什麼社會改革，子之也不是進步勢力的代表，在禪讓之前他
的主要活動就是培植私人勢力，拉攏黨羽，玩弄政治手腕，蓄意奪取政權。
在『禪讓』之後，即取得政權之後，他不但沒有什麼進步的政績，〔而且〕由
於子之『貴重主斷』，引起人民極大不滿」〔註 17〕。

　　結合整個「禪讓」事件的前因後果考察，燕王噲確實是想有所作爲，並
且也有改革或變法的主觀意圖，但他的良苦用心卻被一幫別有居心的臣子利
用，最終使得良好的出發點走向了邪惡的落腳點。這是燕王噲始料未及的。
因此，很難說燕國的「禪讓」事件具有改革或變法的性質。

燕國內亂

　　燕王噲讓國於子之後三年（西元前 317 年～前 315 年），「燕國大亂，百
姓恫怨」（《戰國策・燕策一》）。太子平因爲權力被奪，和將軍市被率先起來
反對，「太子因要黨聚眾，將軍市被圍公宮，攻子之。不克，將軍市被及百姓
反攻太子平」（《史記・燕召公世家》）；當然，子之也絕不會坐以待斃，束手
不管。於是，燕國迅即陷於劇烈動亂之中，「構難數月，死者數萬眾，燕人恫
怨，百姓離意」（《戰國策・燕策一》）。結果，大權在握的子之佔領了上風，
將軍市被殉國，太子平被子之殺死〔註 18〕。

〔註 14〕 楊寬：《戰國史》（增訂本），上海：上海人民出版社，1998 年，第 174～175
　　　　 頁。這是該書的第三版，其第一、二版分別發行於 1955 年和 1980 年。前兩
　　　　 版中有「子之大概是近於申不害一派的法家」諸語。
〔註 15〕 楊寬：《戰國史料編年輯證》，上海：上海人民出版社，2001 年，第 486 頁。
〔註 16〕 金景芳：《中國奴隸社會史》，上海：上海人民出版社，1983 年，第 384～386
　　　　 頁。
〔註 17〕 王彩梅：《燕君「禪讓」辨》，《京華舊事存眞》第二輯，北京：北京古籍出版
　　　　 社，1992 年。「而且」二字，乃筆者據其文意和語氣所加。
〔註 18〕 《燕召公世家》索隱引《竹書紀年》說子之殺公子平。按：此處的「公子」
　　　　 當爲「太子」之誤。

四、伐燕行動

齊人伐燕

關於齊國伐燕的年代和當時齊王的名號，古人雖有懷疑和論斷，但罕有正確論斷者〔註19〕。在傳世的陳璋方壺上，有「隹王五年，……陳璋內（入）伐匽（燕）亳邦之隻（獲）」諸語（《集成》9703）。1946年，陳夢家在由商務印書館出版的《海外中國銅器圖錄》中，將「隹王五年」正確地考訂為齊宣王五年（西元前315年）。嗣後，他又在《六國紀年表考證》〔註20〕和《西周銅器斷代（二）》〔註21〕中重申此旨；但頗為可惜的是，陳夢家又將齊宣王五年改訂在周赧王元年、燕王噲七年（西元前314年）。1982年，在江蘇省盱眙縣南窰莊發現了陳璋圓壺，銘文與陳璋方壺基本相同。周曉陸和何幼琦都認為，此乃齊國伐燕時所掠取的戰利品，後由齊人改鑄銘文〔註22〕（即所謂燕器齊銘）。1989年，李學勤、祝敏申詳細地考證了陳璋壺的銘文，將齊破燕的年代考定在齊宣王五年，即西元前315年〔註23〕。至此，關於齊國伐燕的年代和當時齊王的名號問題，基本上得到了比較圓滿的解決。

當時身在齊國的孟子，對燕王噲禪讓極為不滿，「子噲不得與人燕，子之不得受燕於子噲」（《孟子・公孫丑下》）；所以他積極勸導齊宣王趁機出兵伐燕，認為「此文武之時，不可失也」（《史記・燕召公世家》）。齊宣王見「子噲與子之國，百姓不戴，諸侯弗與」，又得知秦伐韓，楚、趙救韓，諸侯無暇顧及燕國（《戰國策・齊策二》），於是乘機「令章子將五都之兵，以因北地之眾以伐燕。士卒不戰，城門不閉」（《史記・燕召公世家》）。齊軍此次出兵攻燕，可以說是大獲全勝，《孟子・梁惠王下》說齊兵僅「五旬而舉之」，《戰國策・齊策二》說是「三十日而舉燕國」〔註24〕。齊在燕國又「毀其宗廟，遷其重器」（《孟子・梁惠王下》），將銅器等遷入齊國〔註25〕。燕王噲死難，子

〔註19〕清人朱右曾在《汲塚竹書存眞》中別具慧眼，辨明齊伐燕為齊宣王時事。

〔註20〕陳夢家：《六國紀年表考證》（下篇），《燕京學報》第37期，1949年。

〔註21〕陳夢家：《西周銅器斷代（二）》，《考古學報》第十冊，1955年，第131～132頁。

〔註22〕周曉陸：《盱眙所出重金絡鑪・陳章圓壺讀考》，《考古》，1988年第3期；何幼琦：《召伯其人及其家世》，《江漢考古》，1991年第4期。

〔註23〕李學勤、祝敏申：《盱眙壺銘與齊破燕年代》，《文物春秋》，1989年創刊號。

〔註24〕呂祖謙《大事記》據《孟子・梁惠王下》改《戰國策・齊策二》的「三」為「五」，不可盡信。齊國之攻克燕國，究竟是「五旬」還是「三十日」，目前尚難定斷，故本處兩存其說。

〔註25〕如陳璋方壺和圓壺，即「陳璋內伐燕亳邦之獲」（見二器銘文）。

之出逃，後被齊軍俘獲而「醢其身」（《史記‧燕召公世家》集解引《汲塚紀年》）。

齊佔領燕國後，齊宣王並不想就此罷兵，他曾經詢問過當時身爲齊卿的孟子，是「取」還是「不取」。孟子回答說，「取之而燕民悅，則取之」，「取之而燕民不悅，則勿取」。孟子又勸宣王行「仁政」，勿俘殺燕民，爲燕立君（《孟子‧梁惠王下》）。齊宣王大概部分聽取了孟子的建議，替燕國整頓了朝綱。在河北平山所出中山王𰯞方壺銘文中，有「遂定君臣之位，上下之體」諸語（《集成》9735.3b），這大概是齊與中山的共同舉措。

由於齊軍的暴行，激起了燕人的反抗，《孟子‧公孫丑下》說「燕人畔」。另外，齊國的所作所爲，也激起了其他國家的不滿，「齊人伐燕，取之。諸侯將謀救燕」（《孟子‧梁惠王下》）。因爲如若齊國完全佔領燕國，勢必改變當時地緣政治的平衡格局，使齊國勢力大增而使當時的政治格局發生向齊「一邊倒」的後果，這就改變了勢力在制約中平衡的「國際」準則。正是在這樣一種歷史背景下，趙、魏、韓、秦、楚紛紛出面干涉，甚至不惜以武力相威脅，「齊破燕，趙欲存之」（《戰國策‧趙策三》），「楚許魏六城，與之伐齊而存燕」（《魏策一》）。於是，齊宣王有些害怕了，對孟子說：「諸侯多謀伐寡人者，何以待之？」（《孟子‧梁惠王下》）西元前 312 年，魏「攻齊」（《史記‧魏世家》），秦「使庶長疾助韓而東攻齊」（《史記‧秦本紀》）；韓、魏、秦、趙紛紛出兵救燕，大軍在濮水之上擊敗齊軍，「贅子死，章子走」（《戰國策‧齊策六》）。無奈之餘，齊宣王只好下令軍隊撤離燕國國境。

中山伐燕

關於中山伐燕，過去大家完全不知道，知道的只是齊宣王的伐燕，因而對於《史記‧燕召公世家》和《戰國策‧燕策一》中的「北地之眾」不了了然〔註26〕。1974 年，隨著河北平山三器的出土，學者們才知道「北地之眾」原來指的就是中山國，當時中山國確實參加了齊國的伐燕行動（時間上應與齊軍伐燕是同一時間）。當時任中山國相邦的司馬賙，「親率參軍之眾，以征不義之邦，奮桴振鐸，闢啓封疆，方數百里，列城數十」（中山王鼎銘文）。對於作爲僅爲「千乘之國」的中山國而言，這次行動可以說是全軍出擊了。

〔註26〕唐人司馬貞認爲「北地即齊之北邊也」（《史記‧燕召公世家》索隱），宋人鮑彪也認爲北地即「齊之北，近燕」，顯然是望文生義。

當時中山國認爲自己是「師出有名」，打出的旗號是征伐「不義之邦」（中山王鼎銘文），因爲「燕君子噲，不顧大義，不告諸侯，而臣主易位，以內絕召公之業，乏其先王之祭祀，外之則將使上覲於天子之廟，而退與諸侯齒長於會同，則上逆於天，下不順於人旃」（中山王方壺銘文）、「子之大辟不義，反臣其主」（中山王鼎銘文）。正因爲齊與中山形成了合圍之勢，所以才能一舉克燕〔註27〕。

　　根據中山王方壺銘文記載，中山在破燕之後，「天子不忘其有勳，使其老策賞仲父，諸侯皆賀」。由此可以看出，東周之時的周天子雖然業已失去了作爲「天下共主」的「實」，但仍然擁有其「名」（名存實亡），仍然在必要時被人拉出來「唱一唱戲」。誠如有人所指出的那樣，這實際上是各大國所「玩弄的一種把戲」而已〔註28〕。

燕國的損失

　　在韓、魏、秦、趙等國的武力干預之下，燕國雖然說總算是復國了，但其損失不可謂不慘重。出土的䜌蚉壺銘文說司馬賙「率師征郾（燕），大啓邦宇，方數百里」（《集成》9734），中山王鼎銘文也說當時中山佔領的燕國領土有「方數百里，列城數十」；而齊國所佔領的燕國領土，恐怕還遠遠不止「方數百里，列城數十」（《集成》2840.3b）。當時齊國和中山所佔領的燕國領土，並未因燕的復國而予以全部退還。直至後來燕伐齊時，還要舊話重提，「燕之攻齊也，欲以復振古（故）地也」〔註29〕（《戰國策・燕策二》）。

燕昭王即位

　　齊、中山大破燕國後，諸侯紛紛謀劃「救燕」（《孟子・梁惠王下》）。其中，秦、魏二國都深入燕境攻擊燕地的齊軍，趙也積極救燕。魏哀公七年（西元前312年），「（魏）攻齊，與秦伐燕」（《史記・魏世家》），「虜聲子於濮」（《六國年表》）。秦惠文王更元十三年（西元前312年），「秦使庶長疾助韓而東攻

〔註27〕李零：《平山三器與中山國史的若干問題（草稿）》，《李零自選集》，桂林：廣西師範大學出版社，1998年，第205～206頁；李學勤、李零：《平山三器與中山國史的若干問題》，《考古學報》，1979年第2期。據李零說，前後二文有所差別；若欲瞭解李零的說法，當以前一文爲準。
〔註28〕吳榮曾：《中山國史試探》，《先秦兩漢史研究》，北京：中華書局，1995年，第103頁。
〔註29〕鮑彪說，「欲復王噲所失」，即指此。

齊，到滿助魏攻燕」（《秦本紀》）。西元前 312 年〔註 30〕，趙武靈王召燕公子職於韓，派樂池護送公子職歸燕，立以爲燕王（《趙世家》）。這位燕王，就是後來赫赫有名的燕昭王。

〔註 30〕《史記・趙世家》繫年於趙武靈王十一年（西元前 315 年），唐蘭繫年於西元前 314 年（《司馬遷所沒有見過的珍貴史料》，《戰國縱橫家書》附錄，北京：文物出版社，1976 年）。但就當時燕國的形勢而言，尚處於戰亂之中，公子職根本不可能歸國即位。趙之護送公子職歸國即位，當在趙武靈王十四年（西元前 312 年）。關於此點，陳平有較爲詳細的辨析（《燕史紀事編年會按》上冊，第 372～373 頁）。

第六章　強盛時期（戰國）

　　在燕國八百餘年的歷史長河中，總共有四十三位〔註1〕君王登臨寶座；但真正雄才大略如燕昭王者，則未見其二，僅此一位。燕昭王在位的三十三年（西元前 311 年～前 279 年），是燕國最為強盛的時期，值得大書而特書，所以本書專為燕昭王列了一章。

一、破燕之後，昭王即位

燕昭王之名

　　燕昭王，一說名平，一說名職。《戰國策・燕策一》說：「燕人立公子平，是為燕昭王。」司馬遷在作《史記》時，沿襲的便是《戰國策》的說法。《燕召公世家》說：「燕人共立太子平，是為燕昭王。」《六國年表》也說：「燕人共立公子平。」結合《燕召公世家》前文關於太子平的記載，可知《六國年表》「公子平」當為「太子平」。但與其他史籍對照，這樣的記載有著明顯的矛盾之處。《戰國策・燕策一》和《史記・燕召公世家》都說太子平、將軍市被死於戰亂，《燕召公世家》索隱引《竹書紀年》也說「子之殺公子平」。既然太子平已死，怎麼可能又被立為燕昭王呢？故清人梁玉繩（1744～1819）認為，太子平與燕昭王是二人，並加以詳細論證（《史記志疑》卷九、十九）。相反，《史記・趙世家》的說法卻很值得注意，「（趙武靈）王召公子職於韓，立以為燕王」，集解和索隱均說《竹書紀年》作如此記載；另外，《六國年表》集解引徐廣說：「《紀年》云：趙立燕公子職。」由此可知，《竹書紀年》所記

〔註1〕　若加上接受燕王噲「禪位」的子之，燕國君王共為四十四位，但一般都將子之排除在外。

燕昭王是「公子職」而不是「太子平」。

陳直（1901～1980）也覺察到了個中矛盾，但他採取的卻是調停的態度，認為「職」與「平」所指為同一人（燕昭王），分別為燕昭王的字與名，因為「職與平名字正相適應」〔註2〕。陳直據以立論的依據是《周禮·天官·小宰》的「以官府之六職辨邦治：一曰治職，以平邦國，以均萬民，以節財用」，就此而言，職與平作為名、字本無可厚非，但並不合乎周代「稱人以字，稱己以名」的禮制；因為在出土的燕國兵器銘文中，數處均作「郾王戠」（古「職」字）〔註3〕，從沒有作「郾王平」的。經由此「二重證據」的互證，足可肯定這樣一個事實：燕昭王之名為「職」，而不是「平」〔註4〕；並且燕昭王即位前的身份應當是「公子」，而不是「太子」。

燕昭王即位

燕之「復國」，借助的是外國的武力；而燕昭王之即位，借助的也是外國的力量。西元前312年〔註5〕，趙武靈王召燕公子職於韓，派樂池護送公子職歸燕，立以為燕王（《史記·趙世家》）。這位燕王，就是後來赫赫有名的燕昭王。燕昭王後來一心一意交好趙國，除了戰略上的考慮外，恐怕也不無感恩戴德的成分。而燕昭王之交好強秦，一則固然出於戰略需要，二則也不無「姻親」成分，因為燕昭王是秦惠王的少婿〔註6〕。

〔註2〕 陳直：《史記新證》，天津：天津人民出版社，1979年，第87頁。

〔註3〕 如「郾王戠戈」（《小校經閣金文》卷十四）、「郾王戠作王萃」（《三代吉金文存》19.42）、「郾王戠作武葉鍺鎗」（《商周金文錄遺》595）、「郾王戠作巨攸鋸」（河北省文物管理處：《燕下都第23號遺址出土一批銅戈》，《文物》，1982年第8期）等。

〔註4〕 楊寬：《戰國史》（增訂本），上海：上海人民出版社，1998年，第175頁注釋1；楊寬：《司馬遷所沒有見過的珍貴史料》，《戰國縱橫家書》附錄，北京：文物出版社，1976年，第141頁注釋15。

〔註5〕 《史記·趙世家》繫年於趙武靈王十一年（西元前315年），唐蘭繫年於西元前314年（《司馬遷所沒有見過的珍貴史料》，《戰國縱橫家書》附錄，北京：文物出版社，1976年）。但就當時燕國的形勢而言，尚處於戰亂之中，公子職根本不可能歸國即位。趙之護送公子職歸國即位，當在趙武靈王十四年（西元前312年）。關於此點，陳平有較為詳細的辨析（《燕史紀事編年會按》上冊，第372～373頁）。

〔註6〕 《史記·蘇秦列傳》說：「秦惠王以其女為燕太子婦，……是為燕易王。」按：《史記》記載有誤，此處的「燕易王」當為「燕昭王」，唐蘭於此特加辯正（《司馬遷所沒有見過的珍貴史料》，《戰國縱橫家書》附錄，第131頁）。

二、勵精圖治，禮賢下士

師事郭隗

　　燕王噲的「禪讓」，對燕國的影響實在是太大太深了。先是燕國的國內大亂，接著是齊國和中山的趁火打劫，弄得燕國幾乎亡國〔註7〕；最後，好不容易借助於外國的武裝干涉，燕國才勉強「復國」，但尚處於岌岌可危之中。

　　這一段「傷心的經歷」，燕昭王是切齒難忘，並且不啻於「奇恥大辱」。而燕昭王之英明偉大又在於，他沒有因此而消沉墮落、苟且偷安，而是「化悲憤為力量」，積極進取，奮發圖強。《戰國策‧燕策一》借蘇代（按：當為蘇秦）之口講述過燕昭王的苦身礪志，「今臣聞王居處不安，食飲不甘，思念報齊，身自削甲箭，日有大數矣，妻自組甲絣，日有大數矣，有之乎？」其情其景，並不亞於越王句踐的「臥薪嘗膽」。

　　在治理燕國的過程中，他是勵精圖治，充分顯露了他的雄才大略。燕昭王深知，他於破燕之後即位，若欲馬上報仇以「雪先王之恥」，簡直是癡人說夢；因為作為亡國之餘的燕國，其眼下的國力實不堪強齊之一擊。所以，報仇雪恥只能是一個長遠而沉重的計劃。而當時最為緊要之事，恐莫過於燕國自身的發展與強大了。要發展、要強大，單靠燕昭王「孤家寡人」一個是辦不到的。此中利害與關鍵，燕昭王是心知肚明。

　　收破燕之後即位的燕昭王，首先想到的就是「卑身厚幣，以招賢者」。他問計於郭隗先生：「齊因孤國之亂，而襲破燕，孤極知燕小力少，不足以報。然得賢士與共國，以雪先王之恥，孤之願也。敢問以國報仇者奈何？」郭隗給燕昭王講了一通頗帶道家黃老色彩的大道理：「帝者與師處，王者與友處，霸者與臣處，亡國與役處。詘指而事之，北面而受學，則百己者至；先趨而後息，先問而後嘿，則什己者至；人趨己趨，則若己者至；馮（憑）几據杖，眄視指使，則廝役之人至；若恣睢奮擊，跳藉叱咄，則徒隸之人至矣。此古服道致士之法也。王誠博選國中之賢者，而朝其門下，天下聞王朝其賢臣，天下之士必趨於燕矣。」〔註8〕燕昭王又問：「寡人將誰朝而可？」郭隗講了一則「以千金求千里馬」的故事，並坦誠而言：「今王誠欲致士，先從隗始。隗且見事，況賢於隗者乎？豈遠千里哉？」於是，燕昭王便為郭隗改築宮室

〔註7〕　司馬遷說燕國「幾滅者數矣」（《史記‧燕召公世家》「太史公曰」），其中自然也包括這一次。

〔註8〕　關於這一段話的分析，具體參看本書第十二章第二節（「道家」部分）。

而師事之（《戰國策・燕策一》）。後人所樂於稱道的燕昭王「禮賢下士」，由此便具備了一個良好的開端。

賢士湊燕

各國賢能之士聽說燕昭王「禮賢下士」，便爭相湊燕，「樂毅自魏往，鄒衍自齊往，劇辛自趙往，士爭湊燕。燕（昭）王弔死問生，與百姓同其甘苦」（《戰國策・燕策一》）。這則材料後被司馬遷寫入《史記・燕召公世家》，「樂毅自魏往，鄒衍自齊往，劇辛自趙往，士爭趨燕。燕（昭）王弔死問孤，與百姓同甘苦」。兩相對照，《戰國策》和《史記》基本上沒有實質性的差異，但這並不能說明兩書的記載沒有問題。另外，諸如《說苑》、《新序》、《鶡冠子》等書也有類似的記載，並且略有增益或減損。那麼，在燕昭王「禮賢下士」時爭相湊燕的究竟有哪些賢能之士呢？他們又是什麼時候到達燕國的呢？於此諸多問題，不可不加以辨別。下面，便對此做一條分縷析的工作。

（一）樂毅

樂毅，中山人，魏國名將樂羊後裔，擅長用兵。樂毅由趙經魏入燕，受到燕昭王重用，位居亞卿之列（《史記・樂毅列傳》）。樂毅至燕的時間，當在燕昭王即位的最初幾年。樂毅沒有辜負燕昭王的期望，後來直接承擔了報仇雪恥的大任。西元前 284 年，燕昭王以樂毅爲上將軍，率秦、楚、三晉五國大軍伐齊（《史記・燕召公世家》、《戰國策・燕策一》）。

（二）鄒衍

鄒衍（前 305 年～前 240 年〔註9〕），一作「騶衍」，陰陽家，齊國人。因爲他「深觀陰陽消息而作怪迂之變」（《史記・孟子荀卿列傳》），所以被列入陰陽家。鄒衍在齊居稷下（今山東臨淄），「爲上大夫」（《史記・田敬仲完世家》），其語「迂大而閎辯」，齊人頌之曰「談天衍」，與「雕龍奭」（騶奭）齊名（《史記・孟子荀卿列傳》）；他曾經到過魏國和趙國，在平原君處同公孫龍爭辯，「乃絀公孫龍」（《史記・平原君虞卿列傳》）；最後至燕，爲燕昭王師（《韓非子・亡徵篇》）。鄒衍至燕的時間，也當在燕昭王即位的最初幾年。燕昭王對鄒衍的禮數頗爲周到，「（鄒衍）如燕，昭王擁彗先驅，請列弟子之座而受

〔註9〕 關於鄒衍的生卒年，本書採用的是錢穆的說法（《先秦諸子繫年》，北京：商務印書館，2001 年，第 697 頁）。

業，築碣石宮，身親往師之」（《史記・孟子荀卿列傳》）。

根據《漢書・藝文志》記載，鄒衍著有《鄒子》四十九篇、《鄒子終始》五十六篇，均已亡佚。其遺說見於《史記・孟子荀卿列傳》者，主要爲「大九州」說和「五德終始」說〔註 10〕。

（三）蘇秦

蘇秦（？～前 284 年），字季子，東周洛陽乘軒里（今河南洛陽東）人，戰國縱橫家。蘇秦早年曾經「東事師於齊，而習之於鬼谷先生」；出師後，「出遊數歲，大困而歸」，受到兄弟嫂妹妻妾的譏笑；困窘而歸的蘇秦受此奚落，於是發憤讀書，得「周書《陰符》」〔註 11〕，「伏而讀之」，「以出揣摩」，一年後自以爲得其眞義，「此可以說當世之君矣」，便再次出遊列國，最後到達燕國（《史記・蘇秦列傳》）。

關於蘇秦的活動年代，舊說頗多舛誤，司馬遷在《史記・蘇秦列傳》中援用《戰國策》的記載，更是前後顛倒、錯誤百出。隨著馬王堆《戰國縱橫家書》的出土，關於蘇秦活動年代的迷霧才得以最終澄清。即，蘇秦並不活動於燕文公、易王、王噲之世，而是活動於燕昭王之世。蘇秦至燕的年代，就在燕昭王師事郭隗後不久，即燕昭王即位後的最初二、三年〔註 12〕。《說苑・君道》說：「於是，燕（昭）王常置郭隗上坐，南面。居三年，蘇子聞之，從周歸燕。」這條材料，基本上可以「信史」目之。蘇秦至燕後，深受燕昭王的信任，被委以重任，出使齊國爲燕反間，奔走於齊、趙、魏等國，爲燕國效盡犬馬之勞。

（四）劇辛

劇辛，趙人，《戰國策・燕策一》和《史記・燕召公世家》均說他在燕昭王即位初年入燕。但燕國另有一劇辛，即西元前 242 年請命率軍攻趙而被趙將龐煖擒殺的劇辛〔註 13〕，二人前後懸隔七十年，甚是扞格難通。梁玉繩於

〔註 10〕 關於鄒衍學說的詳情，請參看本書第十二章第二節（「陰陽家」部分）。

〔註 11〕 《戰國策・秦策一》說蘇秦所得乃「太公《陰符》之謀」，今本《史記・蘇秦列傳》索隱說「陰符是太公之兵符」，恐傳抄有誤。《戰國策・秦策一》吳師道注引此語作「索隱云，《陰符》是太公之兵法」，即《陰符》乃「兵法」之書（兵權謀類）而非「兵符」。

〔註 12〕 陳平：《燕史紀事編年會按》下冊，北京：北京大學出版社，1995 年，第 4～5 頁。

〔註 13〕 此從《史記・六國年表》和《資治通鑒》卷六《秦紀一》，《燕召公世家》繫

此早有明察，「劇辛自趙來，其年當非幼小。乃至後燕王喜十三年，將兵伐趙，爲趙將龐煖所殺，計去昭王即位時已七十年，恐未必如是之壽，則其來似不在此時」〔註 14〕。所以有人主張，似可將劇辛從燕昭王初年湊燕名士行列中除去〔註 15〕。但我認爲，另外兩種可能性似乎也不可忽略：其一，燕國前後有兩個劇辛，一個在燕昭王時已入燕，一個在燕王喜時才露面；其二，《戰國策》和《史記》的文本有誤，燕昭王時至燕的並非劇辛，而是另有其人。

（五）屈景

根據《說苑‧君道》記載，燕昭王即位之初至燕的賢士，除了上述幾位外，還有屈景，「屈景聞之，從楚歸燕」。屈景從楚至燕一事，又見於該書的《尊賢》篇，「蘇子、屈景以周、楚至」。研究者認爲，《說苑》的編者劉向就是《戰國策》的編輯者，其所記必有舊史爲本〔註 16〕。但關於屈景至燕後的事迹，卻突然中斷，大概是史籍失載，或者是屈景至燕後默默無聞；究竟屬於何種情況，目前尚難定斷。

燕昭王之「禮賢下士」，在後世是有口皆碑，頗獲好評。唐朝大詩人李白對此予以高度評價，「昔時燕家重郭隗，擁彗折節無嫌猜。劇辛樂毅感恩分，輸肝剖膽效英才」，「昭王白骨縈蔓草，誰人更掃黃金臺」？（《行路難》三首之二）一代帝王康熙皇帝亦提筆吟詠黃金臺，「昭王禮賢士，築館黃金臺。矯矯昌國君，奮袂起塵埃。市駿固有術，貴在先龍媒。但得一士賢，可以收群材」（《黃金臺懷古》）。

三、蘇秦入齊，爲燕反間

蘇秦入齊爲燕反間而死，天下之人共笑之，「諱學其術」，但在《史記‧蘇秦列傳》的「太史公曰」中，司馬遷卻力排眾議，高度評價了蘇秦的才智，「夫蘇秦起閭閻，連六國從親，此其智有過人者。吾故列其行事，次其時序，毋令獨蒙惡聲焉」。如若結合出土的《戰國縱橫家書》，還歷史以真實，於今日反觀司馬遷此語，其確屬慧眼獨具之語。

於上年。
〔註 14〕〔清〕梁玉繩撰，賀次君點校：《史記志疑》卷十九，第 900 頁。
〔註 15〕陳平：《燕史紀事編年會按》下冊，第 4 頁。
〔註 16〕陳平：《燕史紀事編年會按》下冊，第 4 頁。

蘇秦的一生，其最爲輝煌燦爛者、其最可大書特書者，恐怕莫過於燕昭王時期了。出土文獻《戰國縱橫家書》透露，蘇秦入燕後，迅即與燕昭王共謀國是，爲燕國的復興、強大、雪恥而出謀劃策，並爲此而奔走效勞，終使燕昭王了遂其「以雪先王之恥」的夙願；而蘇秦本人則落得一個「車裂而死」的悲慘結局，並且在後世還要蒙受不白之冤。

與昭王共商國策

蘇秦與燕昭王共商國策之時，仔細分析了當時的國際局勢和國內環境。就國際局勢而言，作爲「亡國之餘」的燕國最爲弱小（「凡天下之戰國七，而燕處弱焉」），而秦、趙、齊是當時的強國，燕國無法與其中的任何一國抗衡；因此，燕國若欲報仇雪恥，必須走聯合之路。蘇秦於此有過非常精闢、非常透徹的分析，「（燕國）獨戰則不能，有所附則無不重。南附楚則楚重，西附秦則秦重，中附韓、魏則韓、魏重。且苟所附之國重，此必使王重矣」〔註17〕（《戰國策·燕策一》）。就國內環境而言，劫後餘生的燕國也急需休養生息；因此，燕國需要有一個相對和平的周邊環境、相當穩定的國內環境來發展國力。

有鑒於此，蘇秦明確指出，「齊雖強國也，西勞於宋，南罷（疲）於楚，則齊軍可敗而河間可取」（《戰國策·燕策一》）。即燕欲破齊，必須先讓作爲「強國」之一的齊國由強變弱，對策之一是使齊「西勞於宋，南罷（疲）於楚」，然後讓燕與秦、趙等強國聯手伐齊，如此而爲，「齊軍可破而河間可取」。這是「外交」，主要由蘇秦負責；而「內政」，則主要由燕昭王負責。內政與外交，二者相輔相成，缺一不可，「內寇不與，外敵不可距」；具體而言，即由蘇秦入齊爲燕反間，生亂於其內，而燕昭王謀敵於齊外，「王自治其外，臣自報其內，此乃亡之之勢也」（《戰國策·燕策一》）。

入齊爲燕反間

爲了實現這一「長遠計劃」，蘇秦毅然請纓前往齊國爲燕反間，坦然置身家性命於不顧。因爲作爲反間，一旦被對方發覺，立刻便會被處死，所以「反間」往往就是「死間」（《孫子兵法·用間》）。但作爲反間，於主使國之成就大事，卻又是功不可沒，歷史上的伊尹、姜子牙都是反間的典型，「昔殷之興

也，伊摰（伊尹）在夏；周之興也，呂牙（姜子牙）在殷。故惟明君賢將能以上智爲間者，必成大功」（同上）。1972 年，在銀雀山出土了漢簡本《孫子兵法》，《用間》篇在列舉了伊尹和呂牙之後，又添補了蘇秦，「燕之興也，蘇秦在齊」〔註18〕。蘇秦竭力向燕昭王保證，自己入齊後一定做到「信如尾生」、「廉如伯夷」、「孝如曾參」（《戰國策・燕策一》）。蘇秦後來果然踐履了自己的諾言，直至車裂而死，最終沒有泄露機密。後人說「蘇秦不信於天下而爲燕尾生」（《史記・魯仲連鄒陽列傳》），至爲精當。

大約在燕昭王十二年（西元前 300 年）前後，蘇秦從燕入齊，「因燕質子而求見齊王，……燕質子爲謝乃已，遂委質爲臣」（《戰國策・燕策一》）。蘇秦當時的公開身份是燕國的使者，名義上是助齊；但蘇秦實則爲燕反間，眞實目的在於防齊攻燕。蘇秦在致燕昭王的信函中說：「臣之計曰：齊必爲燕大患。臣循用於齊，大者可以使齊毋謀燕，次可以惡齊、趙之交，以便王之大事，是王之所與臣期也。」〔註19〕

蘇秦「惡齊趙之交」也並非完全一帆風順。當他由燕入趙進行外交活動時，就有人檢舉揭發蘇秦破壞齊趙關係，因而趙相李兌和趙將韓徐都怨恨蘇秦，一度將蘇秦扣留在趙國。蘇秦寫信給燕昭王，分別派韓山、盛慶轉交（《戰國縱橫家書》一、二、三）。後經燕昭王遣使入趙活動，蘇秦才得以釋放。

助齊攻宋

宋國所居之地，是「中國膏腴之地」（《戰國策・燕策二》），不但土地肥沃，而且交通便利；佔有宋地，便可擁有雄厚的經濟實力，所以齊、楚、秦等國都急欲用兵於宋。而宋王偃是當時有名的「暴君」，有「射天」之舉，又「淫於酒、婦人」，並且射殺進諫者，諸侯皆呼之爲「桀宋」（《史記・宋微子世家》）。

爲了消耗齊的國力，蘇秦在齊國「因順」齊愍王，慫恿他向宋用兵。這也就是《戰國策・燕策二》所說的「齊興兵伐宋，三覆宋，宋遂舉，燕王聞之，絕交於齊，率天下之兵以伐齊，大戰一，小戰再，頓齊國，成其名。故

〔註18〕 銀雀山漢墓竹簡整理小組：《孫子兵法》，北京：文物出版社，1976 年，第 89 頁。

〔註19〕 馬王堆漢墓帛書整理小組編：《戰國縱橫家書》，北京：文物出版社，1976 年，第 9 頁。

曰因其強而強之，乃可折也，因其廣而廣之，乃可缺也」。蘇秦所用之計，實際上出自《六韜》（今本《六韜》當即《太公》一書的選本〔註20〕），「攻強必養之使強，益之使張，太強必折，太張必缺」（《六韜・三疑》）。齊湣王於此渾然不覺，乖乖地入了蘇秦之彀。

西元前296年，齊國曾經伐燕，「覆三軍，獲二將」（《戰國策・燕策一》）。次年（西元前295年），燕昭王又使蘇秦入齊，請齊王捨燕而攻宋，因為宋是中原膏腴之地，「與其得百里於燕，不如得十里於宋」（《戰國策・燕策二》）。齊湣王為了擴張領土，拉攏秦國，便任用秦昭王的好友韓珉（一作韓聶）為相，而韓珉是力主秦齊聯合者。蘇秦到達臨淄之時，韓珉到高閭城門迎接他，並親自為蘇秦駕車入臨淄〔註21〕。蘇秦此次入齊，深受齊湣王的信任，「封而相之」（《戰國策・燕策二》）。當齊第一次發兵攻宋時（西元前293年），燕派兵兩萬並自備糧草助齊攻宋〔註22〕，此時「齊之信燕也，至於虛北地以行其兵」（《戰國策・燕策二》），即不對燕設防。

但當燕將張魁〔註23〕率領燕軍進入齊國後，還是和齊發生了矛盾，張魁結果被齊王殺死。燕昭王聞訊，「泣數行而下」，準備舉兵攻齊，後經臣下勸阻，方才作罷，特派使者（按：即蘇秦）前往齊國請罪（《呂氏春秋・恃君覽・行論》）。蘇秦「治齊燕之交」頗見成效，齊國在嗣後的五年一直沒有謀燕。

西元前287年，齊國第二次伐宋，並把攻秦之兵抽調回來伐宋。齊國這次攻打宋國，楚魏都來爭地，連弱小的魯國也來插一槓子。齊湣王聽說燕國也在策劃攻齊，決定不論從宋國得到土地與否，都在八月撤兵。接著，齊宋講和。蘇秦在燕國使人謂齊王，勸說齊王不要為宋魯而發怒，應該先休息士民〔註24〕。

西元前286年，齊聯合魏、楚，第三次用兵於宋，並最終滅亡了宋國。

〔註20〕楊寬：《戰國史》（增訂本），第382頁。

〔註21〕馬王堆漢墓帛書整理小組編：《戰國縱橫家書》八，《蘇秦謂齊王章（一）》，第27～28頁。

〔註22〕馬王堆漢墓帛書整理小組編：《戰國縱橫家書》十一《蘇秦自趙獻書於齊王章（一）》，第36頁。

〔註23〕張魁，《戰國縱橫家書》四《蘇秦自齊獻書於燕王章》作「張庫」；又由該章可知，當時燕昭王派往齊國請罪的使者就是蘇秦。

〔註24〕馬王堆漢墓帛書整理小組編：《戰國縱橫家書》十《蘇秦謂齊王章（三）》，第33頁。

宋王偃奔魏，死於溫（今河南溫縣西南），齊與魏、楚三分宋地（《史記·宋微子世家》）。齊滅宋後，南割楚之淮北，西侵三晉，欲並二周爲天子。泗上諸侯鄒、魯之君皆稱臣，齊威勢大振。「諸侯恐懼」，秦與燕、趙、韓、魏等國共謀聯合伐齊（《史記·田敬仲完世家》）。

秦齊稱帝

就戰國後期的形勢而言，以秦、齊、趙最爲強盛，因而秦國主張與齊「連橫」以伐趙。西元前288年十月，秦昭王自稱西帝於宜陽（今河南宜陽西），派遣魏冉立齊爲東帝，欲約共伐楚。蘇秦自燕至齊，見齊愍王於章華宮南門，齊愍王問蘇秦：「秦使魏冉致帝，子以爲何如？」蘇秦回答說：「願王受之而勿備稱也。」（《史記·田敬仲完世家》）並且詳陳「稱帝」的利弊，「與秦爲帝，而天下獨尊秦而輕齊。齊釋帝，則天下愛齊而憎秦。伐趙不如伐宋之利，故臣願王明釋帝，以就天下；背約擯秦，勿使爭重；而王以其間舉宋」，宋舉，則楚、趙、梁、衛皆懼矣（《戰國策·齊策四》）。齊愍王聽從了蘇秦的勸告，去帝號，復爲王，並背約摒秦，與趙惠文王會於東阿（今山東陽谷東北）。十二月，呂禮自齊入秦，秦亦去帝號，復稱王。蘇秦此舉，目的在於聯合東方五國攻秦，爲日後燕國的破齊做好鋪墊。

五國攻秦

西元前287年，蘇秦與趙李兌發動趙、楚、魏、韓、齊五國攻秦，軍至滎陽（今河南滎陽東北）、成皐（今河南滎陽西北），無功而罷。在五國合縱攻秦之初，秦爲緩解五國攻勢，將溫（今河南溫縣西南）、軹（今河南濟源南）、高平（今河南濟源西南向城）歸還於魏；又歸王公（又作三公〔註25〕）、符逾（又作什清或先俞）與趙以求和（《戰國策·趙策一》）。

謀劃攻齊

齊國滅宋後，勢盛，威脅三晉和秦、楚；而諸侯害齊之驕暴，皆爭合謀與燕伐齊。西元前287年，趙將趙梁率先攻齊；次年，趙將韓徐爲又親率趙軍攻擊齊國（《史記·趙世家》）。西元前285年，秦昭王欲合縱伐齊，遂會楚頃襄王於宛（今河南南陽），又會趙惠文王於中陽（今山西中陽）。這一年，秦爲「先出聲於天下」，乃使蒙武率兵越過韓、魏向齊進攻，奪取齊九城，以

〔註25〕《戰國策·趙策一》和《史記·趙世家》作「三公」，《戰國縱橫家書》二十一作「王公」。

爲九縣（《史記‧秦本紀》）。西元前 284 年，秦昭王會魏昭王於宜陽，又會韓釐王於新城（同上）。同一年，由於趙國的拉攏，燕昭王入趙會見趙惠文王（《史記‧趙世家》）。五國合縱伐齊的國際局勢，業已形成。

四、樂毅伐齊，勢如破竹

燕人伐齊大勝

經過二十八的苦心經營後，燕國的國力早已蒸蒸日上，一派興隆景象，《史記‧燕召公世家》說是「燕國殷富，士卒樂軼輕戰」；兼之經過蘇秦等人的縱橫捭闔，也早已理順外交關係，整個「國際環境」大爲有利於燕國。伐齊的條件已趨成熟，堪稱「萬事具備，只欠東風」──只等燕昭王發號施令了。

燕昭王二十八年（西元前 284 年），作爲「燕趙共相」的樂毅，被燕昭王任命爲上將軍（趙惠文王也以相國印授樂毅），統率燕、趙、魏、韓、秦五國聯軍〔註 26〕，浩浩蕩蕩地開赴齊國邊境。蔚爲壯觀的伐齊行動，就這樣上演了。

樂毅統率五國大軍聯合伐破齊國，主要經歷了濟西大戰和秦周小戰，即《戰國策‧燕策二》所說的「率天下之兵以伐齊，大戰一，小戰再，頓齊國」。五國聯軍從趙國的東南邊出擊齊國的濟西，率先攻取靈丘（今山東高唐南），使之成爲一大有力據點（《史記‧趙世家》）。

大軍壓境，齊湣王惶恐不安，火速徵發全國的主力軍，派觸子爲將〔註 27〕，應戰於濟上（濟水之西）。齊湣王退敵心切，急欲觸子出戰，特意派人前去傳令，「不戰，必刲若類，掘若墓」，觸子深感左右爲難，等到臨陣交戰時，便鳴金退卻，五國聯軍乘勝追擊，大獲全勝，「觸子因以一乘去，莫知其所，不聞其聲」（《呂氏春秋‧慎大覽‧權勳》）。濟西大捷後，樂毅遣返了秦、趙、魏、韓四國軍隊，單獨率軍在齊境作戰。

〔註 26〕 這次合縱伐齊行動的參與國，《戰國策‧燕策一》和《史記》的《秦本紀》、《趙世家》、《魏世家》都說是燕、趙、魏、韓、秦五國，《樂毅列傳》說是燕、趙、魏、韓、楚五國，而《燕召公世家》、《田敬仲完世家》和《楚世家》則說包括楚國在內共爲六國。按：伐齊者當爲燕、趙、魏、韓、秦五國，因爲楚非但未參加伐齊行動，反而派淖齒救齊。

〔註 27〕 觸子，《戰國策‧齊策六》作「向子」，《燕策二》作「蜀子」。「向子」當爲「蜀子」之誤，而「蜀」因與「觸」形近而誤。

接著，齊將達子統率殘餘的軍隊退守秦周（今山東臨淄西北），企圖保守臨淄。達子要求多發賞金以激勵士氣，但遭到齊湣王的斷然拒絕。結果，樂毅率軍又大敗齊軍於秦周，達子戰死。樂毅因而能以燕相職司，獨率燕軍乘勢長驅直入，攻入齊都臨淄，齊湣王倉皇出逃。《呂氏春秋・慎大覽・權勳》評論說，「此貪於小利以失大利者也」。據說燕軍攻陷齊都臨淄後，「相與爭金於美唐甚多」（同上）。所謂「美唐」，即齊「金藏所在」（高誘注）。除了燕國士卒爭相搶奪的財物外，齊國的許多重器（如銅器）都被輸送回燕國，「樂毅遂入臨淄，盡取齊之寶藏器」（《史記・田敬仲完世家》），「樂毅攻入臨淄，盡取齊寶財物祭器輸之燕。……齊器設於寧臺，大呂陳於元英，故鼎反乎歷室」（《史記・樂毅列傳》）。

燕昭王喜聞捷報，大喜過望〔註28〕，親自勞師至濟上，封樂毅於昌國（今山東臨淄東南），號昌國君；隨後，燕昭王「收齊之鹵獲以歸」（《史記・樂毅列傳》）。燕昭王夢寐以求的「以刷先王之恥」〔註29〕的多年夙願，自此方得以遂心如意。

樂毅為籠絡人心，又大肆取悅齊人，「修整燕軍，禁止侵掠，求齊之逸民，顯而禮之，寬其賦斂，除其暴令，修其舊政」，結果齊民大悅。之後，樂毅兵分五路進擊齊城：「中軍據臨淄而鎮齊都」，「左軍渡膠東、東來」，「右軍循河、濟，屯阿、鄄以連魏師」，「前軍循泰山以東至海，略琅邪」，「後軍旁北海以撫千乘」在此過程中，樂毅還在臨淄「祀桓公、管仲於郊，表賢者之閭，封王蠋之墓。齊人食邑於燕者二十餘君，有爵位於薊者百有餘人」（《資治通鑑》卷四《周紀四》赧王三十一年）。燕軍在齊基本上勢如破竹，六月之間，連下齊七十餘城，「皆為郡縣以屬燕」，僅即墨（今山東平度東南）、莒（今山東莒縣）未下（《史記・樂毅列傳》）。其後五年，樂毅仍然留在齊國境內，但一直沒有拿下即墨和莒。

齊人立君於莒

西元前 284 年「合縱」攻齊的號角吹響之後，齊湣王立刻發覺蘇秦原來是燕國反間，勃然大怒，「車裂蘇秦於市」（《戰國策・楚策一》，另見《趙策

〔註28〕樂毅在《報燕王書》中說「先王（燕昭王）以為愜其志」（《戰國策・燕策二》），而《新序・雜事三》引文作「先王以為快其志」，一「愜」一「快」，形象地表達了燕昭王大喜過望的心情。

〔註29〕馬王堆漢墓帛書整理小組編：《戰國縱橫家書》，第69頁。

二》)。

　　樂毅率領燕軍攻陷齊都臨淄後，齊愍王一度出奔到衛，後經鄒、魯等國而重返齊邑莒。莒在齊長城以南，原爲齊五都之一，此時尚未淪陷。五國聯合伐齊時，楚國並未參與該次行動，反而派遣淖齒（一作卓齒、踔齒）率軍前往援助，齊愍王任之爲相國。但楚國此次出兵的眞正目的並不在於助齊，而在於收回被宋攻取的淮北之地，同時控制齊國的政權；因此淖齒至齊後便和齊愍王發生了矛盾，遂殺齊愍王於莒之東廟，而與燕共分齊之侵地鹵器（《史記·田敬仲完世家》、《韓非子·難一》)。

　　淖齒殺齊愍王後，齊愍王從者王孫賈率四百人討殺淖齒。齊愍王被殺後，「其子法章變名姓爲莒敫家庸」；淖齒去莒後，莒人共立法章，是爲襄王。齊襄王保命於莒，以抗拒燕國，並布告國中曰：「王已立在莒矣！」（《史記·田敬仲完世家》、《史記·田單列傳》)

昭王深信樂毅

　　樂毅圍即墨、莒，三年不克，有人進讒言於燕昭王，「樂毅智謀過人，伐齊，呼吸之間克七十餘城，今不下者兩城耳。今齊王已服，所以未發者，以其妻子在燕故也。且齊多美女，又將忘其妻子。願王圖之！」燕昭王於是置酒大會，引進讒言者而當眾責備他：「先王舉國以禮賢者，非貪土地以遺子孫也。遭所傳德薄，不能堪命，國人不順。齊爲無道，乘孤國之亂以害先王。寡人統位，痛之入骨，故廣延群臣，外招賓客，以求報讎；其有成功者，尚欲與之同共燕國。今樂君親爲寡人破齊，夷其宗廟，報塞先仇，齊國固樂君所得也。樂君若能有齊，與燕並爲列國，結歡同好，以抗諸侯之難，燕國之福、寡人之願也。汝何敢言若此！」於是，毅然斬殺進讒言者。同時，燕昭王賜樂毅妻以後服，賜其子以公子之服；並派遣國相奉「輅車乘馬，後屬百兩」而致之樂毅，欲立樂毅爲齊王。樂毅惶恐不安，拜書不受，以死自誓。由是，燕人服其義，諸侯畏其信，莫敢復有謀者〔註30〕。

　　燕昭王之英明果斷，由此可見一斑。而樂毅伐齊之豐功偉績，著實令人歎爲觀止，司馬遷於此激賞不已，「（樂毅）率行其謀，連五國之兵，爲弱燕報強齊之讎，雪其先君之恥。作《樂毅列傳》第二十」（《史記·太史公自序》)。

〔註30〕《資治通鑑》卷四《周紀四》赧王三十六年，第137～138頁。

五、破胡置郡，修築長城

（一）襲破東胡，設置五郡

根據《史記‧朝鮮列傳》記載，「全燕」〔註31〕時期的燕國「嘗略屬眞番、朝鮮，爲置吏，築鄣塞」。所說「全燕」時，只有燕昭王時期可與之相當。燕昭王之時，燕國賢將秦開爲質於東胡，胡甚信之。歸燕後，秦開率軍襲破東胡，東胡卻千餘里，燕國因此得以拓土於遼東。其後，燕國陸續設置了上谷（治所在今河北懷來東南）、漁陽（治所在今北京密雲西南）、右北平（治所在今河北平泉縣）、遼東（治所在今遼寧遼陽市）、遼西（治所在今遼寧錦州西北）五郡；並修築北長城，西起造陽（今河北懷來東北），東至襄平（今遼寧遼陽市）（《史記‧匈奴列傳》）。

關於秦開的確切身份，史無明文記載。陳平推測，秦開既然能替燕爲質於胡，恐非一般燕將，應當是燕昭王很重要而親近的直系親屬〔註32〕。至於秦開襲破東胡的具體年代，應當就發生在燕昭王破齊以後至其病卒之前的五、六年之中，而最大的可能應在燕昭王二十九年至三十三年的三、四年間，即西元前 282 年至前 280 年。因爲燕國自燕王噲、子之生亂爲齊所破，直至燕昭王二十八年大舉破齊之前，一直小心謹慎、養精蓄銳，不敢出頭露面以炫耀武力，而嗣後的燕惠王、武成王皆非有志破卻東胡千里之英主，且亦已無如此強盛之武力〔註33〕。陳平此說，可以信從。我在這裡特意補充一項證據，算是「玉成」其說。

呂祖謙（1137～1181）《大事記解題》卷四說：「秦開不知當燕何君之世，然秦武陽乃開之孫，計其年，或在昭王時。」其實，秦開確實就是燕昭王時人。據《史記‧匈奴列傳》記載，西元前 227 年與荊軻一同前往咸陽刺殺秦王嬴政的勇士秦舞陽，就是秦開之孫。秦舞陽「年十三〔註34〕能殺人，人不敢忤視」（《史記‧刺客列傳》）；而他與荊軻同往咸陽時，已絕非十四五歲的少年（人多持此論），應當是二十出頭的青年（太子丹不可能派遣一個少不更事的毛頭少年直接參與如此重大的行動），故而秦舞陽當出生於西元前 250 年左右；再上溯乃父，當出生於西元前 280 年左右，即在秦開襲破東胡

〔註31〕 《朝鮮列傳》索隱：「始全燕時，謂六國燕方全盛之時。」
〔註32〕 陳平：《燕史紀事編年會按》下冊，第 213 頁。
〔註33〕 陳平：《燕史紀事編年會按》下冊，第 212～213 頁。
〔註34〕 《戰國策‧燕策三》作「十二」。

以後。

（二）修築北長城

關於燕國的北長城，《史記·匈奴列傳》的記載非常簡略，只有簡短的兩句話，「燕亦築長城，自造陽（今河北懷來東北）至襄平（今遼寧遼陽市）」。

解放以前，馮家昇（1904～1970）、金毓黻（1887～1962）等根據《魏書》、《通典》等文獻材料曾經做過考證〔註35〕，但他們據以立說的這兩條材料本身就有問題，其結論自亦不可信。解放以後，考古工作者對燕國的北長城專門做了實地考察，佟柱臣（1920～2011）、李文信調查了從圍場至赤峰一段〔註36〕，遼寧文物工作者調查了自赤峰至敖漢一段，李殿福等調查了奈曼、庫倫兩旗的一段〔註37〕，蕭景全調查了遼東地區的燕秦漢長城障塞〔註38〕，基本上弄清楚燕國北長城的大致情形。燕國北長城西起今河北省的獨石口北，東經圍場、赤峰北至敖漢旗的南半部進入奈曼旗的牤牛河上游，東去庫倫旗南部，再繼續往東蜿蜒至阜新縣北部，過彰武、法庫東抵開原，開原以東以障塞形式一直伸延到朝鮮半島之龍崗（碣石）。燕北長城有土築，有石築，而以土築段為長；迂山而以石壘，過平原而以土築；土築段多為夯土築之，保存完好的段落至今尚有殘存（高1～2米，底寬6～8米）。燕所築北長城，就是秦長城的東段〔註39〕。燕北長城在朝鮮半島的一段，已經被朝鮮考古界發現並命名為「大寧江長城」，其走向是：沿昌城江、大寧江而至清川江下游北岸的博川〔註40〕。在燕國長城沿線及其以內地區，發現了數量頗多的城鎮村落遺址和墓葬，出土了許多戰國鐵器、銅器和金屬貨幣等，反映了燕人開發、經營這塊土地的歷史事實。燕人不僅在此推廣了鐵器，而且也發展

〔註35〕 馮家昇：《周秦時代中國經營東北考略》，《禹貢》半月刊，第 2 卷第 11 期；金毓黻：《東北通史》第二卷，重慶：五十年代出版社，1944 年（1981 年重印）。

〔註36〕 佟柱臣：《考古學上漢代及漢代以前的東北疆域》，《考古學報》，1956 年第 1 期。李文信：《中國北部長城沿革考》，《社會科學輯刊》，1979 年第 1 期。

〔註37〕 李殿福：《東北境內燕秦長城考》，《黑龍江文物叢刊》，1982 年第 2 期；李殿福：《吉林省西南部的燕秦漢文化》，《社會科學戰線》，1978 年第 3 期。

〔註38〕 蕭景全：《遼東地區燕秦漢長城障塞的考古學考查研究》，《北方文物》，2000 年第 3 期。

〔註39〕 李殿福：《東北亞研究——東北考古研究（二）》，鄭州：中州古籍出版社，1994 年，第 49～50、59～62 頁。

〔註40〕 顧銘學、南昌龍：《戰國時期燕朝關係的再探討》，《社會科學戰線》，1990 年第 1 期。

了貨幣經濟〔註41〕。

（三）擴建南長城

既然提到了燕國的北長城，在這裡就有必要附帶說一下燕國的南長城。燕國的南長城是由易水的堤防擴建而成的，當時即以「易水、長城」連稱，「（秦）驅趙而攻燕，則易水、長城非王之有也」（《戰國策·燕策一》）。其修建年代也在燕昭王時，修建目的一如燕下都，主要是爲了防禦中山等國的侵襲，「不欲令諸侯之客伺隙燕邦，故修連下都」（《水經·易水注》）。

根據《水經·易水注》和《滱水注》的記載以及學者的實地考察，燕國的南長城從長城門（今河北易縣西南）起，穿過北易水，沿著南易水東向，經過汾門（今河北徐水西北），再沿著南易水和滱水（今大清河）而走向東南〔註42〕。在徐水縣西太行山下，還可找到沿瀑河東行至安新縣的一段夯土殘垣，寬4～6米，高2～4米。這裡曾經是燕國和中山國的分界線。

總之，在燕昭王統治時期，燕國的發展進入了全盛時期；在燕國八百年歷史上，這是「前無古人，後無來者」的一段黃金時期。對此，後世載籍予以高度評價，徑直使用了「全燕」、「鉅燕」等字眼，此爲確當之論〔註43〕。

〔註41〕劉子敏：《戰國時期燕國在遼東地區的貨幣經濟》，《松遼學刊》，1992年第4期。

〔註42〕楊寬：《戰國史》（增訂本），第323頁。

〔註43〕「全燕」之說，見於《史記·朝鮮列傳》；「鉅燕」之說，見於《山海經》的《海內北經》和《海內東經》。

第七章　衰落時期（戰國）

　　燕昭王治下的燕國，堪稱全盛，故史籍有「全燕」、「鉅燕」之說；後繼者若能踵武昭王，並發揚光大，那麼燕國嗣後的發展將不可限量。但是，這僅僅是一廂情願的美好的「歷史的假設」而已，後來的歷史事實無情地顛覆了這一美好的假設。燕國自昭王以降，國勢逐漸衰落，直至一落千丈、日薄西山，終亡於秦。

一、田齊反攻

惠王中計

　　正當樂毅在前線衝鋒陷陣、大軍勢如破竹之時，燕國後院卻頓起變故。在位三十三年而又頗有作爲的一代賢君——燕昭王逝世了。繼位的是燕昭王的兒子（即燕惠王），這一年是西曆紀元前 279 年。

　　燕惠王爲太子時，就與樂毅有隙。齊軍統帥田單聞訊後，心下竊喜，乃行反間於燕，宣言說：「齊王已死，城之不拔者二耳〔註1〕。樂毅畏誅而不敢歸，以伐齊爲名，實欲連兵南面而王齊。齊人未附，故且緩攻即墨以待其事。齊人所懼，唯恐他將之來，即墨殘矣。」（《史記·樂毅列傳》）燕惠王果然中計，隨即解除了樂毅的兵權，以騎劫取代了樂毅。樂毅情知不妙，便奔走趙國〔註2〕。

〔註1〕　《戰國策·燕策二》說齊有「三城未下」，姚宏注云此三城爲聊（城）、即墨、莒，但鮑彪糾正說樂毅未下之齊城只有即墨、莒，「蓋因燕將守聊城不下之事而誤」。鮑說有理。

〔註2〕　《史記》的《燕召公世家》、《樂毅列傳》及《戰國策·燕策二》，另可參看《太

田單復國

田單見反間計已然奏效，興奮之餘，仍然不敢掉以輕心，又一步一步地設下圈套，讓騎劫也一步一步地鑽入圈套而不自覺。

他先是令城中人「食必祭其先祖於庭」，飛鳥盤桓翔舞於即墨城池上空，隨後俯身下食，「燕人怪之」。田單于是揚言，「神來下教我」，又令城中人佯稱「當有神人爲我師」，並且「每出約束，必稱神師」。田單此舉，其目的有二：於齊而言是穩定軍心、自壯軍威，於燕而言是迷惑敵人、瓦解軍心。接下來，田單又揚言：「吾唯懼燕軍之劓所得齊卒，置之前行，與我戰，即墨敗矣。」燕人聞之，果如其言，盡劓齊國降卒之鼻。田單後又揚言，「吾懼燕人掘吾城外塚墓，僇先人，可爲寒心」。燕人於是又掘墓焚屍。齊人目睹燕人劓鼻、掘墓、焚屍，莫不痛哭流涕，怒火萬分，急欲出戰。經過這兩次考驗，田單深知齊人可用，「乃身操版插，與士卒分功。妻妾編於行伍之間，盡散飲食饗士」（《史記・田單列傳》）。

爲了進一步迷惑燕人，田單令甲卒皆伏於內，而使老弱女子登城，並派遣使節約降於燕。燕人以爲齊人已無鬥志，都歡呼「萬歲」。田單又收民金，得千餘鎰，派即墨富豪獻與燕將，「即墨即降，願無虜掠吾族妻妾」，燕將大喜，一一答允，「燕軍由此益懈」。田單又收得牛千餘頭，悉披以五采龍文之繒衣，縛兵刃於牛角，束油脂蘆葦於其尾。鑿城數十穴，夜縱牛，燒葦端，壯士五千人隨其後。火牛怒奔燕軍，燕軍大驚，視牛皆龍文，所觸盡死傷。五千壯士銜枚擊之，「而城中鼓譟從之，老弱皆擊銅器爲聲，聲動天地」。燕軍震恐大駭，紛紛敗走。齊人夷殺燕將騎劫，又追亡逐北至於河上，所淪陷的七十餘城復屬齊國（《史記・田單列傳》）。這，就是歷史上頗副盛名的「火牛陣」。

齊人於是迎襄王於莒，入居臨淄（今山東臨淄北）。齊王封田單于安平（今山東臨淄東北），號安平君。齊人復國，任命田單爲相國〔註3〕。

燕人這一敗，將燕昭王、樂毅、蘇秦等人苦心經營長達三十年之久的大好功業盡皆付諸東流水。眞可謂：三十功名塵與土，八千里路雲和月，莫等閒，付了東逝水，空悲切。

平御覽》卷二九二引《戰國策》。

〔註 3〕《史記》的《燕召公世家》、《田敬仲完世家》、《田單列傳》及《戰國策・齊策六》，另可參看《太平御覽》卷二八二引《戰國策》。

樂毅拒召

樂毅奔走趙國後，趙封之於觀津（今河北武邑東南），號望諸君。燕惠王對當初以騎劫代樂毅後悔不已，又怨恨樂毅降趙，擔心趙用樂毅而乘燕之弊以伐燕，於是派人責讓樂毅：「將軍過聽，以與寡人有隙，遂捐燕歸趙。將軍自爲計則可矣，而亦何以報先王之所以遇將軍之意乎？」

樂毅在報燕惠王書中回顧了燕昭王禮賢下士，信任自己、重用自己的知遇之恩，以及伐齊行動的勢如破竹，「以天之道，先王之靈，河北之地隨先王而舉之濟上。濟上之軍受命擊齊，大敗齊人。輕卒銳兵，長驅至國。齊王遁而走莒，僅以身免；珠玉財寶，車甲珍器，盡收入於燕。齊器設於寧臺，大呂陳於元英，故鼎反乎磨室，薊丘之植、植於汶篁〔註4〕。自五伯以來，功未有及先王者也」，然後又述說自己之所以要離燕歸趙的原因，「臣聞之，善作者不必善成，善始者不必善終。昔伍子胥說聽於闔閭，而吳王遠迹至郢；夫差弗是也，賜之鴟夷而浮之江。吳王不寤先論之可以立功，故沈子胥而不悔；子胥不蚤見主之不同量，是以至於入江而不化。夫免身立功，以明先王之迹，臣之上計也；離毀辱之誹謗，墮先王之名，臣之所大恐也；臨不測之罪，以幸爲利，義之所敢出也。臣聞古之君子，交絕不出惡聲；忠臣去國，不潔其名。臣雖不佞，數奉教於君子矣。恐侍御者之親左右之說，不察疏遠之行，故敢獻書以聞，唯君王之留意焉！」於是，燕王又以樂毅子樂閒爲昌國君，而樂毅往來復通燕，最後卒於趙〔註5〕。

公孫操弑君

西元前 272 年（燕惠王七年），燕相成安君公孫操弑殺燕惠王，擁立其子爲武成王。這一年，秦、魏、楚、韓以「定亂」爲名，趁火打劫，共伐燕國〔註6〕。

二、燕趙戰爭

就燕國所處的軍事地理位置而言，北邊胡狄，東接田齊，西連強趙，曾

〔註4〕關於這幾句話的解釋，請參看陳寅恪的《薊丘之植植於汶篁之最簡易解釋》（《金明館叢稿二編》，上海：上海古籍出版社，1980 年，第 261～263 頁）。

〔註5〕《史記‧樂毅列傳》。另見《戰國策‧燕策二》、《資治通鑑》卷四《周紀四》赧王三十六年（第 141 頁）。

〔註6〕《史記》的《燕召公世家》、《秦本紀》、《趙世家》、《韓世家》、《楚世家》、《六國年表》；另見《資治通鑑》卷五《周紀五》赧王三十六年條，無「韓國」，第 154 頁。

經一度弱小，「東不如齊，西不如趙」（《戰國策·燕策一》）。但經過燕昭王、蘇秦、樂毅等人的苦心經營後，北破東胡，築長城，置五郡，基本上解決了胡狄擾邊的憂患；又東敗強齊，雖然功虧一簣，但元氣大傷的齊國，一時難以對燕構成威脅；惟獨西邊的趙國，經過趙武靈王「胡服騎射」後，勢力大增，南征北戰，國力大振，儼然一介大國、強國，不可須臾小視。

面對這樣一種「國際形勢」，聰明而睿智的燕國決策者，本來應該力求和好於趙，建立友好的睦鄰關係。關於個中利害關係，深具遠見的蘇代（蘇秦之弟）有著清醒的認識，他引用「鷸蚌相爭，漁翁得利」的寓言，力陳趙勿伐燕的理由，「今趙且伐燕，燕、趙久相支，以弊大眾，臣恐強秦之為漁父也」（《戰國策·燕策二》）；而就與燕的距離而言，秦遠趙近，趙之攻遠較秦之攻更為近便，「秦之攻燕也，戰於千里之外；趙之攻燕，戰於百里之內。夫不憂百里之患而重千里之外，計無過於此者。是故願大王與趙從親，天下為一，則燕國必無患矣」（《史記·蘇秦列傳》）。

但非常遺憾的是，深謀遠慮如燕昭王者，大智大勇如蘇秦者，能征慣戰如樂毅者，或仙逝，或殞命，或遠遁；繼位的燕惠王、武成王、孝王以及末代帝王燕王喜，多乏善可陳，也沒有真正能輔助得力的臣僚。於是，燕昭王之後的燕國，幾乎是江河日下。而錯中之錯，恐怕莫過於挑釁西鄰趙國，發動燕趙戰爭，使兩國兵燹交，落得個兩敗俱傷。「鷸蚌相爭，漁翁得利」，最終得「漁翁之利」的是東面的齊國（小利）和西面的秦國（大利）。

田單攻燕

燕武成王七年（西元前 265 年），燕國封君高陽君榮蚠（宋人）率兵攻趙。趙孝成王以割讓濟東令盧、高唐、平原陵三城予齊的代價聘請齊人安平君田單為將，由他率軍還擊燕人。田單此次還擊，一舉拔燕之中陽（今河北唐縣西）〔註7〕。

燕拔昌城

西元前 260 年，前後歷時長達三年之久的長平之戰終於以趙國的慘敗而告終，趙括戰死沙場，白起坑殺趙國降卒四十餘萬（《史記·秦本紀》、《趙世家》）。趙國元氣至此大傷。而就在此時，燕國於趙有不義之舉。西元前 259

〔註7〕《戰國策·趙策四》、《史記》的《燕召公世家》、《趙世家》、《六國年表》：「中陽」一作「中人」，《資治通鑑》卷五《周紀五》作「中陽」。

年，趙國抵抗秦國的邯鄲保衛戰尚未結束，趙武垣令傅豹、王容、蘇射〔註8〕竟然率領原燕國之眾叛歸燕國（《史記‧趙世家》）。此舉無異於落井下石，見死不救。

燕國於趙非但「不義」，而且「不仁」。燕孝王二年（西元前 256 年），燕國或許是想趁火打劫，派兵進攻過趙國的昌城〔註9〕（今河北冀縣西北），五月而拔之（《史記‧趙世家》）。昌城去燕下都有數百里之遙，業已深入趙國腹地，逼近沙丘宮。

西元前 266 年，秦昭王任用范雎爲相，並採納了范雎的「遠交近攻」策略，即先進攻鄰近的三晉，暫時置遠方的齊、楚不顧。而燕國在這之後發動燕趙戰爭，業已落入秦人之彀，無異於幫秦之忙而砸己之腳。

趙敗燕師

燕王喜四年（前 251 年），燕相栗腹至趙約歡，以五百金爲趙孝成王祝酒。栗腹在趙國耳聞目睹了趙國長平之戰後的「凋敝」情景，認爲有機可乘，返國後稟報燕王：「趙王壯者者皆死長平，其孤爲壯，可伐也。」燕王召見昌國君樂閒，樂閒勸燕王不要進兵趙國，「趙四戰之國，其民習兵，不可伐」。燕王說：「吾以五而伐一。」樂閒仍然認爲趙國不可伐。燕王怒火中燒，執意要伐趙；而群臣也都認爲趙可伐。但大夫將渠仍然忠言進諫，先與人五百金通關約交，後又起兵攻伐，這是不祥之兆啊，出兵必不成功；但燕王不聽。

這一年，燕起二軍、車二千乘伐趙〔註10〕，一支由栗腹統帥攻鄗（今河北柏鄉北）〔註11〕，一支由卿秦〔註12〕統帥攻代（今河北蔚縣東北），燕王也自將偏師隨其後。趙國也隨即起兵迎擊，廉頗擊破栗腹於鄗，樂乘擊破卿秦

〔註8〕 《史記‧趙世家》的《正義》引《括地志》說：「武垣故城，今瀛州城是也，武垣北，是屬趙，與燕接境，故云率燕眾反燕地也。」陳平懷疑三人原爲燕之武垣令，趙奪燕武垣後，仍以三人爲武垣令長，現見趙逢長平之敗，故又乘機率領燕眾仍以武垣之地返歸燕國（《燕史紀事編年會按》下冊，北京：北京大學出版社，1995 年，第 281 頁）。其說有理，而我對此事的評論與此並不相悖。

〔註9〕 《史記‧趙世家》，原作「昌狀」，誤。此據《史記正義》改。

〔註10〕 《戰國策‧燕策三》說當時燕國起兵有六十萬之眾。

〔註11〕 東漢光武帝即位於此，改名高邑。

〔註12〕 《燕召公世家》和《資治通鑑》卷六《秦紀一》作「卿秦」，《戰國策‧燕策三》作「慶秦」。

於代，燕軍大敗而逃。廉頗率軍一路追擊，趙國大軍挺進五百餘里，直至圍困燕都。

燕國招架不住，派人請和。趙不答應，說非得讓將渠來「處和」才肯罷休。而此時樂閒已奔走趙國，燕王便以將渠爲相以處和。這樣，趙軍才解圍而去〔註13〕。

燕趙三戰

燕國兩度進攻趙國，大大激怒了趙人；而趙國一戰得手，便連年反攻。次年（西元前 250 年），趙將廉頗、樂乘再度進圍燕都，燕饋以重禮求和，趙方解圍而去（《史記・趙世家》、《樂毅列傳》）。西元前 249 年，趙將樂乘又圍攻燕都。西元前 248 年，趙派廉頗、延陵鈞助魏攻燕（《史記・趙世家》）。

燕趙易土

燕趙連年交戰，秦國樂不可支，相繼於西元前 247 年拿下韓國的上黨，又「攻趙楡次、新城、狼孟，取三十七城，初置太原郡」（《史記・秦本紀》）。趙國迫於秦的壓力，不得不於燕王喜八年（西元前 247 年）與趙易土。趙以龍兌（今河北滿城境）、汾門（今河北徐水西北）、臨樂（今河北固安西南）易燕葛（即阿，今河北徐水東南）、平舒（今河北大城）、武陽（今河北易縣東南）等地（《史記・趙世家》）。

李牧攻燕

李牧，趙北方良將，曾經駐守代和雁門備匈奴，平素「習騎射，謹烽火，多間諜，厚遇將士」，使匈奴十餘年不敢近趙邊。西元前 243 年（燕王喜十二年），李牧攻燕，拔武遂（今河北徐水縣西北）、方城（今河北固安縣西南）〔註14〕。

龐煖攻燕

劇辛曾經居趙，與龐煖友善，後仕於燕。西元前 242 年（燕王喜十三年），燕見趙數困於秦，廉頗奔魏，龐煖爲將，欲乘趙弊而攻之。燕王喜問於劇辛，

〔註13〕 《戰國策・燕策三》、《史記》的《燕召公世家》、《趙世家》、《廉頗列傳》和《資治通鑒》卷六《秦紀一》。

〔註14〕 《史記》的《燕召公世家》、《趙世家》、《李牧列傳》、《廉頗列傳》、《六國年表》；另見《資治通鑒》卷六《秦紀一》始皇帝三年，第 205～206 頁。

劇辛說：「龐煖易與耳。」於是，燕王派劇辛攻趙。趙派龐煖還擊，擒殺燕將劇辛，取燕師二萬〔註15〕。《鶡冠子・世兵》對此評論說：「自賊以爲禍門，身死以危其君，名實俱滅，是謂失此不還人之計也，非過材之薊也。……是劇辛能絕，而燕王不知人也。」此事對燕國危害甚大，《韓非子・飾邪》直截了當地說，「劇辛之事燕，無功而社稷危」。不知人而用之，禍莫大焉！同一年，秦拔魏二十城，置東郡〔註16〕。

西元前 236 年（燕王喜十九年），趙派龐煖攻燕，取狸（今河北任丘縣東北）、陽城（今河北唐縣東）。秦以救燕爲名，派王翦、桓齮、楊端和伐趙，取閼與（今山西和順）、鄴（今河北磁縣南鄴鎮）、安陽等九城〔註17〕。

由以上敘述可以看出，在短短的三十年（西元前 265 年至前 236 年）中，燕趙之間的戰爭就有九次之多。燕國在關鍵的戰國後期，出於「錯誤的決策」，發動了數場「錯誤的戰爭」，可悲可歎！而與趙爲戰，燕國是敗多勝少（一勝八敗），常常是得不償失，空耗國力，可憐可笑！燕國在戰國後期的迅速衰落，與這數次燕趙戰爭不無關係。

三、荊軻刺秦

秦軍兵臨易水

西元前 230 年，秦派內史騰攻韓，俘虜韓王安。西元前 228 年，秦將王翦率軍攻擊趙軍，一舉大獲全勝，殺死趙軍統帥趙蔥，顏聚逃亡，邯鄲淪陷，趙王遷被俘〔註18〕。趙公子嘉率領其宗族數百人惶惶出奔代（今河北蔚縣東北），自立爲代王，苟延殘喘於邊陲之地〔註19〕。

但秦軍並沒有就此罷兵回師，王翦仍然引兵北上，屯軍於中山以臨燕。窮途末路的代王嘉與燕合兵，屯軍於上谷。因秦國內「大饑」，兩軍才暫時處於對峙狀態〔註20〕。

〔註15〕 此從《史記・六國年表》和《資治通鑑》卷六《秦紀一》，《燕召公世家》繫於上年；另可參看《趙世家》、《廉頗列傳》。

〔註16〕 《史記》的《六國年表》、《秦始皇本紀》、《燕召公世家》。

〔註17〕 《史記》的《趙世家》、《秦始皇本紀》、《燕召公世家》、《六國年表》；另見《資治通鑑》卷六《秦紀一》始皇帝十一年，第 218 頁。

〔註18〕 胡三省認爲，「趙至是亡」（《資治通鑑》卷六《秦紀一》始皇帝十九年，第 224 頁。

〔註19〕 《史記》的《六國年表》、《秦始皇本紀》、《燕召公世家》、《趙世家》。

〔註20〕 《戰國策・燕策三》、《史記》的《秦始皇本紀》、《燕召公世家》。

太子尋機復仇

秦軍兵臨易水，燕國可以說是危在旦夕。身爲燕國太子的丹，患秦兵逼境，急急派遣荊軻、秦舞陽入秦刺殺秦王〔註 21〕，在歷史上演出了一場轟轟烈烈的「荊軻刺秦」故事。但這中間有一則插曲需要略費筆墨敘述一下。

太子丹（？～前 226 年），燕王喜之子，名丹。曾在趙國爲質，與出生在趙國的嬴政（即後來的秦始皇）交往甚厚。嬴政回國被立爲秦王後，太子丹又質於秦〔註 22〕。但嬴政待丹無禮，怨恨滿天的丹忍無可忍，便於西元前 232 年逃歸燕國〔註 23〕。

歸國之後的太子丹，一直籌劃著如何報仇雪恨。太子丹曾經就此事詢問其傅〔註 24〕鞠武（一作麴武〔註 25〕）。深謀遠慮的鞠武規勸太子要從長計議，應該先西約三晉，南連齊、楚，北和匈奴，然後才能圖謀報秦仇。但太子丹急於報仇，認爲鞠武之計曠日彌久，令人著急心悶，恐怕難以等待。太子丹和盤托出「刺秦」計劃，鞠武無奈，但仍然語重心長地對丹說：「太子貴匹夫之勇，信一劍之任，而欲望功，臣以爲疏。」報仇心切的太子丹不願採納鞠武的忠告，萬般無奈的鞠武便舉薦田光接替自己，之後便飄然身退（《燕丹子》卷上）。

田光被鞠武舉薦給太子丹後，受到規格極高的禮遇。田光自以爲已經衰朽，不能再爲太子的復仇計劃盡力，他向太子丹保薦了勇士荊軻。田光隨即自殺〔註 26〕，一則明其至死不泄密的立場，二則以死激荊軻。

荊軻（？～前 227 年），或說字次非（《博物志・異聞》），祖籍齊國，後徙居衛國，衛人稱之爲慶卿〔註 27〕。衛國滅亡後，他又來到燕國，燕人稱之

〔註 21〕 《資治通鑒》卷六《秦紀一》始皇帝十九年繫此事於西元前 227 年，第 226 頁。

〔註 22〕 按：太子丹之質於秦，一則固然與秦王嬴政有關（二人在趙國時已經建立了良好的友誼），二則恐亦與燕人蔡澤的遊說有關。《戰國策・秦策三》說蔡澤在秦爲相數月而免，後又「爲秦使於燕」，接著就有「三年而燕使太子丹入質於秦」。蔡澤之「爲秦使於燕」，顯然與「太子丹入質於秦」有著一定的聯繫。

〔註 23〕 《史記》的《燕召公世家》、《六國年表》和《燕丹子》。

〔註 24〕 《戰國策・燕策三》、《資治通鑒》卷六《秦紀一》作「太傅」，《燕丹子》、《史記・刺客列傳》作「傅」。

〔註 25〕 《燕丹子》作「麴武」，《戰國策・燕策三》、《史記・刺客列傳》作「鞠武」。

〔註 26〕 《燕丹子》說「（田光）向軻吞舌而死」，《戰國策・燕策三》說「遂自剄而死」，《史記・刺客列傳》說「遂自刎而死」。

〔註 27〕 《史記・刺客列傳》索隱：「軻先齊人，齊有慶氏，則或本姓慶。春秋慶封，

為荊慶或荊叔。荊軻與善擊築者高漸離友善，二人常飲酒作樂，歌於市中。荊軻「好讀書、擊劍」，「為人沈深好書，其所遊諸侯，盡與其賢豪長者相結」（《史記‧刺客列傳》）。田光推薦他入見太子丹，受到丹無所不至的禮待，被尊為上卿〔註28〕。

西元前 228 年，秦軍兵臨易水，太子丹認為若再不實施「刺秦」計劃，將悔之晚矣，便與荊軻謀劃如何刺殺秦王。荊軻一針見血地指出，「刺秦」計劃要實施，必須具備兩個至關重要的因素（二者缺一不可）：一是進獻秦國降將樊於期〔註29〕的首級以取信於秦王，因為樊於期戰敗來降，得罪於秦王，「父母宗族皆為戮沒」，「秦王購之金千斤，邑萬家」；二是進獻燕國督亢地圖，因為督亢（今河北涿縣、易縣、固安一帶）是燕國的富饒之地，是貪婪的秦王急於獲得的地盤。但太子丹有些不忍心，因為樊於期窮困來投奔而又出賣他，於心何忍。於是荊軻只好私下去見樊於期，樊於期為成全荊軻和太子丹的復仇計劃，毅然自刎。太子丹聞訊，伏屍而哭，悲不自勝，但也無可奈何，便命人「函盛其首」。在這之前，太子丹已經事先求購了一把「天下之利匕首」──趙人徐夫人匕首，並以毒藥焠之，「以試人，血濡縷，人無不立死者」〔註30〕。

荊軻咸陽刺秦

西元前 228 年，「刺秦」計劃的特別行動小組出發了。組長是荊軻，副使是「年十三〔註31〕，殺人，人不敢忤視」的燕國人秦舞陽〔註32〕（《史記‧刺客列傳》）。美中不足的是，秦舞陽並不是荊軻所願意接受的幫手，而他所等待的朋友尚未抵達燕都。

出發之日，太子丹和賓客知情者都素白衣冠前往送行。在易水告別之時，荊軻引吭高歌：「風蕭蕭兮易水寒，壯士一去兮不復還。」高漸離擊築，為變

其後改姓賀。此下亦至衛而改姓荊。荊、慶聲相近，故隨在國而異其號耳。」

〔註28〕　《燕丹子》卷下說：「太子遇（荊）軻甚厚，黃金投龜，千里馬肝，姬人好手，盛以玉盤。」

〔註29〕　楊寬認為，樊於期就是因戰敗而畏罪逃亡的秦將桓齮〔《戰國史》（增訂本），上海：上海人民出版社，1998 年，第 429 頁注釋 1〕。

〔註30〕　《史記‧荊軻列傳》、《戰國策‧燕策三》、《燕丹子》卷下、《資治通鑒》卷六《秦紀一》。

〔註31〕　《戰國策‧燕策三》作「十二」。但此時隨從荊軻前往刺秦的秦舞陽，絕非十二三歲的少年，當為二十左右的青年。前人和今人於此多有誤解。

〔註32〕　《戰國策‧燕策三》作「秦武陽」，《史記‧匈奴列傳》說秦舞陽是秦開之孫。

徵之聲，宋意和之。爲壯聲則發怒衝冠，爲哀聲則士皆流涕。荊軻就車而去，終已不顧（《燕丹子》卷下、《史記‧刺客列傳》）。這一幕慷慨悲壯，足可以驚天地、泣鬼神，是一直爲後世所樂於稱道的燕趙「慷慨悲歌」之風的絕妙典型！

西元前 227 年，荊軻一行到達咸陽後，通過秦王寵臣中庶子蒙嘉〔註33〕卑辭以求見。秦王聞訊，大喜過望，身著朝服，設九賓之禮接見荊軻二人。荊軻手捧樊於期首級，秦舞陽手捧督亢地圖，「鐘鼓並發，群臣皆呼萬歲。舞陽大恐，兩足不能相過，面如死灰色」。荊軻謝罪道，「北蕃蠻夷之人，未見天子」，並請秦王就近拜閱督亢地圖（《燕丹子》卷下）。結果，「圖窮而匕首見」，荊軻隨即左手把秦王衣袖，右手揕其胸，一路數落秦王的罪狀。秦王絕袖而走，荊軻環柱追殺；事起倉促之間，群臣愕然，手足無措。有人提醒秦王拔劍，但劍身太長，一時竟然無法拔出。侍醫夏無且以藥囊投擲荊軻，秦王乃負劍拔以擊荊軻，斷其左股。荊軻以匕首擲秦王，不中，擊中銅柱。荊軻知事不成，倚柱而笑，箕踞而罵，「事所以不成者，乃欲以生劫之，必得約契以報太子也」。左右遂斬殺荊軻，秦王目眩驚悸良久〔註34〕。

荊軻刺秦，其本意在傚仿曹沫挾持齊桓公以退還侵地故事，但時移勢遷，「彼一時，此一時也」（《孟子‧公孫丑下》）。唐人李翱（772～841）的評論堪稱一語中的，「事雖不成，然亦壯士也。惜其智謀不足以知變識機。始皇之道，異於齊桓；曹沫功成，荊軻殺身，其所遭者然也。……軻不曉而當之，陋矣」！〔註35〕柳宗元（773～819）亦云：「秦皇本詐力，事與桓公殊。奈何效曹子，實謂勇且愚。」〔註36〕宋人王應麟（1223～1296）亦指斥燕丹愚不可及，「燕丹之用荊軻，欲以齊桓待秦政，不亦愚乎」！〔註37〕縱使荊軻刺秦成功，也無濟於事，因爲「即幸而殺秦王，秦豈無復仇之舉；見陵之辱，未見息也」〔註38〕。但荊軻刺秦的悲壯故事，卻成爲燕趙「任俠」的鐵證，給

〔註33〕《燕丹子》卷下作「蒙白」，當以《史記‧刺客列傳》和《戰國策‧燕策三》作「蒙嘉」爲是。

〔註34〕《戰國策‧燕策三》、《燕丹子》卷下、《史記‧刺客列傳》、《資治通鑑》卷七《秦紀二》。

〔註35〕〔唐〕李翱：《題燕太子丹傳後》，《李文公集》卷五，文淵閣四庫全書本。

〔註36〕〔唐〕柳宗元：《詠荊軻》，《柳河東集》卷四十三，文淵閣四庫全書本。

〔註37〕〔宋〕王應麟：《困學紀聞》卷七《公羊傳》，瀋陽：遼寧教育出版社，1998年，第 155 頁。

〔註38〕〔清〕龔煒：《巢林筆談》卷三《燕丹遣軻大失策》，北京：中華書局，1981 年。

後世留下了揮之不去的印象、歌詠不絕的題材。漢代之時，在諸如山東嘉祥縣武梁祠的漢代畫像石上，還有「荊軻刺秦王」的精彩畫面〔註 39〕。在江蘇泗陽縣打鼓墩樊氏墓畫像石上（墓葬年代屬於魏晉時期），也有「荊軻刺秦王」的精美畫面〔註 40〕。直到東晉，大詩人陶潛（365～427）還揮毫寫下了《詠荊軻》：「惜哉劍術疏，奇功遂不成。其人雖已沒，千載有餘情。」〔註 41〕唐初詩人駱賓王（627？～684？）在《易水送別》中詠歎道：「此地別燕丹，壯士髮衝冠。昔時人已沒，今日水猶寒。」壯哉！悲哉！

　　荊軻刺秦失敗的消息傳回燕國後，太子丹似乎有點不以爲然，「吾知其然也」；因爲早在與荊軻易水訣別後，他就相過氣，「見（白）虹貫日不徹，曰：『吾事不成矣。』」（《史記·魯仲連鄒陽列傳》集解引《烈士傳》）〔註 42〕。通過相氣預測勝敗，這固然是迷信，但它卻透露了一個「歷史信息」：方術在燕國頗爲盛行。李學勤結合馬王堆漢墓帛書《天文氣象雜占》，對此進行專門分析：在漢代人看來，荊軻爲太子丹刺秦而出現「白虹貫日」，是精誠感天所致；而「白虹貫日」的出現，也正說明荊軻刺秦當在冬季〔註 43〕。

　　後人爲了紀念荊軻，在易縣修建了荊軻塚（衣冠塚）。遼代之時，有漢民在衣冠塚上修築了荊軻踏（又名荊軻招魂塔）；塔後毀，明萬曆六年（1578 年）重建，八角十三層〔註 44〕。荊軻塔位於河北易縣城南 1.5 公里處，瀕臨北易水，依山傍水，風景秀美。

四、國破家亡

王翦拔薊

　　荊軻咸陽刺殺秦，功敗垂成。驚魂不已的秦王龍顏大怒，隨即增派兵力

〔註 39〕濟寧地區文物組等：《山東嘉祥宋山 1980 年出土的漢畫像石》，《文物》，1982年第 5 期。

〔註 40〕尹增淮：《江蘇泗陽打鼓墩樊氏畫像石墓》，《考古》，1992 年第 9 期。

〔註 41〕按：陶淵明說荊軻不精劍道、劍術粗疏，此論來源於戰國時人魯句踐。《史記·刺客列傳》：「魯句踐已聞荊軻之刺秦王，私曰：『嗟乎，惜哉其不講於刺劍之術也！』」

〔註 42〕「白虹貫日」之說流傳甚廣，又見《漢書·賈鄒枚路傳》鄒陽獄中上梁孝王書、《太平御覽》卷四引《戰國策》等。

〔註 43〕李學勤：《論帛書白虹及〈燕丹子〉》，原載《河北學刊》，1989 年第 5 期，後收入其《簡帛佚籍與學術史》，南昌：江西教育出版社，2001 年，第 316～323頁。

〔註 44〕馬敬天：《荊軻山村和荊軻塔》，《中國地名》，1998 年第 5 期。

抵達趙地，並火速下令：出兵攻燕。秦軍統帥王翦不負君望，大軍在易水之西一舉擊敗燕、代聯軍。

西元前 226 年，冬，十月，秦軍長驅直入燕都薊城；於是，薊城的城頭赫然插上了秦軍的旗幟，燕國國都陷落。秦人攻克燕都薊城後，遂於其地設廣陽郡〔註45〕。

燕王喜和太子丹倉皇出奔，率領其精兵走保遼東，但身後由李信統帥的秦軍仍然緊追不捨。燕王喜窘急萬分，不知如何是好。代王嘉來信獻策，請斬太子丹以獻秦王。太子丹情知大難臨頭，藏匿於衍水之中。燕王喜派人前往搜尋，太子丹被斬殺〔註46〕。太子丹的頭顱被人獻給了秦王，但這仍然於事無補，秦王復進兵攻之。後因秦忙於滅楚，兵鋒南向，才使得燕王喜苟延殘喘於遼東四年〔註47〕。

秦人滅燕

西元前 222 年，秦人大興兵力，派王賁進攻遼東。燕國此時已是覆巢危卵，幾乎是不堪一擊。遼東淪陷，燕王喜被俘。「社稷血食者八九百歲」的燕國（《史記‧燕召公世家》「太史公曰」），至此滅亡。秦以其地置遼東郡〔註48〕。

同一年，秦將王賁攻代，俘虜代王嘉，趙亡。次年（前 221 年），王賁兵出燕地，南攻齊國，攻克齊都臨淄（今山東益都西北），俘虜齊王田建，齊亡。於是，秦盡滅東方六國，統一了中國〔註49〕。

〔註45〕 秦在燕都薊置廣陽郡一說，不見於《漢書‧地理志》，首倡此說者為《水經‧濕水注》，全祖望《漢書‧地理志稽疑》和王國維《秦郡考》（《觀堂集林》卷十二）均主此說。譚其驤認為，「酈道元之言，當必有據」（《秦郡新考》，《長水粹編》，石家莊：河北教育出版社，2000 年，第 46 頁）。

〔註46〕 《資治通鑑》卷七《秦紀二》始皇帝二十五年「臣光曰：燕丹不勝一朝之忿以犯虎狼之秦，輕慮淺謀，挑怨速禍，使召公之廟不祀忽諸，罪孰大焉！而論者或謂之賢，豈不過哉！」（第 231 頁）司馬光的這則評論，「封建正統」意味特濃。其實後人對燕太子丹還是頗具「瞭解之同情」（借用陳寅恪語），衍水因太子丹被殺於此，自此遂名「太子河」（《讀史方輿紀要》卷三十六）。

〔註47〕 《史記》的《秦始皇本紀》、《六國年表》、《燕召公世家》、《刺客列傳》及《戰國策‧燕策三》。

〔註48〕 《史記》的《秦始皇本紀》、《六國年表》、《燕召公世家》和《水經‧大遼水注》。

〔註49〕 《史記》的《秦始皇本紀》、《六國年表》、《燕召公世家》、《刺客列傳》及《戰國策‧燕策三》。

高漸離刺秦（後話一則）

高漸離（？～前221年），一作「高漸麗」（《論衡・書虛》），燕人，善擊築，與荊軻友善，嘗與荊軻在燕市飲酒、唱和相樂。燕太子丹派荊軻西入秦國行刺秦王，送至易水之上，高漸離擊築，荊軻和而歌，慷慨悲壯。秦滅燕國後，大肆驅逐太子丹、荊軻之客，高漸離隱姓埋名藏匿於宋子〔註50〕，「爲人庸保」，借作苦工謀生。

一日，高漸離聞堂上客擊築，「傍偟不能去」，一時「技癢」難奈，出言曰「其有善有不善」〔註51〕。主人召其前擊築，「一坐稱善」，遂被擢升爲「上客」，「使擊築而歌，客無不流涕而去者」。宋子之人紛紛延以爲客，高漸離遂名聞遐邇。秦始皇聞其名而召之，有識者謂秦始皇，彼「高漸離也」，但秦始皇惜其善擊築，重赦之，「乃矐其目，使擊築，未嘗不稱善」。高漸離乃以鉛置築中，以築擊秦始皇，不中，被殺。心有餘悸的秦始皇，於是「終身不復近諸侯之人」（《史記・刺客列傳》）。壯哉，高漸離，不愧爲死節之士！

燕是否有後（附錄一則）

顧炎武曾經指出「六國獨燕無後」，「至於六國已滅之後，而卒能自立以亡秦者，楚也。嘗考夫七國之時，人主多任其貴戚，……獨燕蔑有。子之之於王噲，未知其親疏，自昭王以降，無一同姓之見於史者。乃陳、項兵起，立六國後，而孫心王楚，儋王齊，咎王魏，已而歇王趙，成王韓，惟燕人乃立韓廣，豈王喜之後無一人與？不然，燕人之哀太子丹，豈下於懷王，而忍亡之也？蓋燕宗之不振久矣，嗚呼！楚用其宗而立懷王者，楚也；燕用非其宗而立韓廣者，燕也。」（《日知錄》卷二十二「六國獨燕無後」條）顧炎武此說在一定程度是站得住腳的，但必須設定一個前提，即在地域上將朝鮮排除在外。

〔註50〕 宋子，縣名，故城在趙州平棘縣北三十里（《史記・刺客列傳》正義）。宋子城遺址在今河北趙縣宋子城村東南，西南距離縣城14公里。

〔註51〕 應劭《風俗通義・聲音》引《史記》作「（高漸離）聞其家堂上客擊築，伎（技）癢，不能毋出言」（《顏氏家訓・書證》引文無「上」字），顏之推在「案語」中說：「伎癢者，懷其伎而腹癢也。……今《史記》並作『徘徊』，或作『彷徨不能無出言』，是爲俗傳寫誤耳。」按：《風俗通義》轉引《史記》文不盡確切，顏之推據此立論，其結論自亦不可盡信。以理度之，高漸離聞客擊築而「伎癢」屬實，「傍偟不能去」亦屬實；高漸離當是因「伎癢」而「傍偟不能去」，故隨之「出言」。

　　根據歷史典籍的記載，在燕國滅亡之後，其宗室後裔當已遠徙朝鮮，並且融入了衛氏朝鮮。燕人衛滿「自始全燕時嘗略屬眞番、朝鮮，爲置吏，築障塞。秦滅燕，屬遼東外徼。漢興，爲其遠難守，復修遼東故塞，至浿水爲界」（《史記・朝鮮列傳》）。《史記・太史公自序》的說法更爲明確，「燕丹散亂遼間，滿收其亡民，厥聚海東，以集眞藩，葆塞爲外臣。作《朝鮮列傳》第五十。」因此，可以這麼說：燕國並非無後，只是在華夏大地基本無後，而其後當在朝鮮。如果聯繫語言以反觀此說，則筆者此論至爲明晰。誠如第十三章《思想文化》第一節《語言文字》所言，燕地方言確實與中原內地方言有所不同，而頗與代、朝鮮接近。因此，史學家呂思勉說古代的朝鮮人「至少是和中國人同語系的民族遷徙向東北」〔註52〕，其說實不誤。

〔註52〕呂思勉：《從民族拓殖上看東北》，《呂思勉遺文集》上冊，上海：華東師範大學出版社，1997年，第177頁。

第八章　經濟制度

一、農業

（一）農作物的種類

按照《周禮・夏官・職方氏》[註1] 的記載：幽州（跨今河北、遼寧）「其穀宜三種」（即適宜種植黍、稷、稻）；冀州「其穀宜黍、稷」；并州（今河北北部、山西北部）「其穀宜五種」（即適宜種植黍、稷、菽、麥、稻）。《藝文類聚》卷一七五引劉向《別錄》說燕國有產穀之地，其名為「黍穀」[註2]。黍穀是山名，即黍穀山，一說在「懷柔縣東四十里」（《明一統志》卷一），一說在「密雲縣西南十五里」（《大清一統志》卷四）。由此可知，燕地出產黍、稷、菽、麥、稻，而它們就是燕民的主食。

稷乃「五穀之長」（《說文解字・禾部》），是五穀中最主要的一種，主要出產於華北平原和黃土高原，是北方居民的主食。黍，去皮後叫黃米或大黃米[註3]，在北方的糧食作物中，其重要性僅次於稷。稻，因為需要溫暖濕潤的生長環境，在北方生產較少，所以較為珍貴，在北方不屬於尋常主食。麥

[註1]　《周禮注疏》卷三十三，《十三經注疏》（上冊），北京：中華書局，1980年，第863頁。

[註2]　《藝文類聚》卷一七五引劉向《別錄》的原文如下：「方士傳言，鄒衍在燕，燕有谷，地美而寒，不生五穀。鄒子居之，吹律而氣至，而穀生，今名黍穀。」（另可參看《藝文類聚》卷九六、《太平御覽》卷五四及八四二等）又，此事亦見《論衡・定賢》，「燕有谷，氣寒，不生五穀，鄒衍吹律致氣，既寒更為溫，燕以種黍，黍生豐熟，到今名之曰黍穀」。此說雖托諸方術，但未必全不可信，因為燕國確實出產黍。

[註3]　齊思和：《毛詩谷名考》，《中國史探研》，北京：中華書局，1981年。

有大麥和小麥之分，而小麥又有春小麥和冬小麥之分，北方主要種植的是冬小麥。菽其實就是豆（大豆、胡豆〔註4〕），但戰國以前多稱之爲菽，有大菽、小菽之分，北方出產戎菽（「菽」一作「叔」，即胡豆）〔註5〕。

（二）鐵製農具的使用

從春秋時期開始，鐵製農具已經運用於農業生產，但數量不多；到戰國中期以後，鐵製農具的使用就已經相當普遍了。根據考古發現，北起吉林、遼寧，南到廣東、廣西，東自山東，西至四川、甘肅等地，都有鐵農具出土。從考古資料來看，已出土的燕國鐵農具，不僅數量較多，而且種類也不少。在北京順義縣蘭家營村，出土了戰國時期的鐵製鐮刀、钁各 1 件，鐮刀長 24.5 釐米，寬 3 釐米，钁長 18.8 釐米〔註6〕。在河北易縣燕下都 16 號墓，出土了屬於戰國早期的鐵斧等工具〔註7〕。在河北興隆發現了戰國時代鑄造工具的鐵範八十七件，有的是單合範，有的是雙合範，種類比較齊備。其中多件鑄有「右廩」二字〔註8〕，說明燕國在興隆設有官營作坊，專門生產冶鐵手工業產品。

生產工具是生產力中最活躍的因素，鐵製農具的普遍使用，大大提高了生產效率和耕作質量，推動了農業生產的發展；不但擴大了耕作的面積，也提高了單位面積的產量。

（三）耕作技術的進步

隨著鐵製農具的普遍使用和大力推廣，爲溝渠的挖掘、堤壩的修建提供了便利的條件，都江堰、鄭國渠、西門渠等水利工程的興建就是明證。水井在這一時期也大大增加。在河北燕下都遺址、河北石家莊、北京市西郊白雲

〔註4〕《爾雅·釋草》：「戎菽謂之荏菽。」郭璞注：「即胡豆也。」邢昺疏：「孫炎云，大豆也。……樊光、舍人、李巡、郭氏皆云，今以爲胡豆。」（《爾雅注疏》卷八）

〔註5〕成周之會時，山戎進獻的就是「戎菽」（大豆），事見《逸周書·王會解》；齊桓公北伐山戎時，曾經獲「戎菽」與「冬蔥」，「布之天下」（《管子·戒篇》），「戎菽」遂南傳中原地區。《管子》尹知章注：「戎叔，胡豆。」邢昺亦以爲此即胡豆（《爾雅注疏》卷八）。

〔註6〕北京市文物研究所：《北京考古四十年》，北京：北京燕山出版社，1990 年，第 59 頁。

〔註7〕河北省文化局文物工作隊：《河北易縣燕下都第十六號墓發掘》，《考古學報》，1965 年第 2 期。

〔註8〕鄭紹宗：《熱河興隆發現的戰國生產工具鑄範》，《考古通訊》，1956 年第 1 期。

觀、北京市陶然亭等地〔註9〕，都發現過戰國時期的水井。水井除用於飲水之外，也可以用於灌溉。《莊子・天地》所說漢陰丈人「鑿隧而入井，抱甕而出灌」，指的就是用井水灌溉園畦。

戰國時期的精耕細作，主要表現在「深耕易耨」上（《孟子・梁惠王上》），「耕者且深，耨者熟耘」（《韓非子・外儲說左上》）；同時還有人工施肥，防治害蟲，選育良種，連年種植，畎畝法等。學者們於此言之頗多，無須在此贅舉〔註10〕。

商周時期，出現了我國最早的物候曆——《夏小正》，記載時特別注意結合物候與農事，說明我國很早就注意將物候知識用於農業生產；而「月令」亦可指導農業生產。至春秋戰國時期，已經深刻認識到「不違農時，穀不勝食也」（《孟子・梁惠王上》）。

（四）糧食的儲備

蘇秦說燕王時，言及燕「地方二千餘里，帶甲數十萬，車七百乘，騎六千匹，粟支十年」（《戰國策・燕策一》）。其中的「粟支十年」，《史記・蘇秦列傳》作「粟支數年」，與此略有差異；但不管是「數年」還是「十年」，都說明戰國時期燕國的糧食儲備是相當可觀的，而這也是燕國農業生產比較發達的反映。

二、畜牧業

按照考古學文化的區系類型學說，燕山南北、長城地帶是我國農耕經濟和畜牧經濟的分水嶺。而西漢的司馬遷則認爲，「龍門、碣石北多馬、牛、羊、旃裘、筋角」（《史記・貨殖列傳》），史念海說這是司馬遷劃出的一條農牧分界線，即從碣石（在今河北昌黎縣）始、中經今北京市和山西太原市之北的呂梁山、至於今山西河津縣和陝西韓城縣之間的龍門，其南爲農業地區，其北爲畜牧地區〔註11〕。這兩種劃分標準在北段基本吻合，只是第二種劃分標準往南一段更爲確切明朗。不管該農牧分界線是燕山南北、長城地帶，抑或

〔註9〕　北京市文物工作隊：《北京西郊白雲觀遺址》，《考古》，1963 年第 3 期；北京市文物管理處：《北京外城東周晚期陶井群》，《文物》，1972 年第 1 期；北京市文物管理處：《北京地區的古瓦井》，《文物》，1972 年第 2 期。

〔註10〕　楊寬：《戰國史》（增訂本），上海：上海人民出版社，1998 年，第 80～88 頁。

〔註11〕　史念海：《由地理的因素試探遠古時期黃河流域文化最爲發達的原因》，《河山集》（三集），北京：人民出版社，1988 年，第 25 頁。

是龍門、碣石，而燕國都恰好跨有該農牧分界線，所以其經濟形態呈現爲一種「二元經濟」的復合模式。

燕國有著比較發達的畜牧業和種植業。《周禮・夏官・職方氏》說幽州（跨今河北、遼寧）「其畜宜四擾」，所謂「四擾」即馬、牛、羊、豕四種家畜；又說冀州「其畜宜牛、羊」，并州（今河北北部、山西北部）「其畜宜五擾」（馬、牛、羊、犬、豕）〔註12〕。先秦史籍還說燕有「魚鹽棗栗之饒」，「燕代田畜而事蠶」；因此蘇秦遊說燕王時，就直接陳述燕「北有棗栗之利，民雖不由田作，棗栗之實，足食於民矣」，「騎六千匹」（《戰國策・燕策一》，另見《史記・蘇秦列傳》和《史記・貨殖列傳》）。由此可見，燕國不但有農業（「田」），還有畜牧業（「畜」），並種植果樹（「棗」），養殖蠶桑（「蠶」）。所以，稱燕國的經濟爲「復合經濟」，一點也不爲過。直至今天，燕山栗子、密雲小棗仍然是北京的特產；而河北滄州的金絲小棗、京東板栗仍然富有聲名。

就畜牧業而言，其規模應當是極爲可觀的；因爲用於軍事的馬匹就有「六千匹」，若再加上用於運輸和肉食以及未經挑選的老弱病殘馬匹，其數量當有數萬頭之巨。至於其他牲畜，也當爲數眾多。在發掘的黃土坡墓地中，幾乎每個墓葬都發現了動物的遺骨，不少墓穴都有車、馬殉葬，有的車馬坑中隨葬的馬匹多達十幾匹〔註13〕。

戰國時期燕國的牲畜飼養業在當時頗有盛名，所產的「氈裘〔註14〕狗馬」與齊之「魚鹽」、楚之「桔柚」等齊名（《戰國策・趙策二》）。尤其是燕地出產的馬匹，在當時更是天下聞名。蘇秦爲趙合縱南下說楚威王時，爲了打動楚威王，特意提到燕代出產的良馬，「大王誠能聽臣之愚計，……燕、代良馬橐他〔註15〕，必實於外廄」（《戰國策・楚策一》）。而良馬中的千里馬，更是價值昂貴，一匹可值千金（《戰國策・燕策二》）。

〔註12〕《周禮注疏》卷三十三，《十三經注疏》（上冊），第863頁。《漢書・地理志上》的記載本之於此，「（幽州）畜宜四擾，穀宜三種」。

〔註13〕中國科學院考古研究所等：《北京附近發現的西周奴隸殉葬墓》，《考古》，1974年第5期；中國社會科學院考古研究所、北京市文物研究所：《1981～1983年琉璃河西周燕國墓地發掘簡報》，《考古》，1984年第5期。

〔註14〕《史記・蘇秦列傳》作「旃裘」，氈、旃可通，但以作「氈」爲勝。

〔註15〕「橐他」，《史記・蘇秦列傳》作「橐駝」，《史記・匈奴列傳》作「橐駝」，他、駝、駞三字同聲通用。

三、手工業

（一）青銅業

青銅鑄造業在我國有著悠久的歷史，商周時期的青銅鑄造業已經舉世矚目。進入戰國之後，雖然鋼鐵業隨之發展，但並沒有完全取代青銅鑄造業。燕國的青銅鑄造業，有些是由王室控制的。如遼寧北票曾出土一件銅戈，上有銘文「郾王職作御司馬」〔註16〕；在河北臨城發現的戰國銅矛，上也有銘文「郾王喜作□矛」〔註17〕。這兩件銅器，上面都有「郾王」字樣，當爲燕王監造，可能出於燕國王室控制的手工業作坊。燕國的銅器也有採用鑲嵌技術的，如燕下都16號墓車馬坑出土的車馬飾，就鑲嵌有金片〔註18〕。對琉璃河西周燕國墓地出土青銅器的組織與成分的研究表明，這批青銅器的成分配製是與商周青銅器技術的發展趨勢一致的，與燕國在西周的地位，特別是召公在周初的政治地位相稱。其加工工藝體現出較高水準，說明西周早期燕國的青銅器製作已形成一定規範，合金成分的配比及加工方式與器物的使用性能相適應，對合金成分的控制更趨嚴格〔註19〕。

東周燕國銅器鑄造工藝，從總體上考察，應屬東周銅器的精細型，一定程度上反映了這時鑄銅工藝中的金屬細工工藝在燕國的發展。有的銅器在鑄造工藝上還特別精湛，堪稱青銅器中的瑰寶。如燕下都遺址老姆臺出土的銜環銅鋪首，造型生動，製作精美，世所罕見。該鋪首通長74.5釐米、寬36.8釐米，製作工藝高超，飾凸起的獸面，雙目冷豔怪誕，獸面與環上配以浮雕的螭與鳳鳥。樓闕形飾件結構複雜，在高21.5釐米的飾件上，雕出人物和鳥獸，並表現出貴族的宴饗生活。人物與鳥獸許多均繫立體雕，反映了分鑄法和焊接工藝的高超水平。東周燕國銅器在裝飾上有一定的創新，如利用失蠟法鑄造出的細膩玲瓏的裝飾（如盱眙縣南窯莊的銅絲網套錯金銀鑲嵌銅壺即其例）。採用失蠟方法鑄造青銅器裝飾部件，雖在其他國別也有發現，但以龍

〔註16〕張震澤：《燕王職戈考釋》，《考古》，1973年第4期。按：燕王職戈拓片後收入《殷周金文集成》，編號爲11236。

〔註17〕劉龍後、李振奇：《河北臨城柏暢城發現戰國兵器》，《文物》，1988年第3期。

〔註18〕河北省文物研究所：《河北易縣燕下都第16號墓車馬坑》，《考古》，1985年第11期。

〔註19〕張利潔等：《北京琉璃河燕國墓地出土銅器的成分和金相研究》，《文物》，2005年第6期。

和梅花釘爲內容則爲燕國創造。銅器上喜用較高的立體浮雕的禽鳥作蓋紐，這種裝飾特點一直影響到河北獲鹿出土的西漢常山國的銅鼎，也以浮雕鳳鳥作紐飾，其風格更加華美動人〔註20〕。

在具體分析戰國時期燕國的青銅器時，目前面臨著兩方面的困難：一是發現的燕國青銅器墓較少，青銅器的種類與數量不多〔註21〕，在分期斷代上缺乏系統性的資料；二是燕國的青銅器帶有不少特殊的地方性因素，在與同時期其他地區青銅器比較時有困難。因此，目前對燕國青銅器的研究多帶有推測性質，尚需新資料給予檢驗。在有113萬餘字篇幅、堪稱長篇巨製的《古代中國青銅器》中，朱鳳瀚對此喟歎不已，在論述戰國時期燕國的青銅器時〔註22〕，也只好借鑒趙化成的《東周燕代青銅容器的初步分析》(《考古與文物》1993年第2期)。

（二）鋼鐵業

燕地有著較爲豐富的鐵礦資源，而其鐵礦資源至漢代尙未開採完畢。西漢之時，在漁陽郡（治所在今河北涿縣）的漁陽、右北平郡的夕陽、遼東郡的平郭以及涿郡等地都設有鐵官，冶鑄農器與兵刃(《漢書・地理志下》)。建國以後，在北京昌平縣清河鎭發現了漢代冶鐵遺址，出土了大批鐵器，有刀、劍、鉞、戟等兵器，鋤、鏟、鏵、鑿等農具，還有馬飾、車具、鏡、剪等日常用品；在豐臺大葆臺西漢墓中，也出土了鐵製品〔註23〕。

考古資料表明，我國至遲在春秋晚期就已經掌握了冶鐵技術，並且開始使用鐵器。當時的鐵器和鐵製品多數是採用固體還原法獲得的「塊煉鐵」〔註24〕。所謂「塊煉鐵」，就是把鐵礦石在較低溫度（800℃～1000℃）的固體狀態下用木炭還原法煉成的比較純淨的鐵。這種鐵的結構疏鬆、性質柔軟，只有經過鍛造，提高其性能以後才能製成可用的器件。我國使用塊煉鐵的時間雖然比西方晚，但我國發現的生鐵製品卻比外國最早使用生鐵的時間

〔註20〕杜迺松：《論東周燕國銅器》，《文物春秋》，1994年第2期。

〔註21〕從種類上看，東周燕國銅器主要有食器、鼎、簋、豆、敦、匕。

〔註22〕朱鳳瀚：《古代中國青銅器》，天津：南開大學出版社，1995年，第993～996頁。

〔註23〕北京古墓發掘辦公室：《大葆臺西漢木槨墓發掘簡報》，《文物》，1977年第6期。

〔註24〕東周時期鐵的冶煉技術主要有兩種，一是固體還原法（又叫塊煉法），一是高溫液體還原法。

早了 1800 多年〔註 25〕。

　　戰國之時，隨著鑄鐵柔化技術、滲碳制鋼技術的發明和廣泛使用，大大提高了鐵工具的功能〔註 26〕。根據對燕下都（如鐵鋤〔註 27〕）出土的部分劍、戟和矛檢查表明，戰國後期燕國也已採用滲碳製鋼技術，把「塊煉鐵」放在熾熱的木炭中長時間加熱，使表面滲碳，經過鍛打，成為滲碳鋼片，再把滲碳鋼片對折，然後多層折疊起來鍛打，製成兵器或工具，接著更用淬火和正火等熱處理方法，改進鋼材的性能。當時已經懂得根據器件所要求的不同性能，對鋼材進行不同的處理方法〔註 28〕。採用這種技術鑄造的器物，不但堅韌、耐磨，而且鋒利、堅硬。

　　冶鐵業的發展和工藝技術的改進，使金屬鐵的性能提高，鐵越來越多地被用於兵器生產。河北易縣燕下都 44 號墓出土的遺物即以兵器為主，其中鐵製兵器計有胄、劍、矛、戟、刀、匕首等 6 種 52 件；銅鐵合製的弩機和鏃 20 件，銅兵器只有劍和戈各 1 件〔註 29〕，它們都是採用鍛造工藝製成的〔註 30〕。所有這些出土物品，無疑是燕國冶鐵業發達的堅實的證據。

　　在燕國範圍內，在北起奈曼旗、敖漢旗、錦州、海城，南到易縣、滄縣、興隆等地的廣大地區內，都發現了燕國的鐵器或冶鐵遺址。在今河北興隆等地，燕國專門設有官營手工業作坊。1953 年，在河北興隆發現了戰國時代鑄造工具的鐵範 87 件，有的是單合範，有的是雙合範。其中多件範上鑄有「右廩」二字（如《集成》11784、11802、11827、11832、11833）；這裡的「右廩」，當為燕國管理官營手工業的官員。由此可知，燕國在興隆設有官營作坊，專門生產冶鐵手工業產品。鐵範的發現具有重要的意義，因為鐵範一向被視為我國古代鑄造業的三大技術之一，是「鑄造工藝的一次革命」〔註 31〕。到目

〔註 25〕　中國社會科學院考古研究所：《新中國的考古發現和研究》，北京：文物出版社，1984 年，第 332～333 頁。
〔註 26〕　楊寬：《戰國史》（增訂本），第 49 頁。
〔註 27〕　李眾：《中國封建社會前期鋼鐵冶煉技術發展的探討》，《考古學報》，1975 年第 2 期。
〔註 28〕　李眾：《中國封建社會前期鋼鐵冶煉技術發展的探討》，《考古學報》，1975 年第 2 期。楊寬：《戰國史》（增訂本），第 50～51 頁。
〔註 29〕　河北省文物管理處：《河北易縣燕下都第 44 號墓發掘報告》，《考古》，1975 年第 4 期。
〔註 30〕　北京鋼鐵學院壓力加工專業：《易縣燕下都 44 號墓鐵器金相學考察初步報告》，《考古》，1973 年第 4 期。
〔註 31〕　鄭紹宗：《熱河興隆發現的戰國生產工具鑄範》，《考古通訊》，1956 年第 1 期。

前爲止，僅在燕國和趙國發現過戰國時期的鐵範。

以前，人們多認爲，中國至西漢之時才有淬火技術，因爲《漢書·王褒傳》說，「巧冶鑄干將之樸，清水焠（淬）其鋒，越砥斂其鍔」〔註32〕。過去，經考古發掘所出土的淬火鋼器，年代最早的是遼陽三道壕出土的西漢末年殘劍和長沙出土的西漢殘劍。但是，就在燕下都第44號墓中，卻出土了淬火鋼劍，它毫無疑問地把我國掌握淬火技術的年代提早了兩個世紀；而且這種技術已在劍戟等兵器上比較廣泛地使用，這是具有重要意義的發現〔註33〕。其實，先秦古書中關於淬火技術的一段記載被世人忽略了，或者說解讀尚不到位。《戰國策·燕策三》說：「於是太子預求天下之利匕首，得趙人徐夫人之匕首，取之百金，使工以藥淬之。以試人，血濡縷，人無不立死者。乃爲裝遣荊軻。」「淬」，《史記·刺客列傳》作「焠」，「淬」、「焠」通。《說文解字·水部》：「淬，滅火器也。從水，卒聲。」繆文遠云，「此謂以毒藥染鍔而淬之也」〔註34〕。既然能「以毒藥染鍔而淬之」，則以水淬之當在其前，故在戰國後期荊軻刺殺秦王之前當已有淬火技術。

戰國後期（西元前三世紀），以擊東胡和朝鮮爲契機，燕國的鐵器及冶鐵術還傳播至朝鮮半島北部的大同江、載寧江流域；其後，隨著爲燕人衛滿所滅的朝鮮侯準的南逃，鐵器文化進一步傳播至朝鮮半島南部地區〔註35〕。

（三）製陶業

在製作技術上，戰國陶器以輪製爲主，模製和手製爲輔。燕國亦然。在河北易縣燕下都，發現了「郾王喜戈」和帶有「左陶尹」文字的陶片〔註36〕。「左陶尹」是管理陶器製造業的長官，說明燕國的製陶業主要是官營的，並設有專門的管理機構。

〔註32〕 說明：《漢書》所引之語，出自王褒《聖主得賢臣頌》，該文後收入《文選》。
〔註33〕 北京鋼鐵學院壓力加工專業：《易縣燕下都44號墓鐵器金相學考察初步報告》，《考古》，1973年第4期。李眾：《中國封建社會前期鋼鐵冶煉技術發展的探討》，《考古學報》，1975年第2期。
〔註34〕 繆文遠：《戰國策新校注》，成都：巴蜀書社，1987年，第1120頁。
〔註35〕 王巍：《中國古代鐵器及冶鐵術對朝鮮半島的傳播》，《考古學報》，1997年第3期。
〔註36〕 中國歷史博物館考古組：《燕下都城址調查報告》，《考古》，1962年第1期；河北省文化局文物工作隊：《河北易縣燕下都故城勘察和試掘》，《考古學報》，1965年第1期；中國科學院考古研究所：《新中國的考古收穫》，北京：文物出版社，1962年，第62頁。

在北京琉璃河第 52 號西周奴隸殉葬墓中，發現了四件釉陶器，其中三件豆的形狀相同，都是淺盤矮圈足，另一件罐的形狀爲侈口、短頸、折肩、深腹、圈足，折肩上有對稱的雙繫。這四件釉陶器胎色灰白，表面有青色薄釉〔註 37〕。1992 年，又在房山縣琉璃河商周遺址旁的劉李店村發掘了一座大型戰國墓，出土了一批戰國陶器，全部是黑色陶器，器形較大而且完整〔註 38〕。

燕國的陶器製作水平較高，具有較高的藝術價值。如在燕下都採集的陶器中，便不乏精品，尤以七件陶壺爲甚。以 1965 年採集於石莊村的一件爲例。該壺敞口直頸，瘦腹圈足，腹兩側各貼一鋪首銜環，頸腹上下共飾五層刻劃紋，紋樣間分別用凸線隔開，依次爲卷雲紋、魚紋、水鳥紋、虎紋、折線紋、三角紋、水波紋、菱形紋等，非常精美〔註 39〕。

瓦是重要的建築材料，戰國時許多國家都在建築中使用了瓦。在易縣燕下都，發現了板瓦、筒瓦、瓦當和瓦釘（瓦當爲半瓦當），以泥質灰陶爲主，上面飾有饕餮紋、雲紋、狩獵紋、鳥獸紋、繩紋等〔註 40〕。瓦當，一作瓦裳，又名筒瓦頭，是筒瓦頭頂端的下垂部分，起著保護椽頭和裝飾美化建築物的作用。目前所發現的燕國瓦當，主要集中於燕下都遺址；其他地區出土的燕國瓦當數量不多，並且基本上都是半瓦當。最常見的瓦當紋飾，有雙龍饕餮紋、雙獸饕餮紋、卷雲饕餮紋、三角雙螭饕餮紋、山形饕餮紋、山形花卉饕餮紋、山形勾雲饕餮紋、獨獸卷雲饕餮紋、樹林雙狼饕餮紋、四狼饕餮紋、雙鳥饕餮紋、人面紋等〔註 41〕。其中，又以雙龍饕餮紋半瓦當最爲常見，「可見該紋飾在燕國區域內的普遍性和典型性，可以說它是燕國瓦當的『母題』紋飾」〔註 42〕。

〔註 37〕　中國科學院考古研究所等：《北京附近發現的西周奴隸殉葬墓》，《考古》，1974年第 5 期。按：有人將釉陶器歸入瓷器，有人將其歸入陶器，意見分歧甚大，本文暫將其歸入陶器。

〔註 38〕　孫玲：《琉璃河遺址發現戰國墓群》，《中國文物報》，1992 年 7 月 19 日第一版。

〔註 39〕　陳平：《燕文化》，北京：文物出版社，2006 年，第 121 頁。

〔註 40〕　中國歷史博物館考古組：《燕下都城址調查報告》，《考古》，1962 年第 1 期；河北省文物隊：《燕下都故城勘探和試掘》，《考古學報》，1963 年第 1 期；河北省文物管理處：《河北易縣燕下都第 21 號遺址第一次發掘報告》，《考古學集刊》（二），北京：中國社會科學出版社，1982 年。

〔註 41〕　楊宗榮：《燕下都半瓦當》，《考古通訊》，1957 年第 6 期。王偈人：《東周秦、齊、燕瓦當紋飾研究》，四川大學碩士學位論文，2007 年。

〔註 42〕　吳磬軍、劉德彪：《春秋戰國時期燕國半瓦當紋飾初步分析》，《文物春秋》，

在北京市、易縣燕下都等地，還發現了陶井圈；其中燕下都出土的陶井圈每節高 53～57 釐米，口徑 65 釐米〔註43〕。

（四）瓷器業

瓷器，是以瓷土（或瓷石）、長石和石英爲原料，經過配料、成型、乾燥、焙燒等工藝流程製成的器物。早在商朝之時，中國就已經燒製出了原始瓷器（鄭州商代遺址、黃陂盤龍城遺址均有出土）。在北京琉璃河黃土坡村 52 號墓葬遺址中，出土了一個青釉瓷罐，釉色青綠光潔〔註44〕，這是首次發現於北方的一件不可多得的瓷器珍品。但總的來說，原始青瓷器出土數量較少，僅限於上層社會使用。在琉璃河西周燕國墓地中，僅在五座墓中（I M52、II M201、II M202、II M207、II M208）發現過原始青瓷器，除 I M52 出土的四件屬完整器外，其餘均爲殘器或殘片。器形主要是豆、罐。器胎堅硬呈灰白色，釉色呈青綠或微黃，器表光潔，完整器扣之有聲。雖然數量較少，且帶有一定的原始性，但卻代表了早期瓷器的特點，仍然具有很高的研究價值〔註45〕。

（五）玉器業

玉器業是中國一個非常古老的行業，其歷史至少可以上溯至新石器時代。在古人的心目中，玉器擁有崇高而神聖的地位，故「君無故玉不去身」（《禮記·曲禮下》），「古之君子必佩玉。……君子無故，玉不去身，君子於玉比德焉」（《禮記·玉藻》），「君子比德於玉焉」（《禮記·聘義》）。

北京琉璃河遺址（如黃土坡墓地）出土的玉器數量很多，並且多屬動物形裝飾品，有璧、璜、玦、圭、斧、戈等形器，分別作魚、龜、鳥、龍、虎、兔、蠶、蟬等形。這些玉器刀法細膩，生動活潑，表現出很高的技藝，是不可多得的藝術精品。楊學晨結合傳世文獻，對琉璃河西周燕國墓地出土的玉器進行分析考證，認爲燕國在西周早期以組玉佩和葬玉爲代表的與禮制相符的用玉製度已見端倪，在中國玉器法制史上佔有重要地位〔註46〕。

2002 年第 5 期。

〔註43〕 北京市文物管理處：《北京地區的古瓦井》，《文物》，1972 年第 2 期。

〔註44〕 中國社會科學院考古研究所、北京市文物研究所：《1981～1983 年琉璃河西周燕國墓地發掘簡報》，《考古》，1984 年第 5 期。

〔註45〕 北京市文物研究所：《琉璃河西周燕國墓地》（1973～1977），北京：文物出版社，1995 年，第 100 頁。

〔註46〕 楊學晨：《琉璃河西周燕國墓地出土玉器初探》，《中原文物》，2007 年第 3 期。

（六）漆器業

我國在西周早期就已經有了髹漆業，施漆於木器，既可絢麗光澤，也可防濕耐用。東周以前的漆器，在我國北方出土的很少。在琉璃河黃土坡村大、中型墓葬中，就發現了一批漆器，器類較多，有豆、瓠、罍、篹、杯、盤等。漆器均爲木胎，普遍採用紅、褐兩色，表面以蚌片和綠松石作嵌飾，有的還貼有金箔，裝飾手法多樣，圖案紋樣精美〔註47〕。其中於 M1043 號遺址出土的一件漆罍，高約 54 釐米，器表彩繪和鑲嵌的圖案花紋精緻優美，還附加了牛頭、鳳鳥形象的飾件，堪稱珍品和精品〔註48〕。1963～1964 年，在河北省懷來縣北辛堡發現了兩座較大的戰國燕墓，編號爲一號墓、二號墓〔註49〕。在一號墓中發現了漆箱和漆盒，從其所繪花紋看，「當時的髹漆技術已達到相當高的水平」〔註50〕。

據有關專家考證，我國螺鈿工藝過去所發現的最早的實物屬南北朝時期，距今約 1500 年。西周燕國墓地發現的漆器上的螺鈿工藝，說明當時的匠人們已經熟練地掌握了這種技術，從而把我國螺鈿工藝的發明時間提前了1500 年〔註51〕。

（七）皮革業

燕國既然有著發達的畜牧業，因而皮革業之發達乃情理中事。在燕國，幾乎人人可以從事皮革製作。《周禮‧考工記》說，「燕無函，……燕之無函也，非無函也，夫人而能爲函也」；鄭司農（鄭眾）說，「函，鎧也」，即函爲鎧甲，因「燕近強胡，習作甲冑」。函工，屬於「百工」的「皮工」（「攻皮之工」）。《考工記》又說，「燕之角」堪與「荊之幹」、「吳粵之金、錫」相媲美，「此材之美者也」。

（八）煮鹽業

燕國所跨有的東北幽州，「其利魚、鹽」（《周禮‧夏官‧職方氏》）。春秋時代，齊國的海鹽煮造業和晉國的池鹽煮造業都已興盛。到戰國之時，又以

〔註47〕 中國社會科學院考古研究所、北京市文物研究所：《1981～1983 年琉璃河西周燕國墓地發掘簡報》，《考古》，1984 年第 5 期。
〔註48〕 殷瑋璋：《記北京琉璃河遺址出土的西周漆器》，《考古》，1984 年第 5 期。
〔註49〕 河北省文化局文物工作隊：《河北懷來北辛堡戰國墓》，《考古》，1966 年第 5 期。
〔註50〕 王彩梅：《燕國簡史》，北京：紫禁城出版社，2001 年，第 237 頁。
〔註51〕 齊心主編：《圖說北京史》，北京：北京燕山出版社，1999 年，第 52 頁。

瀕臨渤海和黃海的齊、燕兩國最爲發達,「齊有渠展之鹽,燕有遼東之煮」(《管子‧地數》),《戰國策‧燕策一》說燕有「南有碣石、雁門之饒,北有棗栗之利」;宋人王應麟說:「碣石在海旁,雁門有鹽澤,故云碣石、雁門之饒。今人知齊有鹽,利不知燕也。」(《七國考》卷二引《玉海》)

直至漢朝之時,這一帶的煮鹽業仍然相當可觀,漢朝政府在漁陽郡的泉州、遼東郡的平郭、遼西郡的海陽等地還設有鹽官(《漢書‧地理志下》)。

(九)釀酒業

釀酒業在中國的歷史源遠流長,上起夏商、下至當今,釀酒業在中國蔚爲大觀。燕國之有釀酒業,至爲確鑿;兼之燕國地處北方,居民喝酒禦寒,實屬必然。

燕國墓葬遺址出土過許多酒器,如尊、卣、壺、爵、觶等;連北京琉璃河黃土坡村 52 號墓出土的瓷器珍品(青釉瓷罐),也被做成了酒器〔註52〕。這些酒器的出土,一方面說明燕國統治者飲酒成風,另一方面也證明燕國農業生產的發展。荊軻本屬「嗜酒」豪放之徒,由衛至燕後,與高漸離頗爲友善,經常一道飲酒作樂,「日與狗屠及高漸離飲於燕市,酒酣以往,高漸離擊築,荊軻和而歌於市中,相樂也,已而相泣,旁若無人者」(《史記‧刺客列傳》)。太子丹曾經「置酒請軻」,酒酣耳熱之際,「太子起爲壽」(《燕丹子》卷下)。

四、商業

(一)貨幣

1.貝

一般認爲,中國最早的貨幣是貝(天然貝),並且主要是海貝。早在夏商時期,海貝就已經發展成爲貨幣。西周之時,天然貝仍然是主要的貨幣。春秋以後,隨著金屬貨幣開始廣泛流通,貝便逐漸退出流通領域。

西周時期的燕國,仍然以貝爲貨幣,並且貝的單位仍然是朋。1973～1974年,在北京房山縣琉璃河發掘了一批西周時期的燕國墓葬,七座西周貴族墓均有貝出土,共約數百枚〔註53〕。金文在這方面的證據頗多。如琉璃河黃土

〔註52〕中國社會科學院考古研究所、北京市文物研究所:《1981～1983 年琉璃河西周燕國墓地發掘簡報》,《考古》,1984 年第 5 期。

〔註53〕中國科學院考古研究所、北京市文物管理處等:《北京附近發現的西周奴隸殉

坡 M253 所出董鼎（《集成》2703），其銘文說燕侯曾經以貝賞賜董，「匽侯令董饋大保於宗周，庚申，大保商（賞）董貝」〔註54〕。再如傳世的憲鼎，其銘文說：「佳（唯）九月既生霸辛酉，才（在）匽（燕）。侯易（錫）寓（憲）貝、金。」（《集成》2749）又如伯矩鬲（《集成》689）、復尊（《集成》5978）、復鼎（《集成》2507）、匽侯旨鼎（《集成》2628）、圉方鼎（《集成》2505）、圉簋（《集成》3825）、攸簋（《集錄》3906）、亞盉《集成》9439 等，貝都出現在銘文中，並且均為賞賜之物。

2. 刀化－布幣－圜錢

到春秋時期，金屬貨幣已在全國範圍內開始逐步取代貝幣及各種實物貨幣，並且開始形成了幾個具有明顯特徵的貨幣體系和貨幣流通區域。大致而言，黃河中游關、洛、三晉、燕、秦地區屬「布幣」區，東方的齊國和北方的燕國屬「刀化」區，南方楚國屬「蟻鼻錢」區。

燕下都出土材料表明，燕國曾經流行過尖首刀化、匽字刀化、布幣、圓（圜）錢等，其中以匽字刀化最多，尖首刀化次之，布幣又次之，圓（圜）錢最少（僅發現一枚）。燕國是最早鑄行刀化的國家，並且其刀化對趙、齊、中山、山戎等影響深遠；燕國初鑄之幣是尖首刀化，始鑄期約在春秋早期。匽字刀化與尖首刀化在形制、錢文字體上有明顯的遞擅關係。燕國較早地仿鑄了趙安陽布，戰國晚期還仿鑄趙的平首聳肩足大布〔註55〕。

燕國、楚國、中山國等國曾經鑄造和流通過布幣（又稱鏟幣），燕國的布幣與三晉比較相似，分方足和尖足兩種。但燕國主要流行的仍然是刀幣，而刀幣也沒有完全取代布幣。

刀幣，從工具中的刀蛻變而來，主要流行於燕、齊、趙。齊刀形制較為長大而重，一般通長 17～19 釐米，重 40～60 克，都作尖頭；燕、趙形制較短小而輕，一般通長 13～15 釐米，重 12～19 克，一般作方頭或圓頭（也有作尖頭的）。燕國主要流通的這種銅製刀幣，因面文有「明」字（明）〔註56〕，

葬墓》，《考古》，1974 年第 5 期。

〔註54〕北京市文物研究所：《琉璃河西周燕國墓地》（1973～1977），北京：文物出版社，1995 年，第 106 頁。

〔註55〕石永士、石磊：《燕下都東周貨幣聚珍》第一、九章，北京：文物出版社，1996 年。

〔註56〕關於明字的釋讀，說法約計十種（明、易、匽、晏、莒、召、盟、泉、邑、日月），其中以易、匽、明三說影響最大。

故而又稱「明刀」（或稱「日月刀」〔註57〕）。「明刀」的「明」字，當即「匽」字之省。因爲燕國銅器銘文都自稱「匽」或「郾」，而不作「燕」。因此，「明刀」又可稱之爲「匽字刀化」。明刀主要有兩種，一種弧背，一種折背。另有一種平肩方足的半釿布，鑄有地名襄平（今遼寧遼陽），曾出土於遼東半島和朝鮮北部，當爲戰國晚期受三晉布幣影響後所鑄造的。貨幣地理研究者指出，「燕日月刀（引者按：即明刀）流通區域是春秋戰國刀幣流通區域中流通空間最爲廣闊的一個，它的流通範圍不僅覆蓋了整個燕國的國土，而且流通影響到了趙、齊、燕等各國，戰國晚期還流通到了朝鮮和日本」〔註58〕。

燕國後來也使用過圓錢，方孔無郭的，有「匽四」、「匽化」兩種；方孔有郭的，有「一化」一種，時代更晚〔註59〕。1979 年在河北灤平縣出土的戰國貨幣中，就有圓錢 280 枚〔註60〕。在遼寧、吉林、內蒙古和朝鮮北部，也發現了燕國圓錢，並且多與漢代半兩、五銖共出。研究者指出，戰國晚期燕國和齊國鑄行的方孔圓錢在形制、錢文等方而有著諸多相似之處，表明兩國的圓錢聯繫密切；燕國圓錢的鑄行晚於齊國，在幣值的分等和鑄造技術等方而也不如齊國進步；齊國圓錢爲二等幣值，燕國爲一等幣值；齊幣已使用當時先進的疊鑄技術，而燕幣的鑄造尚不見此法的應用。因此，可以認定，燕國圓錢是受到齊國圓錢的影響後產生的，這同齊襄工退燕以前燕國刀幣對齊國貨幣強烈影響的態勢有所不同〔註61〕。

學術界公認，中國是最早以鉛鑄錢的國家。出土資料和研究成果表明，以鉛鑄錢即始於燕國。就已經發表的資料來看，戰國燕益昌鉛布是目前所知的最早的鉛錢實物。另外，還有戰國燕一刀、襄平鉛布、平陰鉛布等。它們與流通貨幣同出，「顯而易見，它們都屬於流通貨幣」，「主要用途是以通貨身份流行於市」〔註62〕。

〔註57〕陳隆文：《春秋戰國貨幣地理研究》，北京：人民出版社，2006 年，第 262～271 頁。

〔註58〕陳隆文：《春秋戰國貨幣地理研究》，第 191 頁。

〔註59〕楊寬：《戰國史》（增訂本），第 136 頁。

〔註60〕河北灤平縣文物管理所：《河北省灤平縣發現一批戰國貨幣》，《文物》，1981年第 9 期。

〔註61〕劉興林：《燕齊圓錢的比較研究》，《管子學刊》，2007 年第 3 期。按：該文又載《江蘇貨幣》，2007 年第 4 期。

〔註62〕嵩山：《以鉛鑄錢始於燕》，《中國錢幣》，1990 年第 1 期。據該文注釋，燕一刀見《古錢大辭典》上編第 181 頁、《歷代古錢圖説》第 45 頁，益昌鉛布見

在燕國出土的貨幣主要有以下幾椿：

(1)北京地區。1959 年，在北京呼家樓出土了 3876 枚戰國貨幣，有刀幣和布幣兩種，出土時排列整齊，一捆一捆地綁在一起，放在窖穴內﹝註 63﹞。布幣上鑄有「屯留」、「安陽」等地名；刀幣則有明刀和甘丹（邯鄲）刀兩種﹝註 64﹞。1970 年，延慶縣前山村出土燕國刀幣 30 公斤。1971 年，延慶縣永寧公社發現燕國刀幣 15 公斤。1985 年，房山縣石樓村發現燕國刀幣 400 多公斤。1988 年，北京房山區出土了燕國刀幣 752 枚，出土時排列整齊，分幾排層層疊放﹝註 65﹞。

(2)河北地區。1960 年，河北滄縣肖家樓出土了一批明刀，完整和基本完整的共計有 10399 枚，捆綁成束，排列有序，疊放在坑中﹝註 66﹞。在易縣燕下都 44 號墓，出土了戰國貨幣 1480 枚，分刀幣和布幣兩種。布幣有方足和尖足兩種，爲趙、韓、燕三國的貨幣，方足上鑄有「安易」的爲燕國貨幣﹝註 67﹞。1979 年，河北灤平縣出土戰國貨幣 800 餘枚，計燕國明刀 500 多枚，燕一化圜錢 280 枚，其餘爲燕、趙、魏的布幣﹝註 68﹞。灤南縣發現刀幣和布幣 40 公斤，出土時裝在陶灌內﹝註 69﹞。興隆發現燕明刀 5000 餘枚，出土時裝在裝在陶灌內，排列整齊，用麻繩串聯﹝註 70﹞。除了發現現成的貨幣外，在承德還發現了燕國刀幣範數件，保存完好的一件，爲滑石範，並列 3 個刀型﹝註 71﹞。

(3)遼寧地區。1961 年，在遼寧朝陽發現了戰國貨幣 10 餘斤，出土時裝在一個大陶罐內，有刀幣和布幣兩種，布幣上鑄有「安陽」、「梁邑」，刀幣爲

《古錢大辭典》下編第 22 頁、第 496 頁和《歷代古錢圖說》第 22 頁。
﹝註 63﹞ 北京市文物工作隊：《北京朝陽門外出土的戰國貨幣》，《考古》，1962 年第 5 期。
﹝註 64﹞ 蘇天鈞：《略談北京出土的遼代以前的文物》，《文物》，1959 年第 9 期。
﹝註 65﹞ 柴曉明、龔國強：《北京房山區出土燕國刀幣》，《考古》，1991 年第 11 期。
﹝註 66﹞ 天津市文物管理處：《河北滄縣肖家樓出土的刀幣》，《考古》，1973 年第 1 期。
﹝註 67﹞ 河北省文物管理處：《河北易縣燕下都第 44 號墓發掘報告》，《考古學報》，1975 年第 4 期。
﹝註 68﹞ 河北灤平縣文物管理所：《河北省灤平縣發現一批戰國貨幣》，《文物》，1981 年第 9 期。
﹝註 69﹞ 灤南縣文物所：《河北灤南縣出土一批戰國貨幣》，《考古》，1988 年第 2 期。
﹝註 70﹞ 張雙峰：《河北興隆發現窯藏明刀幣》，《文物》，1985 年第 6 期。
﹝註 71﹞ 李霖：《河北承德發現燕國刀幣範》，《考古》，1987 年第 3 期。

明刀〔註72〕。1974 年，遼寧敖漢旗出土刀幣 50 多斤，刀幣裝在一個陶罐內〔註73〕。在 70 年代和 80 年代，遼寧大連曾經出土過三批戰國窖藏貨幣，旅順口區三澗鎮出土了約 400 枚明刀，新金縣徐大屯鄉出土了 48 斤布幣，瓦房店市交流島鄉鳳鳴島出土了 2400 多枚貨幣（明刀 120 枚、布幣 14 枚、圜錢 2280 枚）〔註74〕。1981 年，在遼寧撫順縣海浪公社巴溝大隊出土了 662 枚明刀〔註75〕。1982 年，在遼寧遼中縣老觀坨吳家崗子村出土燕國窖藏刀幣 15.45 公斤，約 930 餘枚〔註76〕。遼陽出土過明刀和布幣 4000 餘枚，有的裝在陶罐裏〔註77〕。寬甸也發現過燕國明刀〔註78〕。

(4)內蒙古地區。在內蒙古赤峰的新窩鋪、磨菇山、郭家梁等地，也發現了燕國的布幣、刀幣和圜錢等〔註79〕。

(5)甘肅地區。

更有甚者，遠在西陲的甘肅也發現了燕國貨幣。二十世紀九十年代，在古敦煌郡轄效谷縣一帶，出土了燕國明刀三把〔註80〕。

以上出土的貨幣，數量巨大，地點眾多，這一則說明當時貨幣的需求量很大，從一個側面反映了商品經濟的發達和繁榮。二則說明作為一般等價物的貨幣，已經成為財富的象徵，許多窖藏的貨幣排列整齊，有的甚至用麻繩串聯，就反映了當時人的財富觀念。三則說明當時商品交換的頻繁，在一個遺址中幾國貨幣同出就是明證。

3. 黃金

春秋、戰國時期，黃金已經開始作為貴重的貨幣在使用了，並且成為了一般等價物。但黃金大量集中在各國政府、貴族、官僚和少數富人手中，作為貨幣並未廣泛通行。據說，千里馬、象床、寶劍、狐裘、玉卮等物都是價

〔註72〕 金德宣：《朝陽七道嶺發現戰國貨幣》，《文物》，1962 年第 3 期。

〔註73〕 敖漢旗文化館：《敖漢旗老虎山遺址出土秦代鐵權和戰國遺址》，《考古》，1975 年第 5 期。

〔註74〕 王嗣洲：《遼寧瓦房店市鳳鳴島出土戰國貨幣》，《北方文物》，1988 年第 4 期。
王嗣洲：《大連市三處貨幣窖藏》，《考古》，1990 年第 11 期。

〔註75〕 撫順市博物館：《遼寧撫順縣巴溝出土燕國刀幣》，《考古》，1985 年第 6 期。

〔註76〕 李倩：《遼中老觀坨出土燕國窖藏刀幣》，《遼海文物學刊》，1995 年第 2 期。

〔註77〕 鄒寶庫：《遼陽出土的戰國貨幣》，《文物》，1980 年第 4 期。

〔註78〕 許玉林：《遼寧寬甸發現戰國時期燕國的明刀和鐵農具》，《文物資料叢刊》第三輯，北京：文物出版社，1980 年。

〔註79〕 項春松：《內蒙古赤峰地區發現的戰國錢幣》，《考古》，1984 年第 2 期。

〔註80〕 趙海鷹、龔天祥：《敦煌境內的燕國刀幣》，《甘肅金融》，1998 年第 11 期。

值「千金」的〔註 81〕。另據《燕丹子》卷下記載，荊軻深受太子丹禮待，曾經有過「黃金投龜」之舉。黃金還可作爲饋贈之物，「燕王喜使栗腹以百金爲趙孝成王壽，酒三日」（《戰國策·燕策三》）〔註 82〕。

（二）市場

春秋戰國之時，各國之間貨物的流通、商品的交換是相當順暢的，各國出土貨幣的雜然相處（你中有我、我中有你）就說明了這一點。在戰國時代，燕國興起的重要城市有涿（今河北涿縣）和薊（今北京西南），它們與「趙之邯鄲，魏之溫、軹，韓之滎陽，齊之臨淄，楚之宛、陳，鄭之陽翟，三川之二周」齊名，「富冠海內，皆爲天下名都」（《鹽鐵論·通有篇》）。在市區內，是店鋪林立，商賈雲集。《史記·刺客列傳》說「荊軻嗜酒，日與狗屠及高漸離飲於燕市，酒酣以往，高漸離擊築，荊軻和而歌於市中」，左思《詠史》（八首之六）也說「荊軻飲燕市，酒酣氣益振。哀歌和漸離，謂若傍無人」。在河北容城縣南陽村「燕國城」遺址，曾經出土過一件帶有「易市」陶文的陶碗〔註 83〕。

燕國依託於發達的畜牧業，駿馬貿易成了其中的一個大宗，所以蘇代在齊國遊說淳于髡時，特意提到燕國集市有「賣駿馬者」（《戰國策·燕策二》）。而《燕丹子》卷下也提到太子丹禮遇荊軻無微不至，曾經爲荊軻進「千里馬肝」。《燕丹子》的這則記載未必全出僞託，實有可能。

另據《史記·貨殖列傳》記載，范蠡在助越洗雪會稽之恥後，飄然隱退而從事商業活動，「適齊爲鴟夷子皮，之陶爲朱公」，索隱按語說：「《韓子》云『鴟夷子皮事田成子，成子去齊之燕，子皮乃從之』也。蓋范蠡也。」若是，則「商界名流」范蠡曾經至燕經商。

五、建築業

春秋之時，房屋建築已有茸屋（草屋）和瓦屋之分（《考工記·匠人》），《春秋》隱公八年（西元前 715 年）也有「盟於瓦屋」之語。進入戰國後，

〔註 81〕 分別見《戰國策》的《燕策一》、《齊策三》、《西周策》，《史記·孟嘗君列傳》和《韓非子·外儲說右上》。

〔註 82〕 按：《史記·燕召公世家》記此事作「燕王（喜）命相栗腹約歡趙，以五百金爲趙王酒」。與《戰國策·燕策三》對照，所記黃金一則數字有異，二則用途有別。就情理而言，當以《戰國策》所記爲準。

〔註 83〕 孫繼安：《河北容城縣南陽遺址調查》，《考古》，1993 年第 3 期。

各諸侯宮室已普遍使用瓦復頂，燕城易縣、趙城邯鄲、晉城侯馬、齊城臨淄、魯城曲阜等戰國遺址中，都有板瓦、筒瓦、瓦當以及印紋瓦當出土。燕國的瓦當，有饕餮紋、雙獸、雙鳥、雲山紋半圓瓦當等（燕下都遺址及其他地區），以形式多樣的獸面紋和山形紋為主。從考古發現可知，燕瓦當主要用於宮殿和其他重要建築物。如燕下都遺址的瓦當，主要出土於燕下都遺址東城的宮殿區、手工業遺址以及都城外大型主體建築老姆臺建築群遺址；而在燕下都的西城和東城的市民居住遺址及墓葬區，瓦當則罕見〔註84〕。

根據河北易縣燕下都故城宮殿建築的遺址看，建築時先挖坑，再填土打夯，然後挖出間次，留出牆壁，挖好柱窩。房屋的結構，是面闊三間，進深兩間。其梁架部分大概用的是木材。房頂先鋪蘆葦，再塗草泥土，在草泥土上又塗厚一釐米的「三合土」，然後蓋瓦〔註85〕。

戰國之時，各國相繼興起了築颱風。易縣燕下都尚殘存有燕台臺基五十多座，邯鄲趙王城殘存有趙台臺基十六座。

燕昭王為了禮賢下士，曾經大興土木修建宮室臺觀。燕國之宮室臺觀，見諸載籍的有：

（1）碣石宮

《史記·孟子荀卿列傳》說：「（騶衍）如燕，昭王擁彗先驅，請列弟子之座而受業，築碣石宮。」按照《史記正義》的說法，「碣石宮在幽州薊縣西三十里寧臺之東」。

（2）黃金臺

《太平御覽》卷一七六引《史記》說燕昭王卑身厚幣以求納賢士時，專門築造了黃金臺，「置千金於臺上，以延天下士，謂之黃金臺」。黃金臺，又稱「金臺」、「燕臺」、「賢士臺」、「招賢臺」，古以為其故址在今河北省易縣東南（《太平寰宇記》卷六七），今以為在河北省定縣西部的金臺陳村〔註86〕。燕昭王「禮賢下士」和修築「黃金臺」，後來便成為文學上的一個典故。如李白曾經在《行路難》（三首之二）中吟詠過黃金臺，「昭王白骨縈蔓草，誰人更掃黃金臺？」（《李太白文集》卷二）而其《古風》之十五則是專門吟詠燕

〔註84〕 申雲豔：《燕瓦當研究芻議》，《考古》，2007 年第 2 期。

〔註85〕 河北省文化局文物工作隊：《河北易縣燕下都故城勘察和試掘》，《考古學報》，1965 年第 1 期。

〔註86〕 洛保生、孫進柱：《黃金臺考》，《河北學刊》，2003 年第 1 期。

昭王「禮賢下士」的:「燕昭延郭隗,遂築黃金臺。劇辛方趙至,鄒衍復齊來。奈何青雲士,棄我如塵埃。珠玉買歌笑,糟糠養賢才。方知黃鵠舉,千里獨徘徊。」(《李太白文集》卷一)

(3) 三公臺

《太平寰宇記》卷六七《河北道·易州·易縣》云:「三公臺,在縣東南十八里,其臺相去三十六步,並高大。燕昭王所立,樂毅、鄒衍、劇辛所遊之處,故曰三公臺。」

(4) 寧臺—元英—磿室

樂毅報燕惠王書曰:「齊器設於寧臺,大呂陳於元英,故鼎反乎磿室。」(《戰國策·燕策二》、《史記·樂毅列傳》)

上述諸臺觀,均與求賢納士有關;而以下所述臺觀(5～10),則多與燕昭王好神仙方術有關,不妨稱之為求仙臺觀。

(5) 仙臺

《水經·易水注》引闞駰曰:「(易水)出代郡廣昌縣東南、郎山東北燕王仙臺東。臺有三峰,甚為崇峻,騰雲冠峰,高霞翼嶺,岫壑沖深,含煙罩霧。耆舊言:『燕昭王求仙處。』」

(6) 侯臺

《太平寰宇記》卷六七《河北道·易州·易縣》云:「侯臺,在州子城西南隅,高三層,燕昭王所築,以侯雲物。」

(7) 明光宮

《太平御覽》卷一八三引《論衡》云:「燕王坐明光宮,所臥處三戶盡閉,使二十人開不得。」明光宮又叫「明光殿」(同前引《三秦記》)。該殿至少在西漢初期還存在。漢昭帝元鳳元年(前 80 年),燕王劉旦謀反事發以後,憂懣不已,「置酒萬載宮,會賓客群臣妃妾坐飲,……因迎后姬諸夫人之明光殿」(《漢書·武五子傳》)。

(8) 崇霞臺

《拾遺記》卷四《燕昭王》云:「王登崇霞之臺,乃召二人(旋娟、提嫫),徘徊翔舞,殆不自支。」

(9) 通霞臺

《太平御覽》卷一七八引王子年(王嘉)《拾遺記》云:「王坐通明之堂,

亦曰通霞之臺，以龍膏爲燈，光耀百里，煙色丹紫。國人望之，咸言瑞光也，遙拜之。」

（10）握日臺

《拾遺記》卷四《燕昭王》云：「昭王坐握日之臺參雲，上可捫日。時有黑鳥白頭，集王之所，銜洞光之珠，圓徑一尺。」

（11）華陽臺

華陽臺乃太子丹禮遇賓客賢士的臺觀。《燕丹子》卷下云：「太子（丹）爲置酒華陽之臺。酒中，太子出美人能琴者。」

六、交通（城市、人口）

（一）交通

早在 3000～4000 年前，華北就存在著一條交通要道（類似於今天的京廣鐵路）。根據侯仁之的考察，在當時的中原與北部山區之間，唯一的通道是沿太行山東麓一線的高地，因爲西邊是高山深谷，東邊是湖泊沼澤。從中原沿此路北進，穿過幾條大大小小的河流，最後越過永定河，從古代永定河渡口（今盧溝橋附近）進入北京小平原後，道路遂一分爲三：一條往西北通過南口，穿過一系列山間盆地，直接北上蒙古高原；一條往東北出古北口，越過丘陵和山地，通向松遼平原；一條越過北京小平原，沿著燕山南麓往東，出山海關到達遼河平原。若從北部山區進入中原，也必須經過這幾條道路，彙集於永定河渡口，再沿太行山東麓南下〔註87〕。

降而至於夏朝，又有大禹開通「九道」之說，其說詳見於《尚書·禹貢》。《左傳》襄公四年云：「芒芒禹迹，畫爲九州，經啓九道。」（杜預注：「啓開九州之道。」）《史記·河渠書》亦云：「隨山濬川，任土作貢，通九道。」（張守節正義引顏師古曰：「通九州之道。」）研究者認爲，大禹所開通的「九道」，以今豫西爲中心，向四方伸展延伸。其中，通往東北方向的道路有：(1)從豫西出發，沿岐、荊至河；(2)經湖口、露道，達於太岳（霍山）；(3)經砥柱、析城，達於王屋；(4)經太行、恒山、碣石，至於海〔註88〕。

商朝之時，道路交通較夏朝更爲發達。結合考古資料與古文字資料考察，

〔註87〕侯仁之：《歷史上的北京城》，北京：中國青年出版社，1962 年，第 5～6 頁。
〔註88〕中國科學院自然科學史研究所地學史組主編：《中國古代地理學史》，北京：科學出版社，1984 年，第 43 頁。

當時從王邑通向各地的國家乾道有六條，其中一條即通往華北的盧龍、東北的朝陽等地〔註 89〕。那是從今河南安陽附近的殷都（殷墟）北上，直到北京的原始聚落之間，已經逐漸形成一條南北大道，而且在那時候這也是華北大平原上南北之間唯一可以通行無阻的大道〔註 90〕。

周人建國後，亦重視道路的修建和管理。周人在商人所修道路的基礎上，進一步擴建成「周道」、「周行」。「周道」以成周爲中心，向四方延伸。其中向北的道路，一條通晉（今山西），一條通邢、燕（今河北邢臺、北京）〔註 91〕。

由此可以看出，華北自古即與中原保持著交通。燕國的中都修築於今北京房山區董家林一帶，正好位於太行山東麓的交通要道上；而燕國之所以要築都於此，交通便利應當就是他們考慮的重要因素之一。

比如，從趙國的邯鄲北上燕國，就必須沿太行山東麓北上，這一條道路近便而又暢通，所以蘇秦說：「今趙之攻燕也，發號出令不至十日，而數十萬之軍軍於東垣矣。渡滹沱，涉易水，不至四五日而距國都矣。」（《史記·蘇秦列傳》）而連接太行山東西部的交通要道，古有所謂「太行八徑」，即軹關徑、太行徑、石徑、滏口徑、井徑、飛狐徑、蒲咀徑和軍都徑（晉郭統生《述征記》）；雖然戰國文獻只記載了其中的井徑，但其餘七徑作爲要道的存在應當是沒有問題的。太行八徑是古代晉冀豫三省穿越太行相互往來的咽喉孔道，是三省邊界交錯山嶺之間的重要軍事關隘所在之地，燕國享有這一交通便利。明方以智（1611～1671）《通雅》卷十四《方輿》說：「太行八徑，兩路入燕。」

另據《呂氏春秋·有始覽·有始》記載，先秦有所謂「九塞」，其中的令庇塞和居庸塞（居庸關）即位於燕國境內（今河北遷安西和昌平西北）。關塞既是交通要道，更是軍事防守的據點，往往成爲兵家必爭之地。

先秦溝通燕地與外地的交通道路，後爲秦所繼承。秦統一中國後，自咸陽向四方修築馳道，「東窮燕、齊，南極吳、楚」（《漢書·賈鄒枚路傳》），加強了關中地區與南北各方的聯繫。秦馳道自咸陽至燕地的路線是，「由咸陽東行出函谷關（今河南靈寶縣北），至三川郡（今河南洛陽市），然後東北經鄴

〔註 89〕彭邦炯：《商史探微》，重慶：重慶出版社，1988 年，第 269 頁。

〔註 90〕侯仁之：《關於古代北京的幾個問題》，《文物》，1959 年第 9 期。

〔註 91〕楊升南：《說「周行」、「周道」──西周時期的交通初探》，《西周史研究》（第一次西周史學術討論會論文彙編），1984 年。

縣（今河北臨漳縣西南）、邯鄲，而至廣陽（今北京），再東至碣石山（在今河北昌黎縣境）」〔註92〕。

（二）城市

城市是人口密集、居民以非農業人口爲主的穩定的聚落（settlement），是生產、生活、交換、消費的集中地，它通常是一個地區政治、經濟、文化的中心。在戰國時代，興起的重要城市有「燕之涿（今河北涿縣）、薊（今北京西南），趙之邯鄲，魏之溫、軹，韓之滎陽，齊之臨淄，楚之宛、陳，鄭之陽翟，三川之二周，富冠海內，皆爲天下名都」（《鹽鐵論・通有篇》）。燕之上都薊，在榜上赫然有名。

歷史上的燕國，先後有過五座都城，兩都在今河北省境內——位於今河北省雄縣縣城西北十餘里的「臨易」和位於今河北省易縣的「下都」舞陽城，三都在今北京市範圍內——位於北京市房山區董家林村的初都、位於今北京市房山區竇店鎮的中都、位於今天北京城的西南角的上都。下面，本章將著重介紹燕國的初、上、下三都。

初都——琉璃河

從 1962 年至 1977 年，對北京房山縣琉璃河董家林古城進行了考古發掘，證實這裡就是西周初年燕國的國都。

琉璃河遺址包括洄城、劉李店、董家林、黃土坡、立教、莊頭等村落，東西長 3.5 公里，南北寬 1.5 公里，面積 5.25 平方公里。

古城址座落在琉璃河鎮大石河左岸董家林村，遺址分爲三個部分，即古城址、居住區和墓葬區。因遭大石河（琉璃河，古稱聖水）河水泛濫破壞，因此城牆的南北長度尚不清楚（推測距離應有 700 米左右〔註93〕），東西長約850 米，是一座長方形的古城。除南面外，其餘三面均有護城河。城牆結構分爲主城牆、內附牆和牆外平臺。從城牆的底基看，中間是 4 米厚的主城牆，內外又各附築一層護城坡，都是用黃土層層夯築的〔註94〕。在對部分城牆所作的試掘中，發現在北牆東端和東牆北端有兩處城基夯土被西周的墓葬所打破，特別是在東牆北端發現城基夯土被一座墓葬所打破，在墓中出土有兩件

〔註92〕 史念海：《祖國錦繡河山的變遷》，《中國歷史地理論叢》第一輯，西安：陝西人民出版社，1981 年。

〔註93〕 本社編：《新中國考古五十年》，北京：文物出版社，1999 年，第 10 頁。

〔註94〕 北京市文物工作隊：《北京房山縣考古調查簡報》，《考古》，1963 年第 3 期。

陶簋和一件銅鏃，陶簋的形制和安陽殷墟晚期的同類陶器相同。由此可見，
這座城牆的始建年代應在商末或稍早一些〔註95〕。

居住區在城內，在這裡發現了西周時的繩紋瓦，說明曾經有過大型的宮
殿建築。青銅容器範的發現，說明這裡有鑄銅作坊；而商周時期鑄銅作坊多
與都城同在，這也表明琉璃河古城應是周初燕都。

墓葬區在古城東南一里處的黃土坡村。黃土坡墓地被京廣鐵路分隔為二
區，西側為 I 區，東側為 II 區。在 I 區發掘了 33 座墓和 3 座車馬坑，其中有
7 座是奴隸殉葬墓；II 區發掘了 27 座墓和 2 座車馬坑。這些墓葬可以分為四
期，第一期屬商代晚期，第二期為周成王前後的墓葬，第三期為康王前後的
墓葬，第四期為西周中期或晚期的墓葬。墓葬都是長方形豎穴土坑，個別大
墓也有帶南北墓道的。墓內葬具多有棺有槨，其中也有重棺的。墓內死者的
葬式多為仰身直肢，頭朝北，部分墓內還有殉人現象（殉 1 人或 2 人）。隨葬
品有陶器、原始瓷器、青銅禮器和兵器〔註96〕。出土的青銅器帶有銘文，其
中就包括出類拔萃的傑作「伯矩鬲」等。在 II 區的 251 號墓中出土了伯矩
鬲、伯矩盤、單子尊、單子卣等器，在 253 號墓中出土了堇鼎、圉卣、圉方
鼎等器。伯矩鬲和堇鼎上的「匽侯」字樣證實，《史記·燕召公世家》等文獻
中關於周初封召公奭於北燕的記載是可信的，董家林古城應是周初燕國的國
都〔註97〕。

研究者認為，琉璃河古城是「召公封燕」後於西周初年建造的都城〔註98〕。
琉璃河古城作為都城的使用期限主要在西周早中期〔註99〕，或以為其廢止時
間應在西周中晚期之際〔註100〕。其後，不知由於何種原因（政治的或自然
的），燕國由琉璃河古城而遷都薊城。

據悉，北京市房山區琉璃河西周燕都遺址將建設成一座展示商周歷史文

〔註95〕 文物編輯委員會編：《文物考古工作三十年》，第3～4頁。
〔註96〕 中國社會科學院考古研究所、北京市文物研究所：《1981～1983 年琉璃河西周
　　　　燕國墓地發掘簡報》，《考古》，1984 年第 5 期；中國社會科學院考古研究所、
　　　　北京市文物研究所：《北京琉璃河 1193 號大墓發掘簡報》，《考古》，1990 年第
　　　　1 期。
〔註97〕 文物編輯委員會編：《文物考古工作三十年》，第 4 頁。
〔註98〕 李伯謙：《北京房山董家林古城址的年代及相關問題》，《北京建城 3040 年暨
　　　　燕文明國際學術研討會會議專輯》，北京：北京燕山出版社，1997 年。
〔註99〕 琉璃河考古隊：《琉璃河遺址 1996 年度發掘簡報》，《文物》，1997 年第 6 期。
〔註100〕 陳平：《燕都興廢、遷徙談》，《北京社會科學》，1997 年第 4 期。

化的公園，並對外開放。遺址公園建成後，該地區出土的青銅器等大量珍貴文物，將得到集中展示。至 2011 年 7 月前，在琉璃河西周燕都遺址上，已建起一座佔地 20667 平方米，仿唐朝風格的博物館。館內有展廳、文物庫和兩處墓葬，兩處車馬坑。展示的文物有陶、銅、原始青瓷、玉、漆、俑、石等器物數千件。今後，依託這些資源，一座展現北京地區二千多年前建城時的狀況及文化風貌的體驗公園將拔地而起〔註 101〕。

上都──薊

根據出土文物和文獻記載推斷，薊大致位於今天北京城的西南角〔註 102〕，即廣安門附近〔註 103〕。西周初年，武王封帝堯之後（一說黃帝之後）於薊，其國泯滅後，地歸於燕〔註 104〕。燕國以薊爲都，當以古薊國的舊有國都爲基礎，然後再加以擴建。建國以後，曾經在北京廣安門一帶發現過戰國和戰國以前的遺迹，出土過饕餮紋半瓦當等，出土器物年代最早者接近於西周〔註 105〕。燕國遷都於薊，大約在戰國初期〔註 106〕；一直到燕國滅亡，薊都是燕國的國都〔註 107〕。

燕國之所以要遷都於薊，一則固然是「薊微燕盛，（燕）乃並薊居之」（《史記·周本紀》正義）的結果，另則也是燕國出於向北發展的需要。侯仁之說：「薊城所在，既是南北大道的北方終點，又是分道北上以入山後地區的起點，實質上它就是南北交通的樞紐。」〔註 108〕佔據薊城，「它既能控制永定河渡口和太行山東麓要道，又可憑藉軍都山、八達嶺等燕山天險以爲屏障」〔註 109〕。

〔註 101〕 鞏崢：《西周燕都遺址將建公園》，《北京日報》，2011 年 7 月 1 日第 13 版。

〔註 102〕 侯仁之：《關於古代北京的幾個問題》，《文物》，1959 年第 9 期；蘇天鈞：《對遼、金以前北京城址變遷問題的探討》，《中國考古學會第五次年會論文集》（1985），北京：文物出版社，1988 年。

〔註 103〕 侯仁之：《論北京建城之始》，《北京社會科學》，1990 年第 3 期。

〔註 104〕 參看本書第十章《古族與古國（上）》第五節《薊》。

〔註 105〕 趙正之：《北京廣安門外發現戰國和戰國前的遺址》，《文物參考資料》，1957 年第 7 期。

〔註 106〕 曲英傑：《先秦都城復原研究》，哈爾濱：黑龍江人民出版社，1991 年，第 289 ～293 頁；閻忠：《周代燕國史研究》，吉林大學博士學位論文，金景芳指導，1994 年，第 41、51～52 頁。

〔註 107〕 《史記·燕召公世家》說：「（燕王喜）二十九年，秦攻拔我薊，燕王亡，徙居遼東。」

〔註 108〕 侯仁之：《論北京建城之始》，《北京社會科學》，1990 年第 3 期。

〔註 109〕 徐自強：《關於北京先秦史的幾個問題（續）》，《北京史論文集》第二輯，1982 年。

　　作爲燕都之一的薊，它不但是燕國的政治中心和文化中心，也是燕國的經濟中心之一，並且是當時具有「國際」影響的一大都市，儼然北方的一大中心城市，「夫燕，亦勃、碣之間一都會也。南通齊、趙，東北邊胡，……有魚鹽棗栗之饒，北鄰烏桓、夫餘，東綰穢貉、朝鮮、眞番之利」(《史記・貨殖列傳》)。史念海（1912～2001）認爲，「燕國並沒有很多的出產，只是以魚鹽棗栗著名」，「薊的發展是另外一種方式，它是仰仗於對外貿易的」〔註 110〕，此說不無道理。

　　周初所築薊城的規模，現在已經無法確知。下面，結合曲英傑的研究成果〔註 111〕，對薊城略做介紹。廣安門外橋南燕宮遺址，當沿於原薊宮，故周初薊城似當以此爲中心而營築，而將其西北之道路交彙點（即今）包圍於城內。薊丘則可能尚在城外。因此處臨薊丘，故稱薊城、薊國。燕人擴建薊城，當在其強盛之後，極有可能始於戰國時期的燕文公時期（西元前 361～前 333 年）。燕薊城的南垣，大致在明清北京城外城南垣內側一線（白紙坊街）；燕薊城的東垣與南垣相交處在燕臺鄉（今安樂林禪寺址附近）；薊城的北垣，當在今廣安門內、外大街之南的白雲觀北、頭髮胡同一線，與遼南京城和金中都之北垣基本重合。整個燕都薊城，西起今會城門、北蜂窩路一線，東至牛街、右安門大街一線，東西長約 3000 米；北起頭髮胡同一線，南至明清北京城外城南垣內側一線，南北長約 4000 米。薊城城門的設置，當如《郡國志》所記「開十門」，東、西垣各開三門，南、北各開二門。薊城之內爲宮城，宮門當在廣安門以南一帶，而後一直相沿於遼金時期。宮城之西垣，極有可能在薊城內西部貫通南北的大道今手帕口南街一線以東；宮城的北垣，在今廣安門內、外大街之南；宮城的東垣，在南線閣街以西；宮城的南垣，極有可能在薊城內南部貫通東西的大道（今白紙坊西街）以北。宮城之北爲燕市，荊軻及高漸離曾經「飲於燕市」(《史記・刺客列傳》)。薊城之外，也分佈著居民邑落和宮殿建築，這一帶曾經出土過戰國秦漢時期的陶井、燕國的饕餮紋半瓦當和刀幣〔註 112〕，還發現了很多戰國至漢代的小型墓葬。

〔註 110〕史念海：《戰國秦漢時期黃河流域及其附近各地經濟的變遷和發展》，《河山集》（三集），第 120 頁。
〔註 111〕曲英傑：《先秦都城復原研究》，第 293～302 頁。
〔註 112〕北京市文物管理處：《北京又發現燕饕餮紋半瓦當》，《考古》，1980 年第 2 期。

下都——武陽

作爲燕國國都之一的武陽城（即燕下都），位於今河北省易縣東南 2.5 公里處，居於中易水和北易水之間。因處武水（今中易水）之陽而得名。燕下都西北靠太行山，東南臨華北平原，恰好處於北上薊城、南下邯鄲、西去關中的交通要道上。它是戰國時期列國都城遺址中面積最大的一座。

一般認爲，燕下都營建於戰國中期的燕昭王時期（《水經‧易水注》）。但這只是燕下都營建年代的下限，其實早在燕成公時期（西元前 449 年～前 434 年在位），燕人就已經開始營建燕下都了。在燕下都城址內，曾經出土過題名爲「郾侯載」的戈、矛等〔註 113〕，「載」是燕成公之名（《史記‧燕召公世家》索隱引《紀年》），金文作「軋」〔註 114〕。從燕下都的形制看，它也是分前後幾次修築而成；因此，燕昭王之世大概是燕下都的大肆修築時期。

燕昭王之所以在此處大肆營建燕下都，從當時的形勢和都城的形制看，主要是出於軍事上的考慮——既可以加強燕國的南部防線的防禦，又可以積極南下進攻，以洗雪先王之恥〔註 115〕。

早在解放前，就對燕下都做過一些考古發掘工作；新中國成立後，又進行了比較詳細的調查和發掘（如第 13、16、21、22、23 號遺址）〔註 116〕。1961 年，國務院將燕下都公佈爲全國重點文物保護單位。

燕下都城址平面大體呈長方形，東西長約 8300 米，南北寬約 4000 米，分爲東西兩城，東西城之間有河道隔開（與齊的臨淄、魯的曲阜都不相同）。

東城是燕下都的主體，自成一個完整的城堡，其平面略呈正方形，東

〔註 113〕中國歷史博物館考古組：《燕下都城址調查報告》，《考古》，1962 年第 1 期。
〔註 114〕郭沫若認爲，此字從車才聲，當讀作「載」（《郭沫若全集‧考古編》第五卷，北京：科學出版社，2002 年，第 211～212 頁）。
〔註 115〕可參看本書第五、六章的相關部分。
〔註 116〕中國歷史博物館考古組：《燕下都城址調查報告》，《考古》，1962 年第 1 期；河北省文化局文物工作隊：《河北易縣燕下都故城勘察和試掘》，《考古學報》，1965 年第 1 期；河北省文物工作隊：《河北易縣燕下都第 16 號墓發掘》，《考古學報》，1965 年第 2 期；河北省文物管理處：《燕下都第 23 號遺址出土一批銅戈》，《文物》，1982 年第 8 期；河北省文物管理處：《河北易縣燕下都第 21 號遺址第一次發掘簡報》，《考古學報》第二期；河北省文物研究所：《河北易縣燕下都第 16 號墓車馬坑》，《考古》，1985 年第 11 期；河北省文物研究所：《河北易縣燕下都第 13 號遺址第一次發掘》，《考古》，1987 年第 5 期。1996 年，文物出版社推出了《燕下都》（上下冊），堪稱集燕下都考古資料之大成。

西長約 4500 米，南北寬約 4000 米。東城的南面爲中易水，北面爲北易水，東面爲人工挖掘的壕溝，西面爲運糧河，東西兩側有城壕，防衛措施相當嚴密。

東城內部有一定的區劃，分爲宮殿區、居住區和墓葬區三大部分。北部四分之一處有一道東西向的城垣（隔牆），把東城分隔爲南北兩部分。

隔牆南北兩側和北城牆外，一線排列著高大的夯土基址。其中南端的「武陽臺」和北端的「老姆臺」體積最大，都是 100 餘米見方、高 11～12 米，「武陽臺」東北、東南和西南又有一些建築物（武陽臺當爲燕君閱兵之處）。它們共同構成東城的宮殿區，佔有整個東城北半部的東半段。在宮殿區的西半和南側，圍繞有密集的手工業作坊，主要是冶鐵、造兵器、鑄錢、製骨、製陶的作坊。居民居住區則分佈於離宮殿區稍遠的西南部，其中也有手工業作坊。在第 23 號遺址出土了 108 件銅戈，還有鐵鋤、鐵鐮、鐵削等；銅戈大部分完好，其中 100 件都帶有銘文，如「郾王喜造御司馬鍨」（《集成》11278），應當爲燕王的御司馬所用。據此推斷，這個作坊可能爲燕國王室所有。墓葬區在城址的西北角，是燕國王室和高級貴族的墓地，有兩處封土猶存的墓葬區，一處有大墓 13 座，最大的封土 55 米見方、高 11 米；另一處有大墓 10 座，封土略小。

西城營建的年代似乎稍晚於東城，很可能是戰國晚期爲適應戰爭的需要而擴建的郭[註117]。西城的平面略呈方形，東西長約 3500 米，南北長約 3700 米，城牆基寬約 40 米。僅北、西、南三面築有城牆；東牆即是東城的西牆，依運糧河與東城相連。城內沒有發現大型的建築和墓葬，僅有兩處普通的建築遺址和一般墓葬，基本上是空蕩蕩的。

根據燕下都遺址的勘探和試掘，城垣採用穿棍、穿繩和夾板夯築的築法。由於城垣很厚（有 10 米左右），不可能一次夯成，需要由裏向外，或由外向裏，逐段加寬夯築。大體上用兩塊木板上下排列，用繩從兩端攬緊，然後夯築。夯完一層之後，再築一層。宮殿區有三座大型的主體建築，前後排列。從這些主體建築和其他建築組群的布局，可以看出宮殿結構複雜而龐大，建築物宏偉而豪華。當時建築已有排水設備，地下有銜接的陶管下水道；露出地面的陶水管有蛙頭形的[註118]。

〔註117〕楊寬：《戰國史》（增訂本），第 125～126 頁。
〔註118〕楊寬：《戰國史》（增訂本），第 125～126 頁。

武陽燕下都與上都薊城，在軍事上互為犄角之勢，堪稱唇齒相依，遙相呼應。戰國末年，燕太子丹與荊軻等人在此謀劃刺殺秦王；荊軻一行也由此渡易水，西去咸陽行刺。事情敗露以後（西元前 227 年），秦派兵攻燕，敗燕、代聯軍於易水之西（《史記・秦始皇本紀》）。遭此兵燹，燕下都被急劇破壞，遂告廢棄。

（三）人口

至於燕國究竟有多少人口，實在是難以具體統計。楊寬推測，戰國時期中原七國的總人口大約不過二千萬左右〔註119〕。若取其平均數，則燕國的人口約為三百萬；而燕國在當時又屬於地廣人稀的國家，則其人口總數當不足三百萬。應該說，這一估計大致沒有多少偏差。《戰國策・燕策一》說燕國有「地方二千餘里，帶甲數十萬，車七百乘，騎六千匹」。西元前 251 年燕國伐趙時，《史記・燕召公世家》說燕「起二軍、車二千乘」，而《戰國策・燕策三》則說當時燕國起兵有六十萬之眾，「令栗腹以四十萬部（今河北高邑東南），使卿秦〔註120〕以二十萬攻代（今河北蔚縣東北）」。如果《燕策三》所說不誤，則當時燕國用以伐趙的軍隊尚不止六十萬，因為燕王喜又「自將偏軍隨之」（《史記・燕召公世家》）。以七十萬計（最為強盛時期），每家四人中一人入伍，則燕國人口總數約為二百八十萬。

〔註119〕楊寬：《戰國史》（增訂本），第 118 頁。
〔註120〕《燕召公世家》和《資治通鑒》卷六《秦紀一》作「卿秦」，《戰國策・燕策三》作「慶秦」。

第九章　政治制度

一、官僚機構

（一）中央行政組織 [註1]

1. 職官

燕侯

姬姓燕國（北燕）是由西周王朝中央政府分封的「合法的」（legitimate）諸侯國，而燕侯也就是燕國「合法的」最高權力的執掌者，「他依靠周王授予他的政治權力進行統治」[註2]。在燕國境內行使最高權力者，無疑就是召公家族——即由被分封至燕的召公後裔所形成的家族，可以稱之為「姬姓燕王家族」。這一「法統」，在燕國是一脈相承而又傳延不絕的，這是與晉國、齊國判然有別的一個事實[註3]。

當然，如此而言並沒有否認另外一個事實——即在燕國的上層權力機構中，確實有異姓的存在（如殷遺和客卿）[註4]。但有人卻認為，燕國有三處封地（按：燕國初封時僅有一處封地，即房山縣琉璃河董家林）、三個都邑（按：不只三個；另外，一國前後數都乃普遍現象，如齊、晉、楚等）、公侯

[註1] 此處所用的「中央」一詞，是與「地方」一詞相對應的，並且其範圍僅局限於「燕國」境內：切不可與周王朝「中央政府」之「中央」相混淆。

[註2] 〔美〕李峰著，吳敏娜等譯：《西周的政體：中國早期的官僚制度與國家》，北京：三聯書店，2010年，第235頁。

[註3] 眾所周知，「三家分晉」、「田氏代齊」之後，二國舊有之「法統」轟然坍塌。

[註4] 關於以上部分的論述，可具體參看本書第四、五、六、七章及附錄的《燕國世系表》、《燕國大事年表》。

有三段（按：純屬想像），分屬三個不同的系統（即亞燕、薊、邺。按：釋文及研究有誤），這就是「燕國的部族及部族聯合」〔註5〕。此說明顯與西周「宗法制」（及嫡長子繼承制）相牴牾，而且在齊、魯、唐、衛等國也從沒有出現過類似情形，未免太過於「一廂情願」了。

燕侯的名號，初稱「侯」（克罍、克盉，克－桓侯），中稱「公」（莊公－文公），後稱「王」（易王－燕王喜）。西元前 323 年（燕易王十年），魏公孫衍發起燕、趙、中山、魏、韓「五國相王」以抗秦，燕國至此方與趙國、中山國一起稱王〔註6〕。

將、相

燕侯之下的官僚機構，重要的是將和相，分別主管文武之事。春秋戰國之時，官分文武是各國官僚組織的重要特點，而官分文武不但有利於提高官僚機構的效率，而且有利於國君進一步集中權力（集權）〔註7〕。

相，又稱「相國」、「相邦」、「丞相」，是文官系統的首腦。《韓非子·外儲說左上》：「郢人有遺燕相國書者，……燕相受書而說之。」以具體人物而言，子之是燕王噲時的相（《戰國策·燕策一》），公孫操（成安君）是燕惠王時的相（《史記·燕召公世家》索隱引《趙世家》）、相國〔註8〕，栗腹是燕王喜時的相、丞相（分別見《史記·燕召公世家》、《趙世家》）。

將，又稱「將軍」，是武官系統的首腦，其名號見諸傳世文獻和出土材料。燕王噲時，有將軍市被（《戰國策·燕策一》、《史記·燕召公世家》）。西元前272 年弒燕惠王的公孫操，一說就是將〔註9〕（《史記·趙世家》）。「襲破走東胡」的燕人秦開，也是將（「賢將」，《史記·匈奴列傳》）。燕下都出土過帶有「將軍」銘文的銅戈，如「九年將軍張」戈（第 107、95 號戈）〔註10〕。將

〔註5〕 葛英會：《燕國的部族及部族聯合》，《北京文物與考古》第一輯，1983 年；葛英會：《關於燕國歷史上的幾個問題》，《北京史苑》第三輯，北京：北京出版社，1985 年。對於前一文，陳平有過中肯的批駁（《燕史紀事編年會按》上冊，北京：北京大學出版社，1995 年，第 249～250 頁）。

〔註6〕 《戰國策》的《魏策一》、《中山策》，《史記》的《六國年表》、《楚世家》。

〔註7〕 《尉繚子·原官篇》說：「官分文武，王之二術也。」

〔註8〕 馬王堆漢墓帛書整理小組：《戰國縱橫家書》，北京：文物出版社，1976 年，第 81 頁。

〔註9〕 關於公孫操究竟是「將」還是「相」，本章下文將做進一步分辨。

〔註10〕 河北省文物管理處：《燕下都第 23 號遺址出土一批銅戈》，《文物》，1982 年第8 期。按：二戈著錄於《殷周金文集成》11325、11326。

軍中又有「上將軍」,「於是遂以樂毅爲上將軍」(《戰國策‧燕策一》、《史記‧燕召公世家》);戰國時的上將軍,「猶春秋之元帥」〔註11〕。

司馬

燕國設有「司馬」,「(安平君田單)禽其司馬而反千里之齊」(《戰國策‧齊策六》)。這裡的「司馬」,明顯屬於武官系統。東周之時,燕國設有「三軍」(左軍、中軍、右軍)〔註12〕;據此推測,此處之「司馬」大概就是這次軍事行動的統帥。

太傅

又可簡稱作「傅」,屬東宮官僚系統,負責輔導、教育太子,一般由德高望重、文化素養較高者擔任。如鞠武(一作「麴武」〔註13〕),曾經爲太子丹太傅(或傅〔註14〕),爲人深謀有遠慮,規勸太子要從長遠之計,不要急於報仇(「太子貴匹夫之勇,信一劍之任,而欲望功,臣以爲疏」〔註15〕)。但太子丹最終沒有聽從鞠武的勸告。

相室

相室有兩種含義,一爲相國的別稱,一爲家臣的別名。《韓非子‧八經》:「相室約其廷臣,廷臣約其官屬。」《漢書‧五行志中之下》:「不當華而華,易大夫;不當實而實,易相室。」顏師古(581～645)注:「相室,猶言相國,謂宰相也。」作爲家臣別名的相室,有的屬於東宮官僚系統,爲太子府裏的管家;或爲卿大夫管理家務者。《韓非子‧說林上》云:「隰子歸,使人伐之。斧離數創,隰子止之。其相室曰:『何變之數也?』」陳奇猷(1917～2006)引《孤憤》舊注云:「相室,家臣也。」〔註16〕《十鍾山房印舉》卷四‧二九有「相室」印,《古璽彙編》0003 有「長平君相室璽」。由此可知,家臣確可稱爲相室。《十二家吉金圖錄》22 載有王后左相室鼎,銘曰「王后左相室」,研究者認爲此鼎乃燕國銅器〔註17〕。1998 年 10 月,洛陽火車站西南金谷園村

〔註11〕《資治通鑒》周紀四(赧王三十一年)胡三省注。
〔註12〕參看本書第九章第四節《軍事制度》。
〔註13〕《燕丹子》作「麴武」,《戰國策‧燕策三》、《史記‧刺客列傳》作「鞠武」。
〔註14〕《戰國策‧燕策三》作「太傅」,《燕丹子》作「傅」。
〔註15〕語見《燕丹子》卷上。
〔註16〕陳奇猷:《韓非子新校注》,上海:上海古籍出版社,2000 年,第 486 頁。
〔註17〕黃盛璋:《盱眙新出土銅器、金器及相關問題考辨》,《考古》,1984 年第 10 期。

發現了戰國有銘銅鼎一件，銘文具有戰國刻劃文字的顯著特徵，鼎腹上部前側橫刻「大（太）子左相室」五字，該鼎可能也是燕國的器物〔註18〕。

除此之外，燕國還有一些負責管理手工業的官僚，其名稱也見諸傳世文獻和出土文獻。下面略述一二：

工尹、陶尹

攻（工）尹、匋（陶）尹，分別負責製造兵器、陶器等。工尹有左工尹、右工尹之分，燕國兵器銘文中有左工尹、右工尹，多作「左攻（工）尹」、「右攻（工）尹」字樣〔註19〕。

在河北易縣燕下都，發現過帶有「左陶尹」文字的陶片〔註20〕；而帶有「右陶尹」的陶文，也多有著錄〔註21〕。看來，陶尹一如工尹，也有左右之分，當為正副官。

右御、右廩

《韓非子·外儲說左上》云：「宋人有請為燕王以棘刺之端為母猴者，必三月齋，然後能觀之。燕王因以三乘養之。右御、冶工言王曰……」這裡的「右御」，當與車馬器物之製造有關，掌管器物進用之事。「冶工」，即「右御」屬下的冶鐵工匠，「他們可能多為能工巧匠，有些或來自他國」〔註22〕。

發現於河北興隆的戰國鐵金屬鑄範，上面多鑄有「右廩」二字〔註23〕，當為燕國管理官營手工業的官員。

豕宰、宰夫、衡官、水官

豕宰、宰夫負責家畜、家禽的飼養、宰殺和烹製，衡官負責器物的測

〔註18〕 蔡運章：《太子鼎銘考略》，《文物》，2001 年第 6 期。
〔註19〕 分別見《集成》11923、11924 和 11243、11244、11350、11919～11922。「右攻（工）尹」，又見《三代吉金文存》19.52.3、20.58.1、《小校經閣金文》10.53.2。
〔註20〕 中國歷史博物館考古組：《燕下都城址調查報告》，《考古》，1962 年第 1 期；河北省文化局文物工作隊：《河北易縣燕下都故城勘察和試掘》，《考古學報》，1965 年第 1 期；中國科學院考古研究所：《新中國的考古收穫》，北京：文物出版社，1962 年，第 62 頁。
〔註21〕 李學勤在《戰國題銘概述（上）》（刊《文物》1959 年第 7 期）中舉有燕國「左陶尹」和「右陶尹」陶文各四例。另可參看石永士、王素芳：《燕國貨幣的發現與研究》，《燕文化研究論文集》，北京：中國社會科學出版社，1995 年。
〔註22〕 陸德富：《戰國時代官私手工業的經營形態》，復旦大學博士學位論文，2011 年，第 67 頁。
〔註23〕 鄭紹宗：《熱河興隆發現的戰國生產工具鑄範》，《考古通訊》，1956 年第 1 期。

量，水官負責水上之事。這幾個官名，並見於符朗所著《符子》：「朔人獻燕昭王以大豕，曰：『養奚若？』使曰：『豕也，非大圍〔註 24〕不居，非人便不珍，今年百二十矣，人謂豕仙。』王乃命豕宰養之，十五年，大如沙獷，足如不勝其體。王異之，命衡官橋而量之，折橋，豕不量。又命水官舟而量之，其重千斤，其巨無用。燕相謂王曰：『奚不享之？』王乃命宰夫膳之。」〔註 25〕

　　其中「宰夫」一職，見於《周禮・天官》，「掌治朝之法，以正王及三公、六卿、大夫、群吏之位，掌其禁令」，其地位甚顯赫；但此處的「宰夫」，卻不可與《周禮》所說「宰夫」同日而語，乃一介普通「膳人」耳，董說（1620～1686）認為「自春秋以來皆然」〔註 26〕。與之形成鮮明對比的是「膳夫」，《周禮・天官》中的「膳夫」僅「掌王之食飲膳羞，以養王及後世子」，實屬平常；但在出土金文中（如大克鼎、大簋），其地位和職權卻頗為煊赫。

女伶

　　《七國考》卷一引《拾遺記》：「燕昭王時，廣延國獻善舞者二人，……乃使女伶代唱其曲。」董說案語云：「伶，樂官也。黃帝時樂師伶倫，世掌樂官，故後世號樂官曰伶官。女伶者，女樂官也。」

2. 爵秩

　　戰國時代，三晉、齊、燕的爵秩等級分為卿和大夫兩級。卿有上卿和亞卿之分，大夫有長大夫、上大夫、中大夫、五大夫等。

上卿

　　周制：天子及諸侯皆有卿，分上中下三等，最尊貴者謂「上卿」。《左傳》成公三年：「次國之上卿，當大國之中，中當其下，下當其上大夫。小國之上卿，當大國之下卿，中當其上大夫，下當其下大夫。上下如是，古之制也。」能為上卿者，其人自然相當尊寵。《戰國策・燕策一》載燕昭王謂蘇代語：「吾請拜子為上卿。」荊軻曾經被太子丹尊為上卿，「舍上舍，太子日造門下，供太牢異物，間進車騎美女，恣荊軻所欲，以順適其意」（《戰國策・燕策三》，另見《史記・刺客列傳》）。

〔註 24〕　《太平御覽》卷九〇三作「圍」。
〔註 25〕　轉引自〔明〕董說：《七國考》，北京：中華書局，1956 年，第 80 頁。
〔註 26〕　〔明〕董說：《七國考》，第 81 頁。

亞卿

周制，卿分上、中、下三級，次者爲中卿，又稱「亞卿」。《左傳》文公六年：「先君是以愛其子而仕諸秦，爲亞卿焉。」燕國亞卿的地位，略次於上卿。樂毅至燕後，「燕昭王以爲亞卿」（《史記·樂毅列傳》）。樂毅後來在《報燕王書》中也提到該事，「（先王）使臣爲亞卿」（《戰國策·燕策二》），鮑彪注說：「亞，次也。」

客卿

秦有客卿之官。凡他國人之來秦做官者，其位爲卿，而以客禮待之，故稱「客卿」。其後，亦泛指在本國做官的外國人。如，燕人蔡澤曾在秦爲客卿。《戰國策·秦策三》：「秦昭王召見與語，大說之，拜爲客卿。」再如，張儀亦嘗爲秦之客卿。《資治通鑒·周顯王三十六年》：「儀得見秦王。秦王說之，以爲客卿。」胡三省注：「秦有客卿之官，以待自諸侯來者，其位爲卿而以客禮待之也。」又如，樂毅由燕歸趙後，兼任燕、趙客卿。《史記·樂毅列傳》：「樂毅往來復通燕，燕、趙以爲客卿。」

大夫

根據《史記·燕召公世家》的記載，燕王喜時有「大夫將渠」，但不知他究竟爲大夫的哪一級。《戰國縱橫家書》中也出現過燕國的「大夫」，「臣（按：即蘇秦）有貴於齊，燕大夫將不信臣」，「臣（按：即蘇秦）有（又）來，則大夫之謀齊者大解矣」〔註27〕。以上兩處的「大夫」，當爲燕國大夫的總稱。因材料欠缺，在燕國是否存在長大夫、上大夫、中大夫等，至今尚難確定，但確有五大夫。「五大夫」（大致與秦二十等爵第九級相同〔註28〕），存在於楚、魏、趙等國〔註29〕。《三代吉金文存》20.57 和《殷周金文集成》11931 著錄有五大夫弩機，其目錄釋銘文第一字爲「秦」，但從銘文的字體、格式看，此弩機屬燕器無疑〔註30〕。

3. 俸祿

戰國之時，各國基本上都採用了俸祿制度；至於俸祿計算的單位，各國

〔註27〕馬王堆漢墓帛書整理小組：《戰國縱橫家書》，第 10、31 頁。
〔註28〕楊寬：《戰國史》（增訂本），上海：上海人民出版社，1998 年，第 253 頁。
〔註29〕《呂氏春秋》的《長見》、《無義》和《戰國策》的《楚策一》、《魏策四》、《趙策三》。
〔註30〕裘錫圭：《戰國時代社會性質試探》，《古代文史研究新探》，南京：江蘇古籍出版社，1992 年，第 419 頁及第 429 頁注 22。

有所不同，衛用「盆」、齊魏用「鍾」、秦用「斗」，而燕國採用的是「石」。燕王噲「禪讓」之後，「因收印自三百石吏而傚之子之」（《戰國策·燕策一》）〔註31〕。「以石計祿」，恐乃燕之首創。元吳師道（1283～1344）「補曰」引南宋呂祖謙《大事記》云：「以石計祿，始見於此。」十升爲一斗，十斗爲一石，每石重一百二十斤。

（二）地方行政組織

戰國之時的燕國，其地方行政組織一如他國，也實行郡縣制。一般是在郡下設縣，成爲郡、縣兩級制。《戰國策·秦策五》說「趙攻燕，得上谷（郡）三十六縣，與秦什一」，此爲明證。

燕昭王時，燕國賢將秦開襲破東胡，北築長城，設置了上谷、漁陽、右北平、遼西、遼東五郡；燕國此五郡的設置，主要目的是爲了「拒胡」——即防備東胡、鞏固邊防（《史記·匈奴列傳》）。而在佔領的他國領土上，燕國推行的也是郡縣制。燕昭王時，樂毅伐齊，勢如破竹，「下齊七十餘城，皆爲郡縣以屬燕」（《史記·樂毅列傳》）。

郡的行政長官是「守」（有時也尊稱爲「太守」），都是由武官來充任的；縣的行政長官是「令」，下設丞、尉等；在縣之下，還有鄉、裏、聚（村落）或連、閭等基層組織〔註32〕。據《戰國策·趙策四》披露，趙人趙奢曾經「抵罪居燕」，「燕以奢爲上谷守」。所謂「上谷守」，即上谷郡的郡守。

由官印還可獲知〔註33〕，燕國在地方設有「司徒」、「司馬」、「司工」、「丞」等；並且這類印璽一般都有固定的格式，往往作「某都某」（「都」之前爲地名，「都」之後爲官名〔註34〕）。屬於司徒的，如「洵城都司徒」（《古璽彙編》5543）、「文安都司徒」（《古璽彙編》0012）、「郍都司徒」、「夏屋都司徒」（《古璽彙編》0015）、「平陰都司徒」（《古璽彙編》0013）、「方城都司徒」等；司馬分爲左司馬和右司馬，如「恭陰都左司馬」、「庚都右司馬」（《古璽彙編》0059）等；屬於司工（空）的，如「薊都司工」（《古璽彙編》0082）、「鄾邯都司工」（《古璽彙編》0086）、「平陰都司工」（《古璽彙編》0085）等；屬於丞的，如「徒口都丞」等〔註35〕。所謂「都」，可能是相當於縣一級的行政組

〔註31〕另見《史記·燕召公世家》和《韓非子·外儲說右下》。
〔註32〕楊寬：《戰國史》（增訂本），第 228～231 頁。
〔註33〕羅福頤：《古璽彙編》，北京：文物出版社，1981 年。以下簡稱「璽彙」。
〔註34〕何琳儀：《戰國文字通論訂補》，南京：江蘇教育出版社，2003 年，第 108 頁。
〔註35〕高明：《中國古文字學通論》，北京：文物出版社，1987 年，第 581～583 頁。

織〔註36〕。

至於燕國的縣及縣以下的具體情況，因材料闕如，目前尚不清楚。

二、封建制度

以「封邦建國」為內涵的封建制度（分封制），是周朝的重要制度，它與宗法制、井田制一起並稱西周的三大制度。下文將結合燕國的情形，對西周的分封制略做考察。

武王克商以後，就曾實行大分封；而在隨後的成王（包括周公攝政時期）等世，周王朝又陸續分封了許多諸侯國。《呂氏春秋·先識覽·觀世》說：「周之所封（國）四百餘，服國八百餘。」〔註37〕周王朝所分封的諸侯國，實際上恐怕還不止此數（近年來，在銅器銘文中陸續發現了史籍失載之國，即為明證）。周之分封，若按受封者的姓氏來區分，可以分為同姓和異姓兩大類型：

（一）同姓

周人「封建親戚，以蕃屏周」，首先分封的應當就是姬姓〔註38〕，即所謂「文之昭」、「武之穆」和「周公之胤」等（《左傳》僖公二十四年、定公四年）。但周人所分封的姬姓諸侯國絕不止這二十六個，因為早在「武王克商，光有天下」時，「其兄弟之國者十有五人，姬姓之國者四十人」（《左傳》昭公二十八年），而《荀子·儒效》又說周公「兼制天下，立七十一國，姬姓獨居五十三人」。不管其數目究竟如何，都說明姬姓諸侯的數目在封國中的比例是頗為壯觀的；其中重要的姬姓封國，有魯、唐、衛、燕等。

（二）異姓

異姓之受封為諸侯國，主要是因其卓越的功績。而其中最為典型者，恐怕莫過於太公望（姜姓）之受封於齊了，「（武王）於是封功臣謀士，而師尚

〔註36〕 后曉榮、陳曉飛：《考古出土文物所見燕國地名考》，《首都師範大學學報》，2007 年第 6 期。

〔註37〕 陳奇猷認為，「四」當是「國」之壞誤，「封國百餘」與「服國八百餘」對文（《呂氏春秋新校釋》，上海：上海古籍出版社，2002 年，第 971 頁）。其說可參。但也不排除另外一種可能性，即「四」字上缺「國」，《呂氏春秋》原文本作「周之所封國四百餘，服國八百餘」。

〔註38〕 《左傳》僖公二十四年：「周之有懿德也，猶曰『莫如兄弟』，故封建之。其懷柔天下也，猶懼有外侮；捍禦侮者，莫如親親，故以親屏周。」

父爲首封」（《史記・周本紀》）。另外，還有所謂「褒封」古聖人之後裔、續封殷遺、冊封「遠人」等（詳見下文），基本上都屬於這一類型。

　　周本是「小國」（《尚書・多士》）、「小邦周」（《尚書・大誥》），後來滅亡了「大國殷」（《尚書・召誥》）；但「小邦周」的人口仍然有限，而就封各地的人數自然更不多，所以周初的封國規模都不大。《孟子・告子下》說：「周公之封於魯，爲方百里也。……太公之封於齊也，亦爲方百里也。」齊、魯作爲大國尚且如此，其他小國就可想而知了。所以，杜正勝說，周初所封國充其量只不過是一些帶有殖民性質的軍事據點〔註39〕。到了後來，才由「點」的控制逐漸演變爲「面」的控制〔註40〕。

　　反觀周初分封制，其實所封各國的地域並非全是周的領地。《史記・陳杞世家》說「周武王時，侯伯尚千餘人」，他們並不一定完全臣服於新生的周王朝。此由齊、魯二國的分封情況就可以看出。據《史記・齊太公世家》記載，齊太公被封於營丘而東就國時，夜聞逆旅之人語，方知時不可失，「夜衣而行，犁（黎）明至國。萊侯來伐，與之爭營丘」。《尚書・費誓序》云：「魯侯伯禽宅曲阜，徐夷並興，東郊不開。」於是，「伯禽率師伐之於肸，作《肸誓》，……遂平徐戎，定魯」（《史記・魯周公世家》）。

　　而燕國亦如此。有人說，周初的燕地本爲商人的舊居，此地分佈著許多子姓邦國〔註41〕。揆諸考古發掘和文獻材料，此說不誤，並且燕地還有其他「土著」居民。建國後，在北京市平谷縣等地曾經發現過商代墓葬〔註42〕。1978 年秋，在北京市房山區琉璃河遺址發現了商代遺迹，年代的上限可到商代中晚期，下限可到西周中期或更晚，早於董家林，並有疊壓延續關係，從而「證實商朝在北方燕國地區已有活動範圍」〔註43〕。

　　正因爲周初所分封各國的地域並非全屬周的領地，故而必須有強大的武力做堅強的後盾。錢穆（1895～1990）認爲，「西周的封建，乃是一種侵略性的武裝移民與軍事佔領，……在封建制度的後面，需要一種不斷的武力貫徹」

〔註39〕杜正勝：《周代城邦》，臺北：聯經出版事業公司，1979 年，第 24 頁。
〔註40〕許倬云：《西周史》（增訂本），北京：三聯書店，1994 年，第 306 頁。
〔註41〕吳榮曾：《周代臨近於燕的子姓邦國》，《先秦兩漢史研究》，北京：中華書局，1995 年，第 56～68 頁。
〔註42〕北京市文物管理處：《北京市平谷縣發現商代墓葬》，《文物》，1977 年第 11 期。
〔註43〕北京市文物研究所：《北京房山琉璃河遺址發現的商代遺迹》，《文物》，1997 年第 4 期。

〔註44〕，杜正勝精煉地用「武裝殖民」四字來概括〔註45〕。

而各封國肩負著的使命就是拱衛周王室和開疆拓土，「並建母弟，以蕃屏周」（《左傳》昭公二十六年）。而拱衛周王室最集中的體現是在周公東征以後，「昔周公弔二叔之不咸，故封建親戚，以蕃屏周」（《左傳》僖公二十四年），而燕國則是「屏周」的北方「大藩」。因此，周所封國之開疆拓土，是在周中央王朝的「默許」下進行的。齊國自初封開始，就有征伐不服者的特殊權力。《左傳》僖公四年載管仲語：「昔召康公命我先君太公曰：『五侯九伯，女（汝）實徵之，以夾輔周室。』」（另見《史記・齊太公世家》）封於今天北京地區的邦國，除了一個姬姓的燕國外，還有一個薊國，後「薊微燕盛，（燕）乃並薊居之」（《史記・周本紀》正義）；而燕之襲破東胡，設置上谷、遼東、遼西等五郡（《史記・匈奴列傳》），其情景亦復如是。春秋之時，齊桓公打著「尊王攘夷」的口號，漸次吞併附近的小國，「北伐山戎、刜令支，斬孤竹」（《國語・齊語》），「並國三十五」（《荀子・仲尼》），「啓地三千里」（《韓非子・有度》），仍可見一斑。

但仔細審查載籍，又可發現：周初大分封並非全爲「武裝殖民」，同時兼有「懷柔」的成分。其「懷柔」的體現具體如下：

第一，對古帝王後裔的「褒封」。所謂「褒封」，與新「分封」有所區別，「有土嘉之曰褒，無土建國曰封」（《公羊傳》隱公元年何休注），即古帝王後裔本有土地、民人，無須周王朝「授土」、「授民」。如，周武王就曾經「褒封」神農、黃帝、堯、舜、大禹之後於焦、祝、薊、陳、杞。其中，褒封黃帝、堯、舜之後，又稱「三恪」（《禮記・郊特牲》孔穎達疏引《春秋左氏》）。褒封之目的，在於「追思先聖王」（《史記・周本紀》），即孔子所說的「興滅國，繼絕世，舉逸民，天下之民歸心焉」（《論語・堯曰》），藉此招徠天下諸侯。鄭玄《駁五經異義》云：「恪，敬也。敬其先世而封其後，與諸侯無異。」

第二，對殷遺民進行分封，即「封殷後爲諸侯，屬周」。如「封商紂子祿父殷之餘民」（《史記・周本紀》），「以續殷祀」（《史記・殷本紀》）；平定「三監之亂」後，又封微子啓於宋，使「奉其先祀」（《史記・宋微子世家》）；並

〔註44〕錢穆：《國史大綱》（修訂本）上冊，北京：商務印書館，1996 年修訂版，第45 頁。

〔註45〕杜正勝：《周代封建的建立》，《歷史語言研究所集刊》第 50 本第 3 分，臺北，1979 年 9 月。

對箕子加以追封，「（武王）因以朝鮮封之」（《史記‧周本紀》）。周人此番作為，取得了頗為良好的結果，「殷民大悅」，「於是周武王為天子」（《史記‧殷本紀》）。周人此舉，其目的在於安撫籠絡殷遺。

第三，對於遠道而來表示「臣服」與「歸順」的地方勢力或國家，隨順自然地予以「冊封」，使之接受封爵，使之接受號令，定期或不定期來「朝貢」。但這種關係似乎並不怎麼穩固，也不怎麼持久，且不具有多少實質性的內涵。

根據《逸周書‧王會解》記載，「成周之會」時，四方之民皆來向周王朝進獻「貢物」。如「稷人前兒」，「俞人雖馬」，「樓煩以星施」，「孤竹距虛」，「不令支玄貘」，「不屠何青雄」，「東胡黃羆」，「山戎戎菽」。又據《逸周書‧王會解》伊尹朝獻《商書》記載，豹胡、代翟、樓煩、東胡等「請令以橐駝、白玉、野馬、騊駼、駃騠、良弓為獻」。對於周王朝而言，這些「貢物」並不具有多少實用價值，也不具有多少經濟價值，但卻具有「象徵意義」。誠如列維－斯特勞斯（Lévi Strauss，1908～2009）所言，他們之於周的「朝貢」，只是一種「交換」，重要的不是交換物品的「固有價值」，而是交換物品的「象徵價值」，似乎表示著對周的「臣服」；若再仔細分析，就可以發現，這種「朝貢」時所「進貢」的物品，其實更接近於「贈禮」，一如毛斯（Marcel Mauss，1872～1950）所指出的那樣，這只是一種「象徵行為」〔註46〕。周王朝中央政府既沒有派遣官員到上述這些地區，更沒有在當地建立實質性的行政區，最多只是形式上的「冊封」一下而已，談不上實質性的「控制」。充其量，這更多的是一種心理滿足（這或許也是中國文化的一個特色）。

隨著周王朝勢力的強盛以及燕國國力的崛起，周王朝中央政府和燕國地方政府才著手對上述地區進行整治，才有了實質性的內容。如後文所言（第十章），孤竹國在商朝滅亡以後，才隸屬燕國的管轄；又因孤竹國與周王朝和燕國處於敵對狀態，才有將孤竹之地「封於箕子」之舉（《隋書‧裴矩傳》）。

第四，對臣服者加以任用，讓他們或在中央王朝任職，或在周的封國中任職（此在燕國尤其明顯）。此即《尚書‧多方》所云「迪簡在王廷」、「有服在百僚」。在中央王朝任職的很多，如微國的微氏家族世為周廷史官，此已由

〔註46〕〔英〕布賴恩‧莫利斯著，周里黎譯，姜建國校：《宗教人類學》，北京：今日中國出版社，1992年，第373～374頁。

出土的史牆盤銘文所證實〔註47〕。而燕國任用的臣服者，也爲數眾多。據張亞初統計，殷代族氏名見於燕國銅器銘文的，有箕、舉、戈、亞、史、魚、糾貫等三十餘種，其所作青銅器竟占燕國有銘青銅器的一半；由此可以看出，殷遺貴族在燕國統治集團中擁有相當重要的地位〔註48〕。

以上四點，如果按照現代政治學的觀點來加以發揮，說明周人此舉的目的在於克服新政權的「認同危機」（Identity crisis）和「合法性危機」（Legitimacy crisis），從而爲新建立的周政權張本和辯護〔註49〕。

至於如何處理周之封國與土著居民（古族與古國）的關係，在西周時至少有過兩種模式：一種以魯國爲代表，「變其俗，革其禮」（《史記·魯周公世家》），即注重硬性的移風易俗；一種以齊國爲代表，「因其俗，簡其禮」（《史記·齊太公世家》）〔註50〕，即注重軟性的因風就俗。就燕國而言，當以後一種爲主（但也並不排除武力的使用）。這方面的證據極多，除前文結合古族與古國的陳述而外，又如：(1)燕國方言與內地方言不同，而頗與朝鮮接近，至漢時燕、代一系語音仍有特色〔註51〕；(2)燕國在春秋時不甚參與內地諸侯的會盟，未嘗不可能正因其文化中有東北地方文化的成分，不免自外於中國〔註52〕；(3)所出土的青銅器也大異於中原地區（如劍首作馬頭狀或鷹首狀），「這些兵器與同墓所出的其他常見於中原地區的兵器不同，具有明顯的地方特點，顯示出北方草原文化的影響」〔註53〕。

而「古國」與新分封的國家也不完全一樣，因爲他們有的已經存在了很久〔註54〕，周王朝最多是對既成事實的承認，進而加以「再分封」（如箕國、

〔註47〕陝西周原考古隊：《陝西扶風莊白一號西周青銅器窖藏發掘簡報》，《文物》，1978年第3期。

〔註48〕張亞初：《燕國青銅器銘文研究》，《中國考古學論叢》，北京：科學出版社，1993年，第327～329頁。

〔註49〕如果聯繫《尚書》的諸篇誥文，就可以非常清楚地看出這一點。這方面的詳細論述，可參看劉起釪（1917～2012）的《從殷商的尊神尚鬼重刑到西周的德教之治》（《古史續辨》，北京：中國社會科學出版社，1991年）。

〔註50〕此句《史記·魯周公世家》作「吾（按：即太公）簡其君臣禮，從其俗爲也」，語句不如《齊太公世家》工整、洗練。

〔註51〕陳夢家：《西周銅器斷代（二）》，《考古學報》第十冊，1955年，第125～127頁。

〔註52〕許倬云：《西周史》，第134頁。

〔註53〕中國社會科學院考古研究所：《新中國的考古發現和研究》，北京：文物出版社，1984年，第261頁。

〔註54〕金景芳在《中國奴隸社會史》（上海人民出版社，1983年）說，「就當時諸侯

孤竹國），即在儀式上和制度上加以進一步確認，以使他們對新的周王朝有新
的「政治認同」，從而確認周作爲「天下共主」的身份和地位。亦即，「只要
他們臣服，周人是承認現狀的」〔註55〕。

　　周的版圖並非眞正的密不透風的星羅棋佈，在周的封國之間還有一些中
間地帶（「隙地」，即無主的荒地），如《左傳》哀公十二年說宋鄭之間有六塊
「隙地」，宋鄭之間尚且如此，至於地處邊陲的諸侯國，那更是地廣人稀了，
有更多的大片的無主領地尚未開發。此點金老景芳在《中國奴隸社會史》中
已經專門提到〔註56〕。它們成爲「古族」與「古國」的生存地域或空間。

三、封君制度

　　封君制之出現在戰國，顯得似乎有些突兀而不協調。因爲當時各諸侯大
國已經比較普遍地建立了以郡統縣的地方行政機構，實行中央集權的政治體
制，用以代替過去貴族按等級佔有土地進行統治的制度；但又設置了封君制，
這在一定程度上維護著新的貴族特權〔註57〕。

　　見諸先秦史籍的燕國封君，封號有五個，人員爲六人（存疑一個、一
人）。他們是：

（一）襄安君

　　應是燕國王族，可能就是燕昭王之弟〔註58〕，燕昭王時封君。燕昭王曾
派他到齊國活動（《戰國策·趙策四》、《戰國縱橫家書》之四《蘇秦自齊獻書
於燕王章》）。《戰國縱橫家書》第 10 頁又說：「（張）庫之死也，王辱之。襄
安君之不歸哭也，王苦之。」馬王堆漢墓帛書整理小組注釋說：「歸哭，回國
奔喪。襄安君不歸哭事未詳。以文義推測，襄安君可能被齊國扣留，未能歸
國奔喪，應與齊殺張庫事同時或稍後。」〔註59〕對於該事件，裘錫圭有新的
看法：從上下文看，「襄安君之不歸哭」似應是比不能奔喪更爲嚴重的一件事；

　　　　的總體來說，新封的只占少數，大多數還是從古老的氏族社會沿襲下來的」
　　　　（第 155 頁）。
〔註55〕 杜正勝：《關於周代國家形態的蠡測》，《歷史語言研究所集刊》第 51 本第 3
　　　　分，1986 年，第 480 頁。
〔註56〕 金景芳：《中國奴隸社會史》，第 271 頁。
〔註57〕 楊寬：《戰國史》（增訂本），上海：上海人民出版社，1998 年，第 259 頁。
〔註58〕 馬王堆漢墓帛書整理小組：《戰國縱橫家書》之四《蘇秦自齊獻書於燕王章》，
　　　　第 12 頁注釋 9。
〔註59〕 馬王堆漢墓帛書整理小組：《戰國縱橫家書》，第 14 頁注釋 24。

疑「哭」乃「喪」之形近誤字（《說文解字》卷二上：「喪，亡也。從哭從亡，會意，亡亦聲。」）；疑指襄安君死於齊而齊不歸其喪〔註60〕。查閱傳世典籍和出土文獻，襄安君之名此後便不見諸記載，恐即已殞命於齊國，所以裘錫圭之說成立的可能性極大。

（二）武安君

燕昭王時封君，受封者蘇秦。蘇秦，字季子，東周洛陽乘軒里（今河南洛陽東）人，戰國縱橫家。蘇秦早年遊說秦昭王，建議「廢文任武」，未被採用。後發憤讀書，於燕昭王時入燕。西元前 295 年，燕昭王派蘇秦爲間諜入齊，以助齊攻宋爲誘餌，藉以削弱齊國。結果，蘇秦騙取了齊國的信任，被齊愍王任以爲相，蘇秦同時又離間齊、趙的關係，使燕得以與秦、趙結盟。西元前 284 年，樂毅發動燕、趙、魏、韓、秦五國攻齊，齊幾乎亡國。齊愍王發覺蘇秦爲燕反間，車裂蘇秦於市（《戰國策·燕策》、《戰國縱橫家書》、《史記·蘇秦列傳》）。燕昭王一世燕國的強盛，與蘇秦有莫大關係，堪稱燕國歷史上的偉大功臣。

燕昭王封蘇秦爲武安君，後來趙、齊都封蘇秦爲武安君。「武安」是封號，並無封邑，意爲「以武術安定天下」——因爲蘇秦宣揚用「義兵」平定天下〔註61〕。嗣後，秦將白起、趙將李牧，都曾經擁有這個封號。

（三）昌國君

燕昭王、燕惠王時封君，受封者樂毅、樂閒父子。樂毅，中山人，魏國名將樂羊後裔，擅長用兵。樂毅由趙經魏入燕，得到燕昭王重用。西元前284 年，樂毅統軍攻破齊國，下齊七十餘城，名震天下。樂毅也因功封於齊郡昌國〔註62〕，是爲昌國君，位列亞卿（《史記·樂毅列傳》）。燕昭王死後，即位的燕惠王中齊反間計，使騎劫代樂毅爲將，樂毅被迫出奔趙國。惠王後悔不已，又以樂毅之子樂閒爲昌國君（《戰國策·燕策二》、《史記·樂毅列傳》）。由此可知，樂毅之受封爲昌國君，主要是因其卓越的功績；而其子樂閒之襲封昌國君，完全出於一個非常特殊的原因——燕惠王的錯誤及後悔。樂毅、樂閒父子兩代之受封爲昌國君，在燕國是絕無僅有的例子，既空前

〔註60〕 裘錫圭：《讀〈戰國縱橫家書釋文注釋〉劄記》，原載《文史》第 36 輯，後收入其《古代文史研究新探》，南京：江蘇古籍出版社，1992 年，第 82 頁。
〔註61〕 楊寬：《戰國史》（增訂本），第 385 頁。
〔註62〕 《史記·樂毅列傳》正義說「故昌城在淄州淄川縣東北四十里」。

也絕後。

（四）成安君

燕惠王時封君，受封者公孫操，國籍不詳（屬燕國人的可能性很大）。西元前 272 年，公孫操殺燕惠王，擁立武成王。此事《史記・燕召公世家》索隱作「按：《趙世家》『（趙）惠文王二十八年〔註63〕，燕相成安君公孫操弒其王』，而《趙世家》作「（趙惠文王）二十八年，……燕將成安君公孫操弒其王」。一處作「將」，一處作「相」，稍微有些差異。陳平認為這兩處都沒錯，因為「戰國時軍政合一之風還比較濃盛，往往將即是相，相即是將」，但又認為原文或作「將」，「而《戰國策》等書別處云成安君為燕相。《索隱》用後世將相大有區別的觀念衡量之，故以為傳本《史記・趙世家》作『將』者有誤，因在抄錄時隨手而改之也」〔註 64〕。但我卻認為，此處最大的可能性是（也應當是）作「相」，因為馬王堆漢墓帛書《戰國縱橫家書》正好作「相國」〔註 65〕；公孫操在燕惠王之世身為燕「相」，同時又受封為「成安君」，並且還掌握著軍事大權（「將」），所以他才能輕而易舉地弒燕惠王而立武成王。

（五）高陽君

燕武成王時封君，受封者榮蚠，宋國人。高陽，故址在今河北高陽縣東。燕武成王七年（西元前265 年），榮蚠率兵攻趙，趙派田單還擊，攻克燕之中人（今河北唐縣南）等三城〔註66〕。

除上述可以確定的五個外，還有一個只能存疑，他就是剛成君。剛成君，《史記・范雎蔡澤列傳》作「綱成君」，《水經・濕水注》作「罡成君」。受封者蔡澤，燕人。蔡澤曾經遊說於趙、韓、魏等國，皆不得志，「聞應侯任鄭安

〔註63〕《燕召公世家》索隱和《趙世家》所記年代有誤，當為「（趙）惠文王二十七年」（西元前 272 年）：按《六國年表》所記，趙惠文王二十七年當燕惠王七年，而《燕召公世家》說「燕惠王七年卒，……燕武成王立」。

〔註64〕陳平：《燕史紀事編年會按》下冊，北京：北京大學出版社，1995 年，第 267 頁。

〔註65〕馬王堆漢墓帛書整理小組：《戰國縱橫家書》，第 81 頁。按《燕史紀事編年會按》下冊第 263～270 頁沒有引述《戰國縱橫家書》「侯（何）不使人謂燕相國」諸語，而在第 272 頁引述該語時，又沒有在「按語」或「注釋」中加以辨析，陳平竟然放過了如此重要的一條材料，殊為可惜。

〔註66〕《戰國策・趙策四》，《史記》的《六國年表》、《燕召公世家》、《趙世家》。

平、王稽皆負重罪，應侯內慚，乃西入秦」，秦昭王拜之爲客卿（《戰國策‧秦策三》）。西元前 255 年，蔡澤在秦遊說范雎退位讓賢，范雎因稱病辭職，推薦蔡澤接替相位。蔡澤相秦數月，「人或惡之，懼誅，乃謝病歸相印，號爲剛成君」（《戰國策‧秦策三》）。其後，蔡澤「居秦十〔廿〔註 67〕〕餘年，事昭王、孝文王、莊襄王，卒事始皇帝」（《戰國策‧秦策三》、《史記‧范雎蔡澤列傳》），又爲秦使於燕。

但關於蔡澤的封邑「剛成」，卻頗有疑問和爭論。《水經‧濕水注》說：「於延水又東逕罡城南。按《史記》，蔡澤，燕人也，謝病歸相，秦號罡成君。疑即（蔡）澤所邑也。世名武罡城。」似乎蔡澤所受封的「剛成」一地，就在燕國境內。可清人梁玉繩在《史記志疑》中又對此表示質疑，「然是時秦地未至燕，《續志》謂（蔡）澤封東郡陽平縣之岡成城也」〔註 68〕。今人常徵在未引《水經‧濕水注》和《史記志疑》文的前提下，徑直認爲蔡澤之號綱成君並非如《范雎蔡澤列傳》所云乃秦國所封，而是爲燕國所封，因爲綱成即岡城，在今張家口東南的宣化市附近，其地當時屬燕國之上谷郡，「燕人封蔡澤於此，正表示尊其使命而取悅秦廷」〔註 69〕。看來，剛成爲燕地、由燕人封蔡澤爲綱成君的可能性偏大。

我想事情的眞相應該是如此：蔡澤「居秦十〔廿〕餘年」，前後侍奉昭王、孝文王、莊襄王、始皇帝，業已取得秦的信任，所以派他「爲秦使於燕」（《戰國策‧秦策三》）；至於他「使於燕」的目的，可以根據《戰國策》的前後文推測。《秦策三》在「（蔡澤）爲秦使於燕」之後，接著就有一句「三年而燕使太子丹入質於秦」，這是在交代蔡澤爲秦使於燕的「下文」；而蔡澤爲秦使於燕的「上文」，《秦策五》有明確交代，「文信侯（即呂不韋）欲攻趙以廣河間，使剛成君蔡澤事燕，三年而燕太子質於秦」。也就是說，蔡澤此番至燕，乃爲秦之外交活動而奔走，即聯合燕國以夾擊趙國；蔡澤的外交使命完成得相當出色，燕國答應結盟，並使「燕太子質於秦」以明「燕不欺秦也」，文信侯呂不韋對此也相當滿意〔註 70〕。另外，蔡澤可能還獲得了一個意外的收穫，

〔註 67〕 梁玉繩說「十」必「廿」之誤（《史記志疑》卷三十，第 1291 頁），其說可從。

〔註 68〕 〔清〕梁玉繩撰，賀次君點校：《史記志疑》卷三十，第 1286 頁。

〔註 69〕 常徵：《古燕國史探微》，聊城地區新聞出版局，1992 年，第 398 頁。

〔註 70〕 《秦策五》云：「文信侯曰：『吾令剛成君蔡澤事燕三年，而燕太子已入質矣。』」

燕國封他於剛成而爲剛成君。即他最初是「爲秦使於燕」，肩負的是「出使」燕國的使命；最終卻是「事燕三年」，獲得的是在燕國「任事」三年的結果。但爲了審愼起見，我還是將其列入「存疑」一類。

由以上數例可以看出，燕國的封君制有幾個特點：

（1）就受封人員的國籍構成而言，主要爲本國的王室宗族和異國的外來人員（可以稱之爲「客卿」），其中又以第二類居多。

（2）就受封的原因而言，本國的王室宗族之受封主要出於血緣蔭庇，而異國的外來人員之受封主要出於功勳卓著。

（3）就是否可以世襲而言，以不可世襲者居多。當時封君的封邑，雖然說按傳統習慣是可以世襲的，但眞正世襲的爲數甚少（三晉、齊、秦亦然〔註71〕）。封君之世襲，在燕國僅見昌國君一例子，而樂閒之世襲樂毅爲昌國君，確實又出於非常特殊的原因。

（4）就封號的獲得而言，主要有兩種類型，一種是以封邑之名爲封號，如昌國君、高陽君；另一種是以功德爲封號，如襄安君、武安君、成安君。

四、軍事制度

（一）燕固弱國也

所謂「強國」、「弱國」，蓋因其軍事實力而論，此即司馬遷所云「非兵不強」者也（《史記・太史公自序》）。就軍事實力而言，燕國確實是「戰國七雄」中最爲弱小的一個，向有「弱國」、「弱燕」之稱。《戰國策・燕策一》說：「凡天下之戰國七，而燕處弱焉。」又說：「燕，弱國也，東不如齊，西不如趙。……蘇秦能抱弱燕而孤於天下哉？……且燕，亡國之餘也，其以權立，以外重，以事貴。」所以當時人認爲，「燕固弱國，不足畏也」（《戰國策・趙策二》）。直至西漢司馬遷撰寫《史記》時，還以同情的筆調寫道，「燕外迫蠻貉，內措齊、晉，崎嶇強國之間，最爲弱小，幾滅者數矣」（《燕召公世家》）。

（二）燕國的軍事實力

蘇秦說燕王時，言及燕有「帶甲數十萬，車七百乘，騎六千匹」（《戰國策・燕策一》）。西元前251年（燕王喜四年）燕國伐趙時，《史記・燕召公世家》說燕「起二軍、車二千乘」，而《戰國策・燕策三》則說當時燕國起兵有

〔註71〕楊寬：《戰國史》（增訂本），第263頁。

六十萬之眾，「令栗腹以四十萬酃（今河北高邑東南），使卿秦〔註72〕以二十萬攻代（今河北蔚縣東北）」。如果《燕策三》所說不誤，則當時燕國用以伐趙的軍隊尚不止六十萬，因為《燕召公世家》還說燕王喜不聽大夫將渠的勸告，「自將偏軍隨之」。西元前 242 年（燕王喜十三年），燕見趙數困於秦，廉頗奔魏，龐煖為將，欲派劇辛乘趙弊而攻之。趙派龐煖還擊，擒殺燕將劇辛，取燕師二萬（《燕召公世家》）。

（三）燕國的軍事制度

統帥

戰國之時的燕國，一如其他國家，實行文武分職，即由相、將分別執掌行政和軍事權力。統率軍隊的是將軍，如燕國伐齊時即「以樂毅為上將軍」（《史記·燕召公世家》）。

兵種

就兵種而言，戰國之時的燕國有步兵、騎兵、車兵。蘇秦說燕有「帶甲數十萬，車七百乘，騎六千匹」（《戰國策·燕策一》），可知燕國步兵、騎兵、車兵三軍齊全。《韓非子·說疑》也說燕王噲在位時有「持戟數十萬」。

編制

就常規編制而言，燕國軍隊當有「三軍」之分──即分為「左軍」、「中軍」、「右軍」。出土材料中有關於「左軍」、「中軍」、「右軍」的記載，如「郾侯載作左軍」（《三代》20.36.2，《集成》11513）、「郾侯載作右軍鍨」（《周金文存》6.19.2，《集成》11220），官璽印文中有「中軍」、「左軍」等〔註73〕，陶文中有「左軍」（《古陶文彙編》4.133）。在大型的戰爭中，燕國往往動用「三軍」。如上引文說燕伐趙時，燕國「起二軍」，而燕王喜又「自將偏軍隨之」（《史記·燕召公世家》）。

另外，兵器銘文所見有「王萃」，見於「郾王職」世（《集成》11187、11190、11191）和「郾王戎人」世（《集二》1176）。一般認為，「王萃」可讀為「王卒」，是燕王直屬的精銳部隊。

〔註72〕《燕召公世家》和《資治通鑑》卷六《秦紀一》作「卿秦」，《戰國策·燕策三》作「慶秦」。

〔註73〕故宮博物院：《古璽彙編》，北京：文物出版社，1981 年，編號分別為 0368、5547 和 0126。

五、法律制度

關於燕國的法律制度，因傳世材料出奇的殘缺，所以目前很難窺探其詳，約略所知者僅其鳳毛麟角。導致這一局面的原因，一則固然是燕國材料本身的殘缺，二則當然也與法家在燕國的不發達有關〔註74〕。

（一）燕國的監獄

由文獻材料可知，燕國設有監獄。《太平御覽》卷十四引《淮南子》佚文說：「鄒衍事燕惠王盡忠，左右譖之，王繫之獄。」傳書又言，鄒衍嘗「無罪見拘於燕」（《論衡·書虛》）。

（二）燕國的刑罰

因燕國法律材料的奇缺，目前難以一覽燕國刑罰的全貌，僅有以下數種刑罰見諸歷史文獻。它們是：

1. 斬

據《資治通鑒》卷四《周紀四》赧王三十六年記載，樂毅圍齊之莒、即墨，三年不克，有人讒之於燕昭王，「昭王於是置酒大會，引言者而讓之曰：『……汝何敢言若此！』乃斬之」。顯然，斬屬於死刑之一。

2. 截

應劭《漢書注》引田光謂燕太子丹曰：「今燕國之法，欺上罔國者截。」董說《七國考》認為，「截，謂腰斬也」〔註75〕。由此可知，截也屬於死刑之一。

3. 刳腹－刳腸

張丑為質於燕，燕王欲殺之，張丑「走且出境，境吏得丑。丑曰：『燕王所為將殺我者，人有言我有寶珠也，王欲得之。今我已亡之矣，而燕王不我信。今子且致我，我且言子之奪我珠而吞之，燕王必當殺子，刳子腹及子之腸矣。夫欲得之君，不可說以利。吾要且死，子腸亦且寸絕。』境吏恐而赦之」（《戰國策·燕策三》）。張丑之所以能以刳腹、刳腸之刑恐嚇境吏，是因為燕國之有刳腹、刳腸之刑乃人所共知。《七國考》卷十二引漢劉歆《七略》說：「戰國之世，刑法深苦。秦立鑿顛，燕設刳腹。」顯然，這並非虛妄之語。

〔註74〕關於法家與燕國的關係，可參看本書第十二章第二節《思想理論》。
〔註75〕〔明〕董說：《七國考》，北京：中華書局，1956年，第374頁。

刳腹、刳腸屬於古代的肉刑。

4. 劓

田單困守即墨之時，用計詐燕軍守將：「吾唯懼燕軍之劓所得齊卒，置之前行，與我戰，即墨敗矣。」燕人聞之，果如其言，「城中人見齊諸降者盡劓，皆怒，堅守，唯恐見得」（《史記‧田單列傳》）。劓，即割鼻，也屬於古代的肉刑。